编辑单位：广州市社会保障工作联席会议办公室
中山大学广州社会保障研究中心

编委会主任：杨　秦
编辑委员会（以姓氏拼音为序）：
陈泰才　陈玉元　李明华　李艳林　林　立　刘　峻
申曙光　石小琼　黄远飞　谈绍远　许永舜　易利华
岳经纶　张学文　张　扬　朱亚鹏

编辑部主任：陈玉元
编辑部成员（按姓氏拼音为序）：
白铭文　曹　刚　陈敏慧　胡项连　官洁君　李佩恩
龙明勇　陆建洲　彭浩然　彭宅文　唐子奇　王俊聪
杨晓红　张　莉　张伟英　郑梓锋　周淑妍　庄文嘉

The Annual Report on the Social Security Reform and Development in Guangzhou (2016)

广州社会保障改革发展报告

（2016）

岳经纶　黄远飞　主 编

人 民 出 版 社

目　录

一、总 报 告

二、专题报告

三、研究论文

四、调查报告

五、大 事 记

前　言

社会保障是政府公共服务核心内容之一，是当代政府最重要的职能，也是民生福祉基石。作为一种社会制度，社会保障包括了社会保险、社会救济、社会福利服务等内容；作为一种公共管理活动，社会保障涉及相关政策的制定和实施、资金的筹集和管理、资格的审核、待遇的计发和服务的提供等。在我国的公共管理实践中，社会保障制度的运行涉及人力资源和社会保障、民政、卫生、地税、住房保障办、财政等职能部门，编办、发改委、教育等相关部门，以及工会、共青团、妇联、残联等人民团体。

广州市作为国家重要中心城市、改革开放的前沿阵地，处于经济快速增长和加速城镇化的过程中，持续高速的经济发展和社会变迁，要求不断健全完善社会保障体系。在“十二五”时期，广州市加大政府财政对民生社会事业的投入，全口径资金达到 8813 亿元，是“十一五”时期的 2.4 倍。城乡常住居民可支配收入明显增长，社会保险覆盖面进一步扩大，社会保障水平全面提升，城乡居民基本养老金人均增长 89.41%，新增和筹集各类保障性安居工程住房 16.68 万套，教育文化卫生事业全面进步，人均期望寿命等居民健康指标接近发达国家水平。民生发展指数连续两年全国城市排名第一。在社会保障方面，“十二五”时期，广州市社会保障事业发展迅速、成就巨大。社会保险实现了制度全覆盖，基金规模不断扩大，社保基金滚存结余 1611.3 亿元，社会救助体系不断完善，保障水平全面提升，在保障和改善民生、促进经济社会发展、维护社会稳定等方面发挥了“安全网”和“减震器”的作用，更为广州市“十三五”时期社会保障发展奠定了物质基础、制度基础和体系基础。

在“十三五”时期，广州经济社会发展的主要目标是：在确保率先全面建成小康社会的基础上，实施三大国际枢纽战略，推进“三中心一体系”建设，推动“一江两岸三带”的产业发展，着力强化国家重要中心城市功能，经济发展提质增效，创新能力显著增强，改革开放走在前列，城市环境宜居宜业，城乡一体协调发展，民生福祉持续改善，文明程度明显提高。到2020年，地区生产总值将达到2.8万亿元，年均增长7.5%以上，人均生产总值达到18万元左右，城乡居民收入与经济发展同步增长，提前实现全市生产总值和城乡居民人均收入比2010年翻一番。着力保障和改善民生。按照人人参与、人人尽力、人人享有的要求，创新公共服务提供方式，提高基本公共服务优质化均等化水平，城乡居民生活品质进一步提升。健全社会保障体系，实施更加积极的就业政策，城镇登记失业率控制在3.5%以内，提升中等收入人口比重，稳步提高社保待遇，构建多层次住房保障体系，加强养老服务、社会救助、残疾人保障，提高社会保障水平。发展社会事业，深化教育领域综合改革，健全多层次城乡医疗卫生服务体系，构建和谐劳动关系，加强来穗人员服务管理，实施精准扶贫、精准脱贫，落实一对夫妇可以生育两个孩子政策，促进人口均衡发展。

为了贯彻落实习近平总书记提出的“以人民为中心”的发展思想和共享发展的理念，实现“十三五”时期广州经济社会发展目标，广州社会保障体系还有待进一步完善，制度还有待进一步健全，待遇还有待进一步提高，可持续发展能力还待进一步增强，服务管理体系还有待进一步优化。为此，我们需要更好地总结广州社会保障发展的历史经验，梳理其现状和存在的问题，并在充分把握当前社会保障运行形势的基础上分析其未来的发展方向。

广州作为改革开放的前沿地，在社会保障领域引领了诸多的制度创新、体制机制创新和模式创新。更值得一提的是，广州市社会保障实践和研究领域里出现的两个新发展，为我们推进广州社会保障事业的发展及其研究创造了有利条件。在实践方面的新发展是“广州市社会保障工作联席会议制度”

的建立。为了进一步健全完善各部门的沟通协调工作机制，增强社会保障政策的体系性、政府职能部门的联动性、业务经办服务的协同性，构建便捷高效的社会保障经办服务管理工作体系，促进广州社会保障工作体系化、规范化和标准化，实现社会保障可持续发展战略，广州市于 2013 年 10 月建立了“社会保障工作联席会议制度”，统筹协调全市社会保障工作的开展。联席会议由市长担任总召集人，分管社会保障工作的副市长担任常务召集人，秘书长、协管社会保障工作的副秘书长和市人力资源和社会保障局局长担任副召集人。成员包括市社工委、发展改革委、工信委、民政局、财政局、人力资源社会保障局、来穗人员服务管理局、卫生计生委、法制办、研究室、住房保障办、地税局、总工会、团市委、妇联和残联等 16 个单位的局级领导。联席会议的职能是统筹协调全市社会保障工作，研究拟订重大政策措施；协调解决完善和创新社会保障工作中的重大问题；推动促进社会保障业务协同和部门联动；指导、督促、检查有关政策措施和工作任务的落实。

在研究领域的新发展是广州市人文社会科学重点研究基地中山大学广州社会保障研究中心的成立。2015 年 8 月，经广州市社会科学规划领导小组办公室批准，中山大学广州社会保障研究中心成为广州市人文社会科学重点研究基地。这是广州社会保障领域第一个市级重点研究基地。基地依托中山大学政治与公共事务管理学院和中山大学中国公共管理研究中心雄厚的研究实力，致力于深入研究广州市社会保障制度改革发展过程中面临的重大问题与挑战，为广州市社会保障制度关键领域的改革与完善提出具有操作性的对策，进而为全国范围内的社会保障制度构建与可持续发展提供经验和借鉴。

为了推进广州社会保障事业的发展，在广州市社会保障工作联席会议办公室的支持下，广州市人文社会科学重点研究基地中山大学广州社会保障研究中心与广州市人力资源和社会保障局携手合作，共同编撰了《广州社会保障改革发展报告（2016）》。来自中山大学广州社会保障研究中心的研究人员和广州市社会保障工作联席会议成员单位的工作人员参与了本报告的撰写。

本书采用广义的社会保障概念，以广州市社会保障工作联席会议的成员机构的业务为框架，按照“总报告＋专题报告＋研究论文”的编写体例，从养老保险、医疗保险、失业保险、工伤保险、生育保险、社会救助、养老服务、儿童福利、住房保障等领域，对广州市社会保障发展改革的现状及面临的挑战进行了分析，并展望其未来发展。本书中的一个特殊组成部分是广州社会保障研究中心课题组在2016年上半年完成的广州居民福利态度调查报告。课题组参考了海外福利态度调查问卷，并结合世界价值观调查福利态度模块，进行问卷设计，充分考虑目前我国的社会福利供给现状，将之本土化。在对初稿问卷进行试调查并删改完善后，最终定稿。此份问卷分为15个模块，共66道题，涵盖个人资料、对不平等的态度、政府对贫困人士的责任、劳动力市场管制与劳动关系、社会支出、社会团结与社会风险、税收、贫困的原因及认知、工作精神、公平原则、后物质主义、流动性、社会融合与信任等方面。这是在广州进行的首份具有社会政策学术视角的居民福利态度调查，其结果对于完善广州社会政策的制定以及开展社会政策比较研究具有重要意义。

本书的撰写力图达到四大目标：第一，记录和见证广州社会保障制度的发展历程；第二，推动和促进广州社会保障事业的继续前行；第三，指导和指引广州社会保障工作的落实；第四，成为研究广州社会保障制度改革发展的重要参考文献。

本书的撰写遵循准确性、一致性、特色性的编辑原则，力求对相关政策问题进行准确定位和定性，做到各篇章体例风格的一致，同时突出广州作为国家重要中心城市的特色。作为由学术界与实务部门精诚合作的成果，本书具有数据翔实、资料权威、内容全面、分析系统等特点。它既客观分析评估了当前广州市社会保障发展的现状，又充分分析了当前广州社会保障领域面临的复杂形势和新挑战，更指明了广州社会保障发展的新目标和路径，是一部值得社会保障理论研究者和实践探索者学习和参考的报告书。

本书的编辑出版得到了广州市社会保障工作联席会议办公室、广州市人力资源和社会保障局、广州市社会科学规划领导小组办公室、中山大学政治与公共事务管理学院/中国公共管理研究中心、中山大学广州社会保障研究中心、人民出版社等多方面的大力支持，在此谨表诚挚的谢意。我们希望本书的编辑出版，不仅能够助力于广州市社会保障事业的改革发展，还能够推动我国超大型城市和经济发达地区社会保障事业发展的比较研究，为推动我国社会保障制度创新发展和制度定型作出新贡献！

岳经纶　黄远飞

2016 年 8 月

一、总 报 告

广州社会保障“十二五”发展成效与“十三五”发展蓝图

岳经纶　黄远飞*

“十二五”时期广州市坚持全覆盖、保基本、多层次、可持续的方针，以增强公平性、适应流动性、保证可持续性为重点，全面深化社会保障改革，在构建更加完善的制度体系、实现法定人员全覆盖、确保待遇保障水平科学合理、保证基金运行稳定和促进管理服务高效便捷等方面成效显著。毋庸置疑，“十二五”时期广州市社会保障事业的快速发展为“十三五”时期广州市社会保障事业的深化改革奠定了坚实的基础。作为对广州市“十二五”时期社会保障事业发展的总结和对“十三五”时期社会保障事业的展望，本报告将首先介绍“十二五”时期广州市社会保障发展的成效，分析其存在的问题；然后，结合“十三五”时期广州市社会保障发展面临的形势和挑战，提出“十三五”时期广州市社会保障事业改革发展的目标定位和主要任务；最后，根据“十三五”时期广州市社会保障发展蓝图提出2016年广州市社会保障改革发展的重点工作。

① 岳经纶，中山大学中国公共管理研究中心 / 政治与公共事务管理学院教授、博导，广州市人文社会科学重点研究基地中山大学广州社会保障研究中心主任；黄远飞，广州市人力资源和社会保障局巡视员、高级经济师。

一、“十二五”时期广州社会保障改革发展的主要成效

（一）覆盖城乡居民一体化的社会保障制度全面建成

“十二五”期间，围绕保障和改善民生，广州市在原有社会保障发展的基础上深化了社会保障制度建设。

在养老保险方面，2012 年 8 月，广州市政府发布《广州市城乡居民社会养老保险试行办法》，将广州市新型农村社会养老保险和广州市城镇老年居民养老保险统筹并轨，建立起了全市统一的城乡居民基本养老保险制度。2014 年 7 月，广州市政府印发《广州市农转居人员基本养老保险办法》，解决农转居人员的养老保障问题。2014 年 12 月，实施《广州市城乡居民基本养老保险实施办法》，进一步完善了城乡居民养老保险制度。

在医疗保险方面，2013 年 8 月，率先出台医疗保险地方性法规《广州市社会医疗保险条例》。2014 年 8 月，广州市政府先后下发《广州市城乡居民社会医疗保险试行办法》和《广州市城乡居民大病医疗保险试行办法》，前者将广州市城镇居民与新型农村合作医疗合并，实施统一的城乡居民医疗保险制度，促进了城乡基本医疗保障公共服务均等化；后者将广州市 440 万城乡居民全体纳入到大病医疗保险范围，极大地提升了城乡居民大病保障水平。2015 年 5 月，广州市政府还出台《广州市社会医疗保险办法》，着力完善了多层次医疗保险制度框架体系。

在失业、工伤、生育保险制度建设方面，探索并建立了失业保险待遇正常调整机制，保障失业职工基本生活、促进再就业。2014 年 9 月，广州市政府发布《广州市工伤保险若干规定》，将事业单位纳入工伤保险范围，实行工伤认定属地管理。2015 年 12 月，广州市人社局与住建、地税、安监、总工会联合印发《广州市建筑业职工参加工伤保险实施办法》，有力地维护了建筑业职工特别是外来务工人员的工伤保险权益。2011 年，广州市人社局印发《关于实施职工生育保险有关问题的通知》，明确了广州市生育保险

参保、享受待遇条件、待遇标准、待遇申报期限等问题。2015 年 8 月，广州市政府发布《广州市职工生育保险实施办法》，确保职工在生育期间获得基本的医疗和生活保障。

在社会救助方面，社会救助体系基本形成。2015 年 5 月，广州市政府出台实施《广州市最低生活保障办法》，建立健全低保动态管理、促进就业、社会服务等机制。2015 年城乡低保标准统一提高至每人每月 650 元，实现低保标准城乡一体化。“十二五”期间，城镇平均低保标准提高 63%，农村平均低保标准提高 114%。构建覆盖全体居民的医疗救助体系，每人每年救助标准最高可达 33 万元。建立了居民家庭经济状况核对工作机制，实现与 9 个部门 15 类信息共享，2013 年 12 月开展核对业务以来，共为全市节约各项社会救助资金 1.45 亿元。

在补充保障方面，为规范广州企业建立企业年金制度流程，切实保障广州企业职工合法权益，2015 年 12 月，广州市人社局发布《关于推进广州市企业年金若干事项意见的通知》。2013 年 12 月，广州市民政局等八部门印发《广州市困难群众重大疾病商业保险医疗救助实施办法》，保障困难群众医疗权益。2015 年 3 月，广州市政府印发《关于贯彻落实国务院加快发展现代保险服务业若干意见的实施方案》，鼓励商业保险参与社会保障体系，推进了多层次社会保障体系建设。

表 1　广州市社会保障制度体系建设进展（2011—2015 年）

保障项目	文　号 发文日期	发布机关	文件名称
养老保险	穗府办〔2012〕34 号 2012 年 8 月 8 日	市政府办公厅	广州市城乡居民社会养老保险试行办法
	穗府办〔2014〕38 号 2014 年 7 月 23 日	市政府办公厅	广州市农转居人员基本养老保险办法
	穗府办〔2014〕66 号 2014 年 12 月 14 日	市政府办公厅	广州市城乡居民基本养老保险实施办法

保障项目	文号 发文日期	发布机关	文件名称
医疗保险	2013年8月23日	市人大	广州市社会医疗保险条例
	穗府办〔2014〕47号 2014年8月20日	市政府办公厅	广州市城乡居民社会医疗保险试行办法
	穗府办〔2014〕48号 2014年8月25日	市政府办公厅	广州市城乡居民大病医疗保险试行办法
	穗府办〔2015〕123号 2015年5月31日	市政府办公厅	广州市社会医疗保险办法
失业、工伤、生育保险	穗府办〔2014〕30号 2014年9月21日	市政府办公厅	广州市工伤保险若干规定
	穗人社发〔2015〕73号 2015年12月10日	市人社局	广州市建筑业职工参加工伤保险实施办法
	穗人社函〔2011〕43号 2011年1月6日	市人社局	关于实施职工生育保险有关问题的通知
	穗府办〔2015〕41号 2015年8月4日	市政府办公厅	广州市职工生育保险实施办法
社会救助	穗府办〔2015〕122号 2015年5月14日	市政府办公厅	广州市最低生活保障办法
	穗民办〔2015〕292号 2015年10月15日	市民政局、财政局、发改委	广州市调整最低生活保障标准实施办法
补充保障	穗人社通告〔2015〕28号 2015年12月4日	市人社局	关于推进广州市企业年金若干事项意见的通知
	穗民办〔2013〕413号 2013年12月12日	市民政局等八部门	广州市困难群众重大疾病商业保险医疗救助实施办法
	穗府办〔2015〕10号 2015年3月18日	市政府办公厅	关于贯彻落实国务院加快发展现代保险服务业若干意见的实施方案

保障项目	文号 发文日期	发布机关	文件名称
住房保障	穗府办〔2013〕3号 2013年1月25日	市政府办公厅	广州市公共租赁住房保障制度实施办法（试行）
	穗府办函〔2015〕22号 2015年2月14日	市政府办公厅	关于印发进一步完善住房保障体系指导意见的通知
	穗府办〔2015〕46号 2015年8月25日	市政府办公厅	关于加强户籍家庭住房保障工作的实施意见
	穗建住保〔2015〕1312号 2015年11月23日	市住房和城乡建设委员会、市来穗人员服务管理局	来穗务工人员申请承租市本级公共租赁住房实施细则（试行）

（二）制度创新进一步提升，可持续发展能力增强

“十二五”期间，为了提升社会保障制度可持续性，广州市着力制度创新，在建立城乡居民养老保险基础养老金正常调整机制和建立城乡居民最低生活保障标准动态调整机制等方面取得突破。

具体来看，广州市通过践行基础养老金和个人账户养老金相结合的制度创新，强化长缴多得、多缴多得的激励机制，将个人缴费、集体补助、政府补贴相结合，建立了基础养老金正常调整机制。其中，参保人每月缴纳基本养老保险费的标准分七档：第一档10元，第二档30元，第三档50元，第四档70元，第五档90元，第六档110元，第七档130元及以上、最高不超过300元。集体经济组织每月补助标准分七档：第一档5元，第二档10元，第三档20元，第四档30元，第五档40元，第六档50元，第七档60元及以上、最高不超过300元。政府根据参保人个人缴费档次，每月按如下标准给予对应补贴：第一档15元，第二档35元，第三档50元，第四档60元，第五档70元，第六档75元，第七档80元。政府根据集体经济组织补助档次，每月按如下标准给予对应补贴：第一档5元，第二档10元，第三档20元，第四档25元，第五档30元，第六档35元，第七档40元。

表 2　广州市筹集基本养老保险费的标准和办法

（单位：元 / 月）

档次	个人缴费（P）	个人缴费对应的政府补贴	集体补助（C）	集体补助对应的政府补贴
第一档	10	15	5	5
第二档	30	35	10	10
第三档	50	50	20	20
第四档	70	60	30	25
第五档	90	70	40	30
第六档	110	75	50	35
第七档	130 ≤ P ≤ 300	80	60 ≤ C ≤ 300	40

在城乡居民最低生活保障标准动态调整机制方面，根据《广州市调整最低生活保障标准实施办法》，出现以下两种情况要及时调整最低生活保障标准：最低生活保障标准低于广东省民政厅公布的广州市最低生活保障最低标准的；当低收入居民食品消费价格指数同比累计上涨幅度维持在 4% 以上并且超过 6 个月（含 6 个月）的。而测算最低生活保障调整的标准则按如下方法进行：TLLS＝LLS × T。其中，调整系数 T＝1＋（X＋G）÷ 2 × 80%，城镇居民人均可支配收入系数 X＝（本年度居民人均可支配收入－上年度居民人均可支配收入）÷ 上年度居民人均可支配收入 × 100%，最低工资系数 G＝（本年度最低工资标准－上年度最低工资标准）÷ 上年度最低工资标准 × 100%；LLS＝EXP (5.358＋0.00313F)，F 为低收入居民每月人均食品必需支出，根据广州市低收入居民食品消费价格指数，低收入居民食品支出统计数据确定。

（三）社会保险基金收支规模不断扩大

“十二五”时期，广州市社会保险基金运行平稳，基金收支结余增长迅速。社保基金收入从 2011 年的 562.3 亿元上升到 2015 年的 882.92 亿元；社保基金支出金额从 2011 年的 375.13 亿元上升到 2015 年的 689.24 亿元；社保基金累计结余金额从 2011 年的 857.62 亿元上升到 2015 年的 1611.31 亿元。

具体来看，职工和居民医疗保险基金收入从 2011 年的 190.36 亿元上升到 2015 年的 330.73 亿元，年均增长率达 14.8%；职工和居民医疗保险基金支出从 2011 年的 122.66 亿元上升到 2015 年的 246.12 亿元，年均增长率达 19%；职工和居民医疗保险基金累积结余金额从 2011 年的 335.98 亿元上升到 2015 年的 666.96 亿元，年均增长率达 18.7%。

养老等其余 6 个险种收入从 2011 年的 371.94 亿元上升到 2015 年的 552.19 亿元，年均增长率达 10.4%；养老等其余 6 个险种支出金额从 2011 年的 252.47 亿元上升到 2015 年的 443.12 亿元，年均增长率达 15.1%；养老等其余 6 个险种基金结余金额从 2011 年的 521.64 亿元上升到 2015 年的 944.35 亿元，年均增长率达 16%。

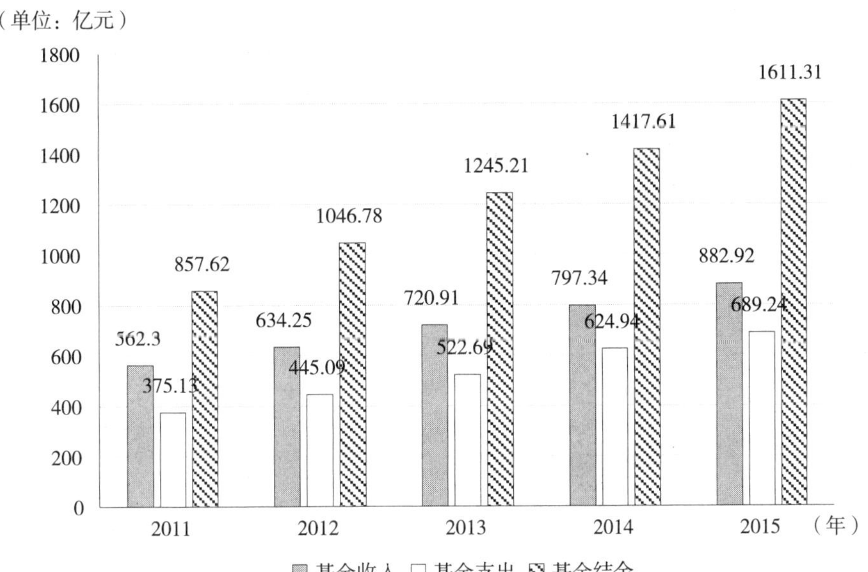

图 1　2011—2015 年广州市社会保险基金收支结余情况

数据来源：广州市人力资源和社会保障局：《广州市人力资源社会保障事业“十二五”时期主要数据情况》[Z]，2016 年 3 月 7 日。

在社保基金收支规模扩大的同时，积极做好基金的保值增值工作。按照国家和省的规定，社会保险基金结余只能够用于购买国债和银行定期存款，整体收益率不高。2012 年，按省政府的统一部署，广州市委托全国社保基金理事会运营110亿养老保险基金；从2014年开始，广州市通过制定保值增值计划，科学合理组合存款期限，在考虑社会保险基金中短期支付需要的情况下，合理安排不同存期的基金存款，使基金收益在现行政策制度下实现最大化，经过两年的实践，全市社保基金保值增值管理水平逐步提升，综合收益率由2013年3.3%提高至2015年4.08%，两年预期利息收入共增加约13.6亿元。

（四）社会保障参保人群覆盖面稳步扩大

“十二五”是广州市巩固和稳步扩大社会保障覆盖面的重要时期，从职工和城乡居民逐步扩大到机关事业人员，参保人群不断扩大，参保人数实现跨越式发展。

从五项社会保险的覆盖人数来看，基本养老保险参保人数从2011年的704.02万人增加到2015年的1159.40万人。其中，参加城镇职工基本养老保险1008.24万人，参加城乡居民养老保险129.27万人，参加农转居人员养

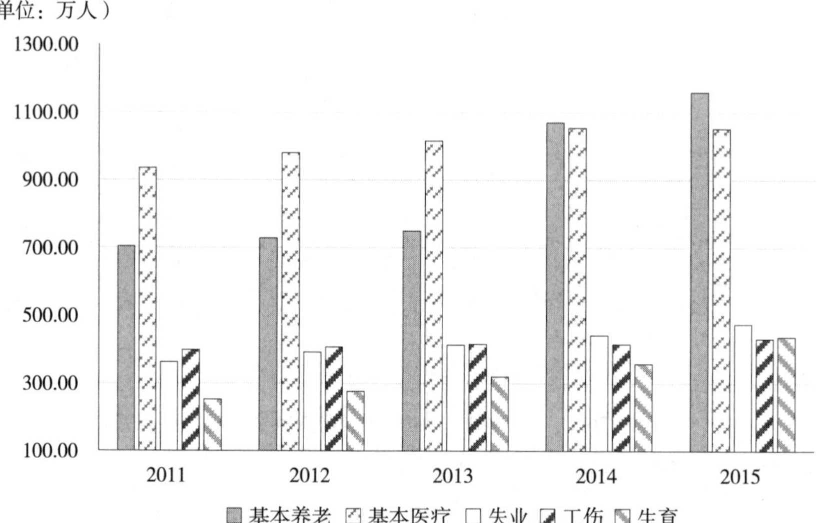

图2　2011—2015年广州市社会保险参保人数

数据来源：广州市人力资源和社会保障局：《广州市人力资源社会保障事业“十二五”时期主要数据情况》[Z]，2016年3月7日。其中，医疗保险人数为城镇职工基本医疗保险参保人数、城镇居民基本医疗保险参保人数和新型农村合作医疗人数之和。特别要说明的是，2015年开始，广州市实施城乡居民医疗保险及大病医疗保险政策，城乡居民医疗保险将城镇居民医疗保险及新型农村合作医疗合并。

老保险21.89万人。医疗保险参保人数从2011年的935.07万人增加到2015年的1052.61万人。其中，参加城镇职工基本医疗保险607.62万人，参加城乡（镇）居民基本医疗保险444.99万人。失业保险参保人数从2011年的362.48万人增加到2015年的474.07万人。工伤保险参保人数从2011年的398.13万人增加到2015年的431.4万人。生育保险参保人数从2011年的252.41万人增加到2015年的436.82万人。

总体来看，截至2015年，广州市社会保险五险参保人次达到3554.31万人次，超过“十二五”规划目标。

（五）社会保障待遇水平持续提升

“十二五”以来，广州市经济总体保持平稳较快发展，不断加大社会保障财政投入，社会保障水平显著提升并居于全省全国前列，社会保障“稳定器”作用更为凸显。

具体来看，广州市企业退休人员基本养老金由2011年的月均2413元提高到2015年的月均3200元，处于国内中心城市前列；城乡居民基本养老金由2011年的390元/月增加到2015年的608元/月；农转居人员基本养老金由2011年的615元/月增加到2015年的869元/月；职工和居民医疗保险住院政策范围内医疗费用总体报销比例分别达到85.4%和75%；失业保险金由2011年的1040元/月增加到2015年的1516元/月；工伤伤残退休金由2011年的2778元/月增加到2015年的4084元/月；一次性工亡补助金（含丧葬费补助金）由2011年的38.2万元增加到2015年的57.69万元；生育保险人均待遇水平由2011年的1.73万元增加到2015年的2.3万元。

“十二五”期间，广州市还多次提高低保等社会救助标准，各项社会救助水准位于全国前列。城镇低保、农村低保平均标准分别从2011年的467元、377元提高到2015年的650元，完成了广州市城乡低保标准一体化进程；城镇“三无人员”供养标准和福利机构供养人员供养标准从每人每月1065元提高到1177元；孤儿养育标准从1000元提高到1547元，低收入困难家庭认定标准按当地低保标准的1.2倍提高到1.5倍；农村五保供养标准从2011年的平均543元提高到目前的1608元。

表3 “十二五”期间广州市社会保障待遇调整情况

保障项目	待遇水平		保障项目	待遇水平	
	2011年	2015年		2011年	2015年
企业退休人员基本养老金	2413元/月	3200元/月	失业保险金	1040元/月	1516元/月
城乡居民基本养老金	390元/月	608元/月	工伤伤残退休金	2778元/月	4084元/月
农转居人员基本养老金	615元/月	869元/月	一次性工亡补助金	38.2万元	57.69万元
基本医疗保险政策范围内住院费用支付比例（职工）	84.6%	85.4%	基本医疗保险政策范围内住院费用支付比例（居民）	70%	75%

数据来源：广州市人力资源和社会保障局。

（六）社会保障行政管理能力不断增强

一是实行“服务下沉、管理上移”的社会保障经办管理模式，构建“区—街（镇）—村（居）”三级联动、互用共享网络，强化基层社会保障服务平台建设，将社会保障业务经办权限下沉到街（镇）、村（居），大量个人社会保障业务实现全城通办，做到了服务群众“最后一公里”，增进了社会保障的属地化管理和便利化供给。目前已在170个街（镇）、2636个村（居）完成服务机构建设并承接社会保障经办服务。

二是推行“互联网+社会保障”、“大数据+社会保障”，“智慧社保”建设成效显著。随着互联网、大数据时代的到来，深化社会保障管理服务的信息化和智慧化建设是当今社会保障改革发展的重要议题。广州市通过建设网上办事大厅，落实“一制四化”（综合柜员制；网厅一体化、业务财务一体化、档案资料电子化、咨询查询多样化），深化了经办服务的信息化建设。

“十二五”期间，广州市还在编制社会保障经办服务正面清单的基础上，建成“智慧社保”系统，系统于2013年10月正式上线且平稳运行。该系统通过统一的标准体系，构建统一、高效、安全的信息资源中心，搭建一体化的系统集成平台，实现了各项业务领域（社保、医保、劳动关系、就业培训、职业教育）之间、各地区之间的信息共享、业务协同和有机融合，形成便捷化的劳动社会保障公共服务体系和智能化的内部综合决策支持体系。广州市社会保障（市民）卡总体申领量超过省人社厅下达的任务数1100万张，实现了人力资源、社会保障、卫生、交通、民政、住房公积金等业务领域共109项应用，其中人力资源和社会保障应用77项。

三是推动了社会保障的区域对接工作。自2009年起，广州市在省内先后与佛山、肇庆、东莞的医院联网建立即时结算系统，在省外与海南省、云南省、南昌市、福州市、宁夏等地医保经办机构合作建立了异地就医联网即时结算系统，异地就医联网即时结算工作起步时间与开展进度均位居全国前列。2015年广州市在省内首批顺利完成省内异地就医直接结算项目，指定30家医疗机构作为省异地定点医疗机构，有效缓解了省内参保人异地就医医疗费用的先行垫付困难。

（七）社会福利服务建设成效突出

在老年人福利服务方面，社会养老服务体系不断完善，养老服务水平不断提高。制定实施《关于加快社会养老服务体系建设的意见》，确定养老服务“9064”发展目标任务，初步建立了以居家为基础、社区为依托、机构为支撑的多层次养老服务体系。颁布实施《广州市人民政府关于加快养老服务业综合改革的实施意见》，积极推进养老服务业综合改革。颁布《广州市养老服务机构设施布局规划2013—2020》及其补充规划，有力地保障了广州市2020年前养老机构建设用地需求。实施养老机构建设三年行动计划，大幅增加养老床位。实施全市统一的公办养老机构入住评估轮候制度。推行“银龄安康”行动，为全市70多万老年人购买意外伤害综合险。积极推进养老服务业综合改革。共建成居家养老服务部149个。平安通紧急呼援服务系统用户达4.1万，初步形成了覆盖城乡、布局合理、功能多样的社区居家养老设施网络建设。建立广州市老年人口和老龄事业监测统计制度，定期发布老年人口和老龄事业发展数据。优化具有老年人优待功能的社会保障（市民）卡执法流程，制发时间由60天压缩为25个工作日。开设老年专题电台节目，建立广州老龄网。在全国范围内率先建立一套完整的退休人员社会化管理服务标准。

在儿童福利服务方面，建立孤儿养育标准自然增长机制、提高孤儿医疗保障水平、积极做好孤残儿童医疗康复工作，有效地提升了孤儿的福利保障水平。通过加强救助保护机构和能力建设、完善救助保护工作网络机制和不断强化街头救助保护力度，增强了对流浪儿童的救助力度。全面贯彻《残疾人事业“十二五”发展纲要》，大力加强残疾儿童福利建设，使残疾儿童康复和教育工作得到有效落实。大力发展残疾儿童教育服务，加强了流浪未成年人的救助保护工作。开展散居孤儿和其他困境儿童专业化支援服务项目。在番禺区开展困境未成年人社会保护和适度普惠型儿童福利制度建设试点。此外，制度体系也不断健全。如2012年和2014年出台的《广州市扶助残疾人教育管理办法》和《广州市扶助特殊儿童学前教育试行办法》；2013年3月11日，广州市政府常务会议通过《关于加强和改进流浪未成年人救助保护工作的实施意见》，着力解决受助未成年人生活、教育、医疗、返乡、安置、培训等问题；出台《广州市市级和区级儿童福利院提升改造工作方案》以加快推进儿童福利机构建设。

在残疾人社会福利服务方面，以社会救助的方式推动残障人士加入社会保险体系，进一步完善残疾人基本社会保障制度。2011年10月24日，广州市残疾人联合会、广州市卫生局和广州市财政局发布《广州市农村残疾人参加新型农村合作医疗缴费和康复资助试行办法》，资助农村残障人士参加新型农村合作医疗缴费。2014年，广州市政府出台了《广州市残疾人社会保障和服务体系建设先行市工作方案》，全面深化残障社会保障和服务体系建设，把残疾人工作分解为11个门类40项任务推进；市残联修订完善残障人士教育、就业、培训、康复、托养等专项政策，使受益对象从原来的经济困难群体拓展到普通的残疾人群体。不断完善残疾人社会医疗保险。2014

年印发《广州市财政局、广州市残疾人联合会、广州市民政局转发关于我省残疾人生活津贴和重度残疾人护理补贴资金管理使用有关问题的通知》（穗财保〔2014〕129号），提高低保和低收入残障人士的救助标准。推行两津贴制度，2015年将残疾人生活津贴标准提升至每年1800元/年·人，重残护理补贴标准为1800元/年·人。据广州市残联的数据显示，2015年两项津补贴年度安排资金1.8亿元，受惠残障人士达8.3万名。2012年2月1日，广州市残疾人联合会、广州市财政局、广州市民政局出台《广州市民办残疾人服务机构资助试行办法》，推进残疾人社会福利社会化。2013年10月21日，广州市残疾人联合会、广州市财政局、广州市民政局联合出台《广州市社区精神康复综合服务中心建设方案》，明确广州市以区为单位各建立一个社区精神康复综合服务中心。创新残疾人康复服务工作手法，构建残障人士终身教育体系，加强残疾人就业、创业、培训以及志愿助残和社会助残服务。

（八）住房保障水平显著提升

在住房保障方面，建立以公共租赁住房为主的保障性住房制度体系。2013年1月25日，印发《广州市公共租赁住房保障制度实施办法（试行）》，将廉租住房与公共租赁住房并轨管理，建立以公共租赁住房为主的住房保障政策体系。2014年起，研究制定加强住房保障“1+3”政策文件，提高保障线，扩大保障面，住房保障政策体系更加健全有序。同时，不断完善健全住房保障的各项配套政策。“十二五”时期，广州市住房保障工作围绕改善民生大做文章，一是新建和筹集各类保障性安居工程住房建筑面积1112万平方米，16.68万套，计划完成率达111.2%，并基本建成各类保障性安居工程住房9.80万套，为低收入人群和中低收入人群提供了充足的房源。

二是住房保障的空间分布、土地落实和资金安排不断优化。初步建立以城市空间发展战略为指引、以城市交通为导向的保障性住房选址原则，基本形成在中心城区和城市新区统筹分布的空间格局；完成保障性安居工程建设用地储备逾900公顷，并已将逾80%比例的土地用于建设保障性安居工程；安排建设资金约 354.5 亿元，租赁补贴资金约 5.5 亿元。

三是住房保障范围逐步扩大。2015 年 2 月，出台《关于进一步完善住房保障体系的指导意见》，动态调整收入线准入标准，将住房保障收入线准入标准由 2010 年的 9600 元 / 人 · 年提高到 2015 年的 29434 元 / 人 · 年，新增保障城镇低收入住房困难家庭 62292 户、18.6 万人，使户籍保障对象从低收入家庭扩大至中等偏下收入家庭。同时，根据保障性住房建设情况，积极做好城镇户籍中等偏下收入家庭、来穗务工人员等保障性住房分配工作。2015 年 8 月和 11 月先后印发实施《关于加强户籍家庭住房保障工作的实施意见》和《来穗务工人员申请承租市本级公共租赁住房实施细则（试行）》，将无房的城市发展急需人才及特定城市公共服务行业从业人员等特定群体以及来穗时间长、稳定就业、对广州贡献大的来穗务工人员及高技能人才等逐步纳入住房保障范围，使得住房保障范围从户籍家庭逐步延伸至来穗务工人员和特定群体。

四是采取多项举措，促进住房保障管理规范化与公正化。在工作机制方面，建立健全了市区街三级工作机制与住房保障工作目标责任完成情况考核和效能监察机制。在工程建设方面，制定出台系列管理制度 50 余项，修订完善《广州市保障性住房设计指引（2013 年）》，不断提升保障性住房建设管理水平；制定出台保障性住房材料品牌库管理办法、建设工程招标管理办法等，进一步规范保障性住房建设管理。积极探索 BT、合作建设、项目法人招标建设等多元化筹建模式，实现了对保障性住房建设的精细化、标准化和信息化管理。在准入方面，修订出台《广州市公共租赁住房保障申请审查实施细则》、《广州市公共租赁住房轮候配租实施细则》，不断规范住房保障审核准入和分配管理。通过完善审核和退出机制，提高了保障性住房的公平善用程度。在分配环节方面，严格执行对住房政策信息、分配房源信息、分配对象信息、分配程序、分配过程、配租配售结果、退出保障信息七个环节进行信息公开，并在分配每批保障性住房时，均坚持公开举行摇号分配仪式，邀请人大代表、政协委员、各大媒体和申请家庭代表全程参与、监督，并由公证员进行公证，确保了保障性住房的阳光分配。在后续管理方面，制定出台《关于加强保障性住房小区管理工作的实施意见》和《广州市保障性住房小区管理扣分办法》，理顺小区管理体制机制，提高小区管理制度化、规范化水平，不断强化住房保障服务管理，有力地改善了保障对象的居住环境和服务方式。

二、“十二五”时期广州社会保障改革发展存在的问题

（一）保障人群实际覆盖面有待扩大

尽管“十二五”期间广州参保人群和人数不断增加，已初步实现广覆盖目标，但是与全覆盖目标仍有一定差距。从社会保险来看，社会保险五险还没有完全覆盖到广州市全体企业职工、城乡居民以及外来人口。以失业保险为例，2015 年失业保险参保人数为 474.07 万人，而广州市 2014 年社会从业人数就已经超过 680.44 万人，失业保险离实现“全覆盖”目标还有一定距离。从社会救助来看，最低生活保障、住房保障、医疗救助和教育资助等覆盖面仍需进一步扩大。例如，在最低生活保障方面，一般来讲，随着最低生活保障线调高，掉到最低生活保障线下的人数会与之相应增加。2011 年广州市最低生活保障标准为 487 元，共计 107076 人拿到低保。然而，2014 年广州市将最低生活保障标准提升到 600 元后，却仅有 72518 人领取低保。可见，广州市在调高最低生活保障标准后，最低生活保障覆盖面反而有所缩小。

（二）制度“碎片化”有待进一步整合

我国社会保障制度建设长期缺乏顶层设计，社会保障制度呈现“碎片化”的倾向。“碎片化”的政策给社会保障制度带来的危害日益显现。首先，多种制度并存和统筹层次低下，使制度的便携性很差，最终导致制度承受便携性损失。这一危害最突出的例子就是企业职工养老保险与城乡居民养老保险之间转移难的现象，由于转移困难，严重地影响了参保人的参保欲望，最

终导致参保率下降，影响制度的可持续发展。其次，多种制度的并存，导致各人群间、各地区间待遇差异日趋扩大，最终导致社会不和谐。

具体来看，首先，社会保障与补充保障发展之间缺乏衔接。如社会工作、社会慈善和社会互助参与社会救助和社会福利的机制需要进一步明确和细化，企业年金、商业保险等补充保险发展缓慢等。其次，各社会保障子项目之间缺乏衔接。如养老服务尚未与养老保险、医疗保险、医疗救助衔接，医疗救助制度与医疗保险制度间的衔接机制尚需优化等。最后，不同人群之间的社会保障制度衔接困难。具体来看，依据身份差异，如城镇企业职工、事业单位人员、农民工、农村居民、公务员和灵活就业人员等设立的不同保障制度，由于不同目标群体间政策差异较大、待遇水平悬殊，导致政策之间衔接困难，形成了很多“政策孤岛”，进行制度整合的困难大。

此外，尽管广州市已经完成整合城乡居民基本养老保险制度，实现了制度一体化，但是，未来要实现其平稳运行，广州市还面临着经办能力和基金缺口问题。首先，城乡居民养老保险的扩面经费缺乏，基层经办力量不足。其次，农转居参保人员的养老保险基金缺口巨大。广州市已投入超过16亿元充实农转居人员的养老保险基金，但是现有基金规模也只够支付3年左右。如何完善农转居参保人员养老金的正常调整机制，提高农转居人员养老保险制度的支付能力，仍需要探索研究。

为了统筹城乡社会保障体系建设，解决由于养老保险双轨制所带来的社会不公平问题，2015年1月14日，国务院发布了《关于机关事业单位工作人员养老保险制度改革的决定》。这标志着解决养老保险双轨制问题有了实质性进展。接下来，各省市会根据自身实际情况出台实施具体细则。据了解，目前，广州全市事业单位3698个，在编人员约15.5万人，退休人员约7.8万人，共计约23.3万人；全市公务员（含党群系列）在编约7.63万人。尽管广州市已经做了比较充分的前期准备工作，但是由于所涉及的人数和历史遗留问题较多、机关事业单位分类复杂等原因，广州市机关事业单位养老保险制度改革要比许多地区的改革更加困难。

（三）养老保险财务可持续性问题

城镇企业职工基本养老保险基金的财务收支平衡压力较大。随着人口老龄化程度的不断加深，加上常态下经济增速的放缓，最近几年，广州市城镇企业职工基本养老保险基金的支出增长速度大于缴费收入的增长速度。如果这种趋势持续下去，广州市城镇企业职工基本养老保险基金未来也可能面临当期收不抵支的风险。为了减轻企业负担，刺激经济增长，中央政府要求有条件的省份降低基本养老保险缴费率。一旦降低养老保险缴费率，广州市城镇企业职工基本养老保险必将面临更加严峻的财务压力。此外，根据现行政策，一次性缴费参保人员和异地转入参保人员都给广州市带来了沉重的养老金支出负担，属于养老金政策性损益，需要加以重视和解决。广州市需要统筹考虑个人和企业的缴费责任以及财政支付能力，逐步实现养老保险待遇水平与经济社会发展水平相适应。

养老金基金保值增值压力大。目前，广州市基本养老保险基金除了一小部分委托全国社会保障基金理事会进行投资以外，其余大部分基金都主要存在银行，所获得的投资回报率非常低，在有些年份甚至低于通货膨胀率。考虑到人口老龄化和经济增速放缓，广州市未来养老保险基金将面临较大的收支平衡压力，那么，养老保险基金保值增值的重要性和紧迫性就更加凸显。2015 年 8 月 23 日，国务院发布了《基本养老保险基金投资管理办法》，明确基本养老保险基金投资运营采用信托管理模式。广州市要充分利用好有利时机，积极主动地对基本养老保险基金进行投资管理，使其能够保值增值。

养老保险基金隐形负债问题严重。社会养老保险所指的隐性债务，主要是指养老保险制度承诺的所有未来给付现值与未来缴费现值之差，它是养老保险制度未来的净责任。它由制度转轨成本和新制度本身债务构成。从制度变迁的视角来看，我国的社会养老保险制度，经历了由国家、企业统包统揽的国家制度向社会保险制度的转变，更经历了由现收现付制度向统账结合的制度转变，一方面新制度需要继续兑现旧制度的承诺；另一方面需要为建立新制度积累基金，这需要注入一定的资金，保证新制度的建立和运行，制度的转轨成本就是在旧制度的基础上建立新制度比新建同样的新制度需要增加的资金数额。

同时，即使在统账结合的养老保险新制度模式之下，由于新制度在筹资模式、待遇计发办法等环节的设计上，一些假设条件、承诺的目标和达到的水平，在资金的来源上没有作出明确的规定，也没有确切的保障措施，从而造成新制度在运行的过程中，随着时间的推移，出现参保人在保障资金的纵向和横向都出现失衡的现象，资金逐渐出现缺口，从而造成无法兑现制度承诺待遇的风险。这是另一种隐性债务的表现形式，也必须引起重视。

由于制度转轨成本的存在，使得现行的养老保险既要为新制度下的在职职工积累养老金，又要为老制度下的“老人”、“中人”没有建立个人账户的“欠账”提供基金，形成了严重的双重负担。为了适当减轻企业的缴费负担，统筹基金不够支付时，可以利用统筹基金和个人账户积累基金的混合管理，向个人账户基金透支，但个人账户的“空账”运行，使得统账结合的部分积累制度面临严重危机。同时，由于统一制度设计的缺陷和当前基金增值保值途径的限制，正在积累的个人账户基金无法满足将来支付的需要，无法实现制度的承诺，这一危机目前尚不明显，但其危害性却是潜在的、巨大的。

社会养老保险制度的隐性债务问题日益严重，空账规模迅速扩大，统筹账户收不抵支，个人账户被侵占严重。从养老保险制度设计的原理来讲，个人账户资金本属于参保人个人资产，但由于隐性债务的存在，制度只能不断地依靠侵占个人账户资金来维持“老人”的待遇承诺，统账结合的制度模式名存实亡。而在个人账户和统筹基金“混账”管理的情况下，基金总量的结余又掩盖了个人账户空账的严重性，长期下去，将会引起更大的养老保险基金支付风险。

（四）责任分担模糊不清

毋庸置疑，厘清政府、市场主体、社会力量和个人的责任，是确保社会保障制度可持续性发展不可或缺的重要变量。然而当前社会保障制度，如医疗保险、养老保险等社会保险制度，以及社会救助、社会福利和社会补充保障等，在各方主体的责任分担方面仍然缺乏合理的界定，市区两级政府机构的社会保障工作责权分担机制也不明晰。以养老保险为例，一方面，社会养老保险制度的历史责任与现实责任模糊不清。目前广州市养老保险单位缴纳14%、个人缴纳8%，医疗保险为单位缴纳8%、个人缴纳2%。由于传统的现收现付制向现行的统账结合制转变所产生的转轨成本偿还机制尚未形成，直接导致了现阶段企业仍然具有较高的缴费负担，严重影响了企业竞争力。另一方面，政府在社会养老保险制度中的责任模糊不清。政府对养老保险的财政补贴持续扩大，但却未法定化、比例化，政府责任处于非规则状态；政府责任边界不清，导致市场主体、社会力量在资金营运管理、养老服务供给以及发展补充性保障制度方面无法顺利进入并充分发挥应有的作用。

（五）待遇水平落差过大

尽管现代社会中公民身份应当是平等的，并且在公民身份下不同社会群体也应当享受平等的政治、社会权益，但基于历史原因，机会不均等与体制障碍等多种因素的综合作用，在快速分化的社会结构下形成的不同群体，他们享受的社会保障待遇却具有巨大差距。例如，公务员、事业单位工作人员、企业职工、城市居民、农村居民，以及改革开放以来流入广州的大规模农民工等不同社会群体，受传统二元制结构以及现行制度的分割，不可避免地对社会保障制度有着自己的要求和特点。如公务员在许多国家都是独立的养老保险制度，我国事业单位工作人员也一直与公务员享受着同一制度的保障，如果要将事业单位工作人员简单地分离出来并归并入企业职工一同被职工基本养老保险制度覆盖，就可能遭到强烈反对；农村居民过去参加社会保障的意识相对较弱，现在从农村居民中分离出来的农民工却走上了工业化道路，其群体分离产生了对社会保障待遇的差异化诉求；即使是企业职工，国有企业职工与非国有企业职工，也必然存在一些差异，因为国有企业职工服务的是同一雇主，至少在职业福利方面应当享有较为平等的权益。可见，不同群体之间是存在着明显的身份差异，其就业特征、收入水平也有很大的不同，在“身份”标准下确立的社会保障待遇差异虽然伴随着广州经济社会的发展已经在逐渐缩小，但也绝对不可能在短期内消除。因此，政府只能针对不同群体的经济社会特征，用适度统一、相对集中的多元制度安排来解决城乡居民的社会保障待遇问题。同时做好不同制度之间的衔接工作，以适应人口流动的需要，并为未来的制度整合及其待遇合理化留下通道。

尽管广州市养老保险实现了制度全覆盖，但是不同群体之间的养老保险待遇差距依然不小。2015 年，广州市城镇企业职工人均每月基本养老金是城乡居民人均每月基本养老金的 5 倍多。缩小不同群体之间的养老保险待遇差距依然是任重而道远。需要指出的是，广州市实行统一的城乡居民基本养老保险制度以后，广州城乡居民基本养老保险保障水平离城乡居民老年生活实际需要还有一定距离。如何调整城乡居民的养老保险待遇，使城乡居民享受到与本地经济社会发展水平相适应的养老保险待遇，是广州市城乡居民养老保险发展的一大挑战。在现行制度框架下，追求所有人都享有均等的养老保险待遇并不现实。但是，在财政可承受的前提下，适当提高低收入人群的基本养老保险待遇，从而缩小不合理的养老金差距，对于维护社会公平和社会稳定具有重要的现实意义。

（六）基层经办服务能力不足

随着广州社保改革的不断深化，现有市区两级经办机构管理服务体系和编制人员较难及时、快速地满足参保人群的服务需求，经办服务单位工作任务不断加重，经办人员未能及时补充，人才流失较严重，人少事多现象长期没有得到有效扭转。目前，广州社保、医保人均服务人数比已达 1（人）：4.2（万名参保人员），高于全省 1：2.3 的水平，更是全国 1：0.98 平均水平的 4 倍，“小马拉大车”的问题较为突出。启动机关事业单位养老保险制度改革后，人员不足的矛盾将更加突出。伴随广州市社会保障事业的不断发展和服务领域的不断拓宽，人民群众对公共服务的需求日益增长，迫切需要在原有的服务经办体系上进行改革创新。

再比如在养老保险方面，随着劳动力在跨统筹地区或者城乡之间流动，养老及医疗保险关系跨统筹地区或者城乡之间的转移接续工作日渐增多。广州市是吸纳外来流动就业人数较多的城市，在养老及医疗保险关系转移接续问题上会承受更大的压力。与此同时，广州作为医疗资源集中地，吸引省内外大量的参保人跨省市就医。根据国家部署及参保人的需求，推进异地就医即时结算工作成为了近年医保经办的重点工作。在“参保地政策、就医地管理”的要求下，广州市医保工作量将相应较大增加，以广东省内计已预计需新增 75 万服务人群。鉴于此，广州市需要提高社会保险经办服务的效率，增加财政对经办机构相应的人员、经费（突出为信息系统建设经费）保障的投入力度，才能不断适应新形势的要求。

总体来看，目前基层经办服务建设主要存在以下不足：职能部门的组织协调效率有待提高，部门联动和业务协同度不足，未建立社会保障工作绩效评估方法和奖惩机制；社会保险费征缴和待遇发放衔接度不够；医疗保险的费用结算方式与医疗卫生资源分布调整适应度有待提高；基层经办服务资源未能整合，经办服务能力较薄弱；第三方参与社会保障经办服务的机制亟需完善；各部门社会保障业务信息尚未实现对接，仍呈现“条块分割”状态，尚未建立统一的社会保障信息平台，无法实现社会保障数据共享共用。

三、“十三五”时期广州社会保障发展蓝图

（一）“十三五”时期广州社会保障发展面临的形势

1. 中央对社会保障改革提出了新要求

党的十八大特别是十八届三中全会以来，中央对社会保障改革提出了新要求。中共十八届三中全会通过的《中共中央关于全面深化改革若干重大问题的决定》提纲挈领地阐述了建立更加公平可持续的社会保障制度的具体要求和改革方向。具体来看，在社会保障制度建设方面，要求坚持社会统筹和个人账户相结合的基本养老保险制度，完善个人账户制度，健全多缴多得激励机制，实现基础养老金全国统筹，推进机关事业单位养老保险制度改革。改革医保支付方式，健全全民医保体系；加快健全重特大疾病医疗保险和救助制度。要求加快发展企业年金、职业年金、商业保险，构建多层次社

会保障体系。在社会保障制度优化方面，要求推进城乡最低生活保障制度统筹发展；建立健全合理兼顾各类人员的社会保障待遇确定和正常调整机制；完善社会保险关系转移接续政策，扩大参保缴费覆盖面，适时适当降低社会保险费率；研究制定渐进式延迟退休年龄政策；健全社会保障财政投入制度，完善社会保障预算制度；加强社会保险基金投资管理和监督，推进基金市场化、多元化投资运营。在社会保障服务方面，要求加快健全社会保障管理体制和经办服务体系。积极应对人口老龄化，加快建立社会养老服务体系和发展老年服务产业，健全农村留守老年人关爱服务体系。国家“十三五”规划（2016—2020 年）则提出，要坚持全民覆盖、保障适度、权责清晰、运行高效，稳步提高社会保障统筹层次和水平，建立健全更加公平、更可持续的社会保障制度。并在完善社会保险体系、健全社会救助体系、支持社会福利和慈善事业发展等方面分别做出了详细论述。

2. 社会保障制度顶层设计带来了新任务

一是养老保险全国统筹与省级统筹。目前，国家有关方案尚未出台，省级统筹的思路主要是建立省级统筹金上缴下拨机制。基于此，统一用人单位的缴费比例，上缴更多的省级统筹调剂金，需要考虑省级统筹后如何保证广州市养老保险制度可持续发展的能力问题。

二是机关事业单位养老保险改革。改革方向为机关事业单位职工按照企业职工养老保险模式缴费、计发待遇并建立职业年金制度。而广州市在此改革过程中涉及人数众多，会面临待遇衔接、筹资责任等问题，改革中遇到的困难可能会较大。

三是医疗保险关系的转移接续。国家要求要做好医疗保险关系转移接续工作，广东省则要求对转入的医疗保险缴费年限予以确认并累计计算。由此，转移年限的累计计算将增加广州市基金支付压力和风险；各地经办业务不统一、参保信息不衔接，也将给具体工作的开展带来极大的不便。

四是公费医疗改革。国家要求机关事业单位纳入医疗保险范围，全国有 24 个省市区取消了公费医疗，省内大部分地市也已完成公费医疗改革，而目前广州市的改革进度已明显滞后。随着财政投入增加，财政按个人工资收入一定比例缴纳保费，对退休人员进行补缴，还需建立个人账户补偿及二次补助；省市区公费医疗的政策办法、管理主体和待遇标准等存在较大差异；划分众多特殊人群身份和取消特殊级别人员的优惠待遇将引发新的矛盾。

五是做实职工养老保险个人账户。由于历史原因，职工养老保险个人账户基金被挤占用于发放养老金，个人账户空账运行，国家和省提出逐步完善个人账户。但截至 2015 年年底，广州市个人空账率达 53.22%。若要做实个人账户，需要投入大量财政资金。

六是加快发展养老服务业。国家要求进一步统筹规划发展城市养老服务设施，大力发展居家养老服务网络，加强养老机构建设和农村养老服务，繁荣养老服务消费市场，推进医疗卫生与养老服务结合。而广州市人口规模大、老龄化速度快，家庭保障功能持续弱化，建立一个健全完善的养老服务体系的挑战巨大。

3. 人口结构变化趋势带来了新挑战

一是人口老龄化。在广州市 2015 年户籍人口中，60 周岁以上人口达 147 万人，占比 17.3%，超过老龄化国际标准（10%）7.3 个百分点。人口老龄化不断加重，人口红利将不断削减，社会保障负担特别是养老和医疗负担进一步加重。

二是农村和外来常住人口。按照国家新型城镇化要求，广州市需将本市农村户籍人员和外来常住人口实现“人的城市化”，即取得与城市人口同样的社会保障及其他公共服务待遇。截至 2013 年年底，广州市户籍农村人口近 200 万，外来常住人口 460 万人，将庞大的农村人口和外来常住人口纳入广州市城镇社会保障体系，对制度设计、财政投入、经办管理都带来了新挑战。

三是灵活就业人员。广州市市场经济活跃，灵活用工占比较大。而这些灵活就业人员往往无合同、无参保，社会保障执行力度较差。同时，社会保障政策对家政、小时工、小微企业员工等特殊流动人员关注度不够，这类人员社会保障力度不足。

4. 广州市财政收支矛盾带来了新困难

一是财政收入增速放缓。受宏观经济增速放缓、房地产市场调控、结构性减税和营业税改征增值税试点改革、税源流失等因素综合影响，广州市财政可持续增长压力加大。

二是人均财力水平明显偏低。广州市近七成的收入要上缴中央和省财政，2013 年广州市人均公共预算支出仅 1.08 万元，明显低于其他国家中心城市和省内的深圳、珠海等城市。

三是地方财力与事权和支出责任不相匹配。国家和省对广州市财税政策扶持力度偏弱，但所承担的支出责任较大。一方面，不断加大在教育、医疗、三农、保障房等公共服务和改善民生方面的刚性支出；另一方面，积极承担全省诸多重大项目以及支援新疆、西藏等地区资金需求量较大的建设任务和支出责任。

（二）"十三五"时期广州社会保障发展的目标定位

为全面贯彻党的十八大，十八届三中、四中、五中全会和习近平总书记系列重要讲话精神，广州市社会保障发展应树立创新、协调、绿色、开放、共享的发展理念，以促进民生幸福、服务创新驱动为根本任务，按照全覆盖、保基本、多层次、可持续的要求，加快建成更加公平、更可持续的社会保障体系。基于上述理念、要求和任务，"十三五"时期广州市社会保障改革发展主要是要围绕社会保障的公平性、体系性、适度性、可持续性、创新性和执行性六个基本目标推进。

（三）"十三五"时期广州社会保障发展的主要任务

1. 提高社会保障的公平程度

（1）坚持普惠化发展。一是逐步实现广州市本地人口、外来人口和流动人口的全面覆盖和无差异保障。以非公有制企业从业人员、城镇个体工商户灵活就业人员和外来务工人员为重点，严格按社保法的规定和要求，强化各类用人单位依法履行全员参保和足额缴费义务，建立健全科学有效的扩面征缴机制和参保考核工作制度；大力推进非从业城镇居民和农村农民参加社会保险，加大对弱势群体参保资助力度，鼓励和引导符合条件的各类人群参加社会保险，努力实现“应保尽保”。二是加强社会保险费征缴管理。积极探索缴费宣传、清理欠费、涉费事项审批、劳动监察执法等方面的联动协作，形成齐抓共管的综合治费网络。对恶意欠缴社会保险费企业依法予以曝光。进一步落实费税同征、同管、同查、同服务、同考核的“五同”管理，实现征管数据和资源高度集中与共享共用，充分利用个税申报数据，推动社会保险费征收与管理的有效结合。三是扩大社会救助覆盖面并统一完善救助标准。将更多困难家庭纳入最低生活保障范围，提高教育资助水平，加强医疗救助对低收入家庭的补贴力度。对计划生育家庭、特别扶助对象、老人和经济困难的独生子女父母，予以优先入住公办养老机构，在社会救助方面降低准入条件或适当提高救助标准，提供必要的居家养老、社区养老服务。四是提高社会福利的普惠程度。建立健全社会养老服务体系和发展老年服务产业，加快养老服务机构、社区的基础建设，为家庭养老提供政策扶持；完善全市统一的公办养老机构入住评估轮候制度，制定困难老人入住养老机构政府补贴政策。

（2）实行制度整合优化。一是整合优化养老保险制度。提高城乡居民养老保险筹资标准，加大财政投入力度，完善缴费激励机制，逐步提高城乡居民养老保险金替代率。二是整合优化社会救助与社会福利制度。梳理社会救助项目的资金来源、受益人群、救助额度和待遇发放方式，整合功能和补贴人群存在重复和交叉的救助项目，建立统一的综合性社会救助平台，将救助项目和受益人群相匹配，以“总额救助、列清明细”的方法发放资金补助，提高待遇公平性和可及性，逐步缩小救助待遇、福利待遇的人群差异与城乡差异。三是实现各项社会保障制度的全市统筹。提高社会保险、社会救助和社会福利统筹层次，实行制度、资金、经办服务的全市统一管理，明确划分各级政府部门的事权和财权，确保制度整合优化的顺利实施。

2. 促进社会保障的体系化发展

（1）加强社会保障制度的衔接和关联。一是加强社会保险参保人制度间转移接续机制。进一步落实与健全缴费年限累计计算政策，促进流动人口持续参保，明确参保人的社会保障权益，提高社会保障关系的便携性，减少社会保障权益在随参保人跨制度、跨市或跨省转移时发生的损失。二是加强社会救助与社会保险的关联。坚持救助资金资助困难家庭参加社会保险的基本政策，加强医疗救助与医疗保险在费用报销方面的衔接，着重强化医疗救助对困难人群医疗费用报销机制，实现风险补偿和主动预防的有机结合。三是加强社会福利与社会救助、社会保险的关联。推动城乡居民养老保险、计划生育奖励扶助制度与土地补偿政策、拆迁补偿政策、国家义务教育“两免一补”政策等其他惠民政策的统筹与衔接；制定参保人直系亲属养老保险继承机制，将个人养老保障转化为家庭养老保障；积极探索养老服务与社会保险和社会救助的衔接机制。

（2）健全多层次的补充保障体系。一是积极发展补充养老保障。以推进符合条件的国有企业依法依规建立企业年金为先导，积极鼓励和推动各类用人单位为劳动者建立企业年金，构建社会保险、企业年金、职业年金、地方养老保险相结合的多层次养老保险体系。二是鼓励商业保险参与社会保障工作。引入商业保险机构承办城乡居民大病保险业务，大力推动养老、医疗、意外伤害商业保险发展，引导单位和个人参加商业保险，提高保障水平。三是提高慈善事业帮扶力度。完善慈善捐赠方面的政策法规和税收优惠政策，规范慈善行业服务监管制度，提升慈善事业的公共服务能力。发展经常性捐助站点和慈善超市，完善经常性社会捐助体系与慈善超市运行机制。四是建立长期护理保险制度。探索建立长期护理保险制度的多渠道筹资机制，形成多层次的长期护理保险体系。

（3）提高政府部门整体性治理能力。建立社会保障体系的政策衔接、工作联动和业务协同机制，形成社会保障体系的整体合力；探索建立“协商会议、设立机构”等多部门协调管理制度，明确提出各个职能部门在业务衔接和奖惩机制方面的管理手段；充分发挥市社会保障工作联席会议制度的作用，加强对全市社会保障重大问题的研究协调。

3. 增进社会保障水平的适度性

（1）完善保障水平的正常调整机制。一是完善养老保险待遇水平的调整机制。结合物价指数、经济增长率等指标科学制定职工养老保险和城乡居民养老保险的待遇调整机制，实现待遇水平的稳定增长；加强缴费年限与待遇水平的衔接机制，鼓励多缴多得。二是建立医疗保险待遇水平的调整机制。建立医疗保障水平的动态调整机制，综合考虑医疗费用的增长、药物价格的上升、城乡居民的可支配收入水平和政府的财政收入等因素进行调整。三是建立社会救助待遇水平的调整机制。根据物价指数、财政收入增长情况等指标逐步提高最低生活保障标准；提高教育资助和医疗资助的补贴力度。四是建立社会福利待遇水平的调整机制。逐步降低市民的养老服务成本；提高本市计划生育家庭特别扶助对象年老时的扶助金标准，对男满 60 岁、女满 55 岁扶助对象的特别扶助金标准进行调整。

（2）建立科学的政府投入机制。一是加大财政投入力度。将社会保障事业发展列入公共财政支出的重点领域，逐步提高社会保障支出占财政支出的比重；建立社会保险财政补贴的正常调整机制，实现财政投入的稳定增长，确保养老保险和医疗保险资金充足。二是加强财政投入管理。建立政府、企业、社会多渠道筹资机制，通过财政优惠政策引导资金投入社会保障，增强社会保障经费的保障能力；建立各级政府的社会保障财政补贴比例，制定全市统一的补贴标准，促进各级政府根据自身财力实施补充保障。

（3）建立评价指标体系。通过完善的评价指标体系为广州市社会保障制度发展的适度性进行定位，为社会保障待遇的正常调整提供数据支撑，促进社会保障制度健康发展，使之与经济社会发展水平相适应；结合评价指标体系加强与其他副省级省会城市社会保障制度和体系发展的横向比较，不断探索社会保障与经济社会发展的协调关系和相互作用。

4. 提升社会保障可持续发展能力

（1）强化社会保险基金管理。完善社会保险基金预决算制度，建立基金预算编制模型系统，完善基金预算编制三方会审机制。加强社会保险基金收支管理，根据基金运行趋势适时适度调整缴费和待遇，维持基金长期收支平衡，探索划拨国有资产、福利彩票收入充实社会保险基金。完善医疗保险医疗费用结算方式，深化协商谈判方式签订服务协议的工作机制，强化定点医疗机构分级管理制度，促进定点医疗机构规范医疗服务行为。加强基金保值增值管理，采取定期存款、购买国债和基础建设投资与金融市场投资等方式拓宽投资渠道，利用市场化监管资源提高风险控制能力，提高基金长期收益。

（2）创新社会保险基金监督。建立健全部门联合打击欺诈骗保的工作机制，运用“金保工程——社保基金监督”软件，推广非现场监督检查；健全社会保险稽核系统，及时预防内部风险行为。优化社会保险监督委员会成员结构，推进社会保险监督委员会办事机构的建设，聘请社会保险监督员，完善社会保险基金监督举报奖励制度，加强社会监督力量。

（3）建立风险预警预测体系。一是建立风险指标与体系。以经济学、金融学、人口统计学、精算与保险学等专业学科知识为指导，形成风险预警预测理论框架和模型，可以进行政策仿真模拟，分析新人口政策或制度参数调整对基金运行的影响，通过指标数据评估基金运行的风险。二是建立宏观与微观信息数据库。集中人社、卫生、统计、财政、民政等部门的相关宏观和微观数据，涵盖市场指数、基金投资收益率和投资机构等资本市场的相关信息，搭建并完善网络信息搜集平台和内部监管平台。

5. 创新发展社会保障体系

（1）加强政府购买社会保障服务的顶层设计。确定政府购买社会保障服务事项，通过公开招标方式将部分社会保障业务交由社会服务机构或社会组织承办，在合同中明确服务项目、质量、数量、价格、时效、考核等标准，根据提供服务的数量和质量结算。加强经办人员业务培训和绩效考核机制，做好政府购买服务的后续监督、评价、管理工作。

（2）建立社会保障信用信息数据共享共用机制。依托广州市公共信用信息管理系统和有关信用信息数据标准、技术规范，推动有关单位完善各自业务管理系统，引导各单位进行信息标准化建设并提供信用数据；加强对部门、单位信用信息的整合，建立信息及时更新机制和信息归集制度；实现共享平台、社会保障信用信息数据库的技术维护，确保数据交换的正常运转。

（3）优化制度模式的思路创新。实施失业保险浮动费率，建立与基金结余数量、参保人数、享受待遇人数、支出项目挂钩的浮动费率机制；建立预防、补偿和康复"三位一体"的工伤保险体系。建立最低生活保障与推广就业联动机制、综合审核评估机制、社会服务机制、诚信激励与惩罚机制。

6. 提高社会保障的管理经办能力

（1）提高经办服务能力。一是加强基层经办服务力量。统筹整合镇街社会保障各部门的服务资源，在镇街设立综合性的社会保障服务机构，建立动态配比的人员配备标准，明确财政保障责任，制订基层社会保障公共服务目录，推进"一窗多能、集中受理、分类处理、综合办理"的服务模式，延伸社会保障服务至村居。二是提高社会保险服务管理水平。推进社会保险经办机构标准化建设，拓展网办业务、客户终端、手机用户端等开放式服务方式，推进社会保险档案数字化，扩大医疗保险信息系统联网范围，制定退休人员社会服务管理规定，推动社会保障公共服务均等化。三是提高社会救助服务管理水平。建立广州市社会救助管理信息系统，与社区信息化建设相结合；完善广州市居民家庭经济状况核对系统，实现市、区、街三级核对工作机制；完善困难群体身份认证管理手段，将需要救助的个人和家庭分类，根据不同的标准决定其参与的救助项目和救助标准，确保救助需求得到满足并充分降低重复保障的可能性。

（2）加强社会保障信息系统建设。一是落实全省集中式人力资源和社会保障一体化信息系统项目任务，提升社会保障（市民）卡申领、数据处理、制卡、发行服务全流程的便捷性和高效性，推进社会保障一卡通应用和推广异地用卡，建立市民的社会保障身份认证机制。依托社会保障（市民）卡，整合市民的社会保障信息，形成社会保障信息数据库，通过认证个人和家庭身份判断其经济情况与社会状态，实现社会保障项目与个人和家庭的合理匹配。二是继续推进"智慧社保"、网上办事大厅、网上信访大厅、个人信用体系和社会保障信用建设，建成数字化的指挥监控中心和服务展示大厅，实现"智慧经办、智慧监管、智慧服务、智慧决策"。三是建立信息系统的惠民政策。广泛开放社会保障个人信息查询业务，允许参保人和救助对象凭借社会保障（市民）卡或身份证账号查询个体信息，并通过管理平台的子数据库统一授予权限和进行数据处理。依托社会保障（市民）卡的金融功能，逐步扩大应用范围，推进待遇集中支付。四是社会保障工作合理分工。加强基层经办信息系统建设，实现基层经办信息系统与社会保障综合信息管理平台无缝对接，形成基层处理业务、收集数据、采集信息，政府部门通过管理平台整合数据、分析信息、业务风险和经办标准反馈的体系化管理机制。

7. 建立更为完善的现代社会救助体系

完善以人为本的社会救助政策体系，全面落实最低生活保障和医疗救助制度；探索建立支出型贫困救助和前置救助机制、贫困预警与主动发现救助机制，制定完善相关配套救助办法；建设数据共享、各项救助信息系统有机衔接的社会救助综合管理信息平台；建立具有广州特色、更加完善的居民家庭经济状况核对机制。“十三五”期间，城乡低保标准年均提高10%左右；灾民救助率达到100%。

（1）健全社会救助机制。制定《广州市最低生活保障办法》配套政策，建立生活保障与促进就业机制、综合审核评估机制、社会服务机制、诚信激励与惩罚的衔接机制。完善分类救济制度。建立临时救助制度。制定《广州市特困人员供养办法》，拓宽救助范围。建立全市统筹、分类资助的教育资助制度，保障贫困家庭子女学前教育、义务教育、中等及高等教育权益。加强就业困难人员特别是困难人员家庭中有劳动能力人员的职业技能培训。

（2）提升社会救助标准。根据广州市经济社会发展水平，科学调整各项救助标准。调整提高低保标准的同时，相应提高广州市各项社会救助标准，五保供养标准按照上年度人均可支配收入动态调整。

（3）提高医疗救助水平。全面实施《广州市医疗救助办法》，扩大医疗救助覆盖面，降低因病致贫居民救助门槛，将符合条件的外来务工人员纳入医疗救助。建立商业保险参与医疗救助的补充机制，探索为困难群众购买团体健康补充险和意外险等商业保险的救助模式。建立医疗费用高、社会影响大的疾病、地方性疾病、罕见病和困境儿童专项救助制度。进一步提高医疗救助信息化管理水平，简化救助手续，提高救助效率。

(4) 加强社会救助监管。加强居民家庭经济状况核对机制建设，全面实施《广州市居民家庭经济状况核对办法》，不断扩大金融类、消费、人员流动及大额支出等信息核查范围，全面实现银行、证券、保险、网络金融等信息共享工作。优化升级核对系统，强化分析、数据管理、业务智能比对等功能。建立社会救助申请人诚信数据库，2019 年实现申请人诚信数据信息与社会救助业务管理系统的信息对接共享。探索构建农村家庭收入核对体系。探索核对信息在社会事务上的多元化应用，从传统的民生救助申请人的审核扩大到统计、公安、司法、反腐领域。

8. 建立更为全面的社会福利服务体系

推进养老服务业综合改革，实现养老服务“9064”目标。不断提高老年优待水平，强化儿童福利保障，建立适度普惠型社会福利保障体系。“十三五”期间，孤儿养育标准年均提高 10% 左右；福利彩票年均销售 40 亿元以上。到“十三五”期末，养老机构床位超过 7.2 万张，养老机构、日间照料中心的医疗卫生服务覆盖率达 100%；“平安通”紧急呼援服务系统安装 6 万户以上。规模化经营的养老服务企业和社会组织达到 500 家；95% 以上的城镇社区和 80% 以上农村社区成立基层老年协会；全市建立 10 个以上养老服务人才实训基地。

(1) 发展社区居家养老便捷服务。建立以政府为主导、社会力量为主体、社区为纽带、满足老年人各种服务需求的居家养老服务网络，社区居家养老服务覆盖 100% 的城乡社区和所有居家老年人，其中 6% 的老年人可直接享受社区护理和社区康复等专业化服务。巩固和提升现有养老服务设施功能，加快老年人家庭及居住区公共服务设施无障碍改造，对特殊困难老年人家庭无障碍设施改造给予资助，至 2020 年，符合条件的特殊困难老年家庭无障碍设施改造覆盖率达到 100%。加强对失能老人照顾者的社会支持，拓展“喘息式”服务。积极推进居家和社区养老服务信息网络建设试点，实现以社区居家养老服务为重点的社区信息一体化服务。建立健全特殊困难群体动态管理台账，实现救助服务管理全覆盖。

（2）加快养老服务机构建设。推进《广州市养老服务机构设施布局规划（2013—2020年）》实施，保障养老机构建设用地供应，支持社会力量和境外资本举办养老机构。到2020年全市养老床位达到7.2万张，每千名老年人拥有床位数40张以上，其中民办养老机构床位占70%以上，护理型养老机构床位占70%以上。市、区公办养老机构全部达到省一级以上等级，加快实现养老机构服务管理的专业化、标准化、精细化和信息化，推动形成一批具有较强竞争力的养老机构。

（3）推动社会福利适度普惠。建立长期护理保险制度，进一步完善社会服务体系。逐步扩大政府购买服务的对象范围和服务类型，将月养老金低于最低工资标准的失能、半失能纯老家庭、计划生育家庭特别补助对象和高龄老人纳入政府购买服务补助对象范围，完善服务补贴的管理和使用办法。支持商业保险企业开发推广老年人意外伤害保险、长期护理险等产品。为五类特殊困难老年人购买意外伤害综合保险，并鼓励各类资金为老年人投保。逐步拓展社会福利的普惠面，适度向非户籍人口延伸，不断推动基本公共服务均等化。探索组织市民体检活动，通过早期预防、早期治疗，提升个人健康水平。

（4）强化儿童福利工作。推动“1＋4”市、区级儿童福利机构提升改造工作，通过增加安置床位、完善设施功能、提升服务水平等措施，建立健全儿童福利机构统筹发展、互联互促的管理机制。开展适度普惠型儿童福利制度建设试点，完善四级儿童服务网络和困境儿童救助保护、服务管理等机制，逐步建立全市困境儿童分类保障制度。

四、2016年广州社会保障改革发展的重点工作

2016年是广州市率先全面建成小康社会决胜阶段的开局之年，也是“十三五”规划的开局之年。为实现广州市社会保障更加公平可持续发展的

战略目标，克服广州社会保障发展面临的挑战，按时、按质完成“十三五”时期广州社会保障发展的主要任务，充分发挥社会保障的兜底功能，不断增进民生福祉，建议2016年广州市社会保障改革发展重点抓好以下几个方面的工作。

第一，巩固并扩大社会保险覆盖面。依据广州市“十二五”规划，2015年预期社会保险五险参保人次为2889万人次，而广州市在2015年实际的社会保险五险参保人次3554.3万人次。实际的社会保险五险参保人次比规划的社会保险五险参保人次高出约665万人次。从这一数据可以看出，“十二五”期间广州市社会保险实现了快速发展。但是，按照《广州市人力资源和社会保障事业发展第十三个五年规划（征求意见稿）》，广州市基本社会保险覆盖率要从97.6%扩大到98%，失业保险参保人数由474.1万人增加至485万人，工伤保险参保人数要从431.4万人增加至461万人，生育保险参保人数要从436.8万人增加到466万人。因而，在“十三五”期间，广州市仍需进一步巩固并扩大社会保险覆盖面。考虑到目前广州经济长期向好的基本面没有改变，可以为社会保险工作提供稳定的物质基础，以及人民群众的社会保障需求，建议广州市在2016年新增社会保险五险33万人次。

第二，继续完善社会保障制度体系。积极稳妥推进机关事业单位养老保险制度改革，出台解决离开机关事业单位人员医疗保险问题的政策，探索推进社会保险城乡一体化。修订社会医疗保险就医及零星医疗费报销管理办法、定点医疗机构协议管理办法、定点零售药店协议管理办法，确定2017年城乡居民医疗保险筹资标准。出台《广州市建筑业参加工伤保险实施办法》。调整降低医疗、失业、工伤保险费率、实施失业、工伤浮动费率调整。

第三，持续提升社会保障待遇水平。做好用人单位退休人员、城乡居民、农转居人员养老金年度调整工作，实施失业保险支持企业发放稳定岗位补贴。加大征地预存社保资金分配使用力度，完善职工重大疾病医疗补助支付范围。推进工伤预防工作。

第四，提升社会保障管理服务水平。做好广铁集团驻粤职工医疗、工伤和生育保险纳入广州属地化管理工作，确保平稳顺利衔接。推进总额控制下的医保复合式付费方式改革，研究促进医养融合的结算方式，制定按病种结算办法。推进社保经办标准化建设和业务下沉，落实全省经办风险管理三年专项行动计划，搭建待遇发放可视化财务监控系统，推广使用智慧监控系统。大力加强定点医药机构管理。加强广州市社会保险医疗监管体系建设，推进稽核系统及定点零售药店监管子系统建设及应用工作。探索分级管理体制下的定点医疗机构重点巡查和驻点督查工作机制，实施定点医疗机构综合考核及分级管理动态管理。在广州市定点零售药店推广使用医保 POS 机定位系统，做好定点医药机构资格审批非行政许可审批取消后的协议管理工作，完成定点零售药店联网监管系统建设并全面应用。大力加强异地就医管理。优化省内异地就医直接结算项目，完善经办规程和工作标准，适时扩大广州市指定省异地定点医疗机构数量，做好广州市省内异地就医系统优化工作，完善审核结算方式。优化重构劳动能力鉴定工作流程。贯彻落实好《广州市退休人员社会服务管理规定》。加大社保基金反欺诈力度，签订《社会保险反欺诈公约》，全面推进社保基金社会监督工作。继续做好社会保险信息公开工作。

第五，加强社会保障的信息化建设。深化“智慧社保”应用，促进信息化与业务深度融合。加快推进各项信息系统建设，大力促进“互联网＋”和大数据在社会保障领域的融合创新应用。加强门户网站和移动互联网应用建设，继续推进网上办事大厅、网上信访大厅、社会保障信用和个人信用建设。优化完善社保卡推广应用机制，推进社保卡与人力资源社会保障业务的深度融合，提升社会保障（市民）卡服务管理和推广水平，促进社会保障（市民）卡“一卡通”应用。

第六，建立健全社会救助制度体系。完善《广州市最低生活保障办法》、《广州市医疗救助办法》等政策的实施细则及配套政策文件，健全和完善我市社会救助政策体系，进一步提高社会救助规范化水平。制定出台《广州市临时救助办法》，明确临时救助的对象和程序，着力提升社会救助“救急难”的成效，构建“常态救助＋临时救助”相补充的社会救助格局，切实缓解困难群众的实际困难。按照《广州市最低生活保障办法》要求，整改全市最低生活保障系统，让系统运行切合政策实际。开展医疗救助信息管理平台三期招标工作，建设医疗救助移动APP，完善移动端+PC端互联互通功能，进一步提升医疗救助信息化管理水平。全部完成核对系统与保险系统对接，加大与保险公司对接力度，实现与证券系统对接工作，进一步发挥核对系统在社会救助工作中的积极作用。

第七，继续完善社会养老服务体系，提升养老服务专业化水平。发展和完善社区居家养老服务网络。制定实施《关于深化社区居家养老服务改革的意见》等系列文件，推进老年人家庭及居住区公共服务设施无障碍改造，对政府购买社区居家养老服务进行提标扩面，建设居家养老综合服务平台，逐步打造“10分钟社区居家养老服务圈”。完善农村养老服务网络。持续推广农村“幸福计划”，逐步实现农村养老服务网络全覆盖。优化养老服务设施布局，大力加强养老机构建设。加快推进“十二五”期间已动工的养老机构床位建设，加快实现养老机构服务管理的专业化、标准化、精细化和信息化。按照《解决农村敬老院历史遗留问题工作指引》，解决农村敬老院历史遗留问题。推行养老服务社会化运营，稳妥推进公办养老机构改革。引入社会力量参与社区居家养老服务设施运营管理和提供服务，激发社会参与活力。培育养老服务社会组织，建立养老类社会组织承接政府转移职能、购买服务和授权委托事项目录。促进公益慈善资源与财政、行政资源有机衔接。推动医疗卫生与养老服务融合发展，出台《广州市促进医养融合发展指导意见》，以医养融合为抓手提升养老服务专业化水平。推动医疗卫生机构与养老机构、日间托老机构及老年人家庭建立医疗契约服务关系，促进医疗卫生资源进入养老机构、社区和居民家庭。加大人才培育和从业支持力度。制定实施《关于加快养老服务业人才队伍建设的行动方案》，创新养老服务人才工作体制机制。

第八，扎实推进保障性住房建设和分配工作。全面落实住房保障目标责任，确保如期完成新开工筹建棚户区改造住房22508套，基本建成公共租赁住房、棚户区改造住房6460套，新增发放租赁补贴1600户，建立多元的住房保障体系，满足多元化的住房需求。做好保障性住房分配工作。根据保障性住房建设情况，积极做好城镇户籍中等偏下收入家庭、来穗务工人员等保障性住房分配工作，并积极指导各区做好区辖保障性住房分配工作；做好2016年广州市首次推出供应来穗务工人员公共租赁住房600套房源的分配工作。继续做好公共租赁住房租赁补贴发放工作，完成新增发放住房租赁补贴目标任务。

二、专题报告

广州养老保险发展报告

彭浩然　陈泰才　白铭文*

进入21世纪以来，我国人口老龄化问题日益突出。随着人口预期寿命的延长和家庭平均规模的缩小，家庭所承担的养老保障功能逐渐弱化，群众对社会养老保险的期望值有了进一步提升。为了回应老百姓的养老保障需求，党的十六届六中全会通过的《中共中央关于构建社会主义和谐社会若干重大问题的决定》明确提出到2020年要基本建立覆盖城乡居民的社会保障体系。党的十七大进一步提出"加快建立覆盖城乡居民的社会保障体系，保障人民基本生活"，"促进企业、机关、事业单位基本养老保险制度改革，探索建立农村养老保险制度"，"提高统筹层次，制定全国统一的社会保险关系转续办法"。作为沿海开放城市的广州，一直十分重视养老保险的改革与发展。在"十二五"期间（2011—2015年），广州市养老保险在许多方面都取得了很大的进展，例如：广州养老保险制度建设日益完善；养老保险扩面工作成效显著，参保率大幅提升；广州养老保险待遇水平稳步提高，社会养老服务得到切实发展等等。在取得不错成绩的同时，广州养老保险改革仍然面临着诸多问题与挑战，例如：多种养老保险制度并行所带来的公平性问题；养老保险基金的保值增值问题；政策调整对养老保险财务可持续性的影响等

* 彭浩然，广州市人文社会科学重点研究基地中山大学广州社会保障研究中心研究员、岭南学院副教授；陈泰才，广州市人力资源和社会保障局养老和失业保险处处长；白铭文，广州市人力资源和社会保障局农村社会保险处副调研员。

等。为了建立更加公平更可持续的社会保障制度，广州在“十三五”期间应该继续深化养老保险改革，逐步缩小不同群体的养老保险待遇差距，建立养老保险的长效运行机制，增强人民群众的获得感。

一、“十二五”广州养老保险改革发展的进程与成效

“十二五”期间，广州市按照国家和广东省的要求，结合自身实际情况，出台了一系列养老保险相关的政策文件（详细情况请参考表 1），养老保险制度建设不断完善，并努力扩大养老保险覆盖面，提高各类人群的养老保险待遇水平，养老保险基金规模不断增长，养老保险经办服务切实改善。

表 1 “十二五”期间广州出台的养老保险相关政策文件

文件名	主要内容	文件号
《关于 2011 年度调整广州市农转居人员基本养老金的通知》	提高农转居人员基本养老金	穗人社发〔2011〕81 号
《印发广州市城乡居民社会养老保险试行办法的通知》	建立统一的城乡居民基本养老保险制度	穗府办〔2012〕34 号
《关于 2012 年度调整广州市农转居人员基本养老金的通知》	提高农转居人员基本养老金	穗人社发〔2012〕1221 号
《关于 2013 年度调整广州市农转居人员基本养老金的通知》	提高农转居人员基本养老金	穗人社发〔2013〕10 号
《关于 2014 年度调整广州市农转居人员基本养老金的通知》	提高农转居人员基本养老金	穗人社发〔2014〕42 号
《广州市人民政府办公厅关于印发广州市农转居人员基本养老保险办法的通知》	修订农转居人员养老保险办法	穗府办〔2014〕38 号
《关于解决广州市企业部分退休人员基本养老金倒挂问题的通知》	解决企业部分退休人员基本养老金倒挂问题	穗人社发〔2014〕50 号

文件名	主要内容	文件号
《广州市人民政府办公厅关于印发广州市城乡居民基本养老保险实施办法的通知》	建立统一的城乡居民基本养老保险制度	穗府办〔2014〕66号
《广州市人力资源和社会保障局关于规范企业年金方案备案工作的函》	规范企业年金方案备案的流程	穗人社函〔2015〕2号
《关于调整广州市城镇企业职工基本养老保险单位缴费比例的通知》	统一企业职工养老保险单位缴费比例	穗人社发〔2015〕5号
《〈广州市城乡居民基本养老保险参保登记和待遇申领办法〉的通知》	规范城乡居民基本养老保险参保登记和待遇申领等有关事项	穗人社发〔2015〕16号
《广州市关于2015年度广州市调整企业退休人员养老保险待遇的通知》	调整企业退休人员养老保险待遇	穗人社发〔2015〕37号
《广州市财政局关于2015年度调整广州市农转居人员基本养老金的通知》	提高农转居人员基本养老金	穗人社发〔2015〕49号

（一）养老保险制度建设不断完善

"十二五"期间，广州市不断完善养老保险制度建设，主要体现在：建立了统一的城乡居民基本养老保险制度；积极推进机关事业单位工作人员养老保险制度改革；主动解决养老金待遇倒挂问题；完善企业年金相关政策等等。

1. 实现城乡居民基本养老保险一体化

在"十二五"之前，城镇（非就业）居民与农村居民的养老保险制度分属城镇居民社会养老保险和新型农村社会养老保险两个不同的管理体系，尽管在制度结构设计上比较相似，但是两个制度的缴费水平、待遇享受条件、待遇水平等方面存在一定的差异。

为进一步完善广州市统筹城乡的社会养老保险制度体系，实现城乡居民老有所养的社会建设目标，根据《中华人民共和国社会保险法》、《国务院关于开展新型农村社会养老保险试点的指导意见》（国发〔2009〕32号）、《国务院关于开展城镇居民社会养老保险试点的指导意见》（国发〔2011〕18号）、广东省政府印发《广东省新型农村社会养老保险试点实施办法的通知》

（粤府〔2009〕124号）和印发《广东省城镇居民社会养老保险试点实施办法的通知》（粤府〔2011〕127号）等规定，广州市于2012年出台并实施了《广州市城乡居民社会养老保险试行办法》（穗府办〔2012〕34号）。这标志着广州市在社会保障领域进一步打破城乡二元体制障碍，在实现城乡共同发展的道路上迈出了可喜的一步。

为进一步完善广州市城乡居民社会养老保险制度，按照党的十八大精神和十八届三中全会关于整合城乡居民基本养老保险制度的要求，2014年12月，广州市进一步对原城乡居民社会养老保险进行了修订，出台了《广州市城乡居民基本养老保险实施办法》（穗府办〔2014〕66号）。新的实施办法有以下主要变化：一是调整了缴费档次和政府补贴标准，参保人每月缴纳基本养老保险费的最高档次从130元提高到300元；政府补贴累计不超过每人21600元，而不受15年的时间限制；二是对于所有参保人，不管有没有开始领取养老保险待遇，只要遭遇死亡，都直接一次性发给亲属丧葬抚恤费，并且抚恤费标准从2600元/人提高到3000元/人。此外，广州将根据物价、收入水平等因素综合考虑，建立基础养老金正常调整机制。

2. 统一企业职工养老保险单位缴费比例

印发《关于调整广州市城镇企业职工基本养老保险单位缴费比例的通知》（穗人社发〔2015〕5号），自2015年1月起，将全市企业职工养老保险单位缴费比例统一为14%，解决了不同性质企业之间养老保险费负担高低不一的问题，为企业的公平竞争创造了良好的环境。

3. 修订完善农转居人员养老保险办法

印发《广州市人民政府办公厅关于印发广州市农转居人员基本养老保险办法的通知》（穗府办〔2014〕38号），修订完善办法，建立农转居人员养老待遇正常调整机制，固化参保人群，探索建立充实农转居养老保险基金办法，为制度的可持续发展奠定基础。

4. 积极推进机关事业单位工作人员养老保险改革

为了解决养老保险双轨制问题，缩小机关事业单位工作人员与企业职工的养老金不合理差距，2015 年 1 月，国务院出台了《国务院关于机关事业单位工作人员养老保险制度改革的决定》（国发〔2015〕2 号），正式启动全国范围内的机关事业单位养老保险制度改革工作。按照国家和广东省的工作安排，广州市积极稳妥地推进机关事业单位养老保险改革工作，目前已完成多项阶段性工作。具体来讲，一是成立了广州市机关事业单位养老保险制度改革领导小组，统筹协调各项工作；二是完成了与改革相关的情况摸查、数据采集和测算等基础工作，为出台具体细则提供技术支持；三是调研分析了广州市现行机关事业单位与企业连续工龄政策之间的差异，为下一步考虑机关事业单位人员养老保险转移接续问题做准备；四是结合广州市实际情况，多次主动向广东省人力资源和社会保障厅提出意见和建议，促进省级部门在制定具体实施意见时能充分考虑广州市的实际情况；五是为了保证改革工作的顺利推进，研究提高社会保险经办管理水平，牵头组织了广州市参保预采集信息登记工作。

5. 主动解决养老金待遇倒挂问题

自 2006 年 7 月起，由于养老保险计发办法调整和连续大幅提高养老金待遇水平等原因，我国许多地区不同程度地出现了“迟退休，待遇低；早退休，待遇高”的不公平现象，即养老金待遇倒挂问题。广州市早在 2009 年就出台了《关于提高我市企业退休人员养老保险待遇水平的通知》，采取适当措施初步解决了部分企业退休人员的养老金待遇倒挂问题。随后，根据广东省人社厅《关于解决省直企业部分退休人员养老保险待遇有关问题的通知》，广州市于 2014 年 11 月出台了《关于解决广州市企业部分退休人员基本养老金倒挂问题的通知》（穗人社发〔2014〕50 号），进一步理顺和解决了广州市企业退休人员养老金待遇倒挂等问题。经过这次调整，同等缴费水平、同等缴费年限的参保人，其待遇水平基本趋于一致。养老金水平原本较低的退休人员，会适当提高其养老金发放标准；对于养老金水平相对较高的退休人员，如果养老金已达到或超过同类人员的一般水平，将维持其原有待遇标准，不加发待遇，高出的部分转为地方保留津贴。这个津贴将予以固化，并在两年内结合国家和广东省的养老金调整逐步冲销。

6. 积极完善企业年金相关配套政策

为了促进企业年金的发展，降低行政成本，广州市积极贯彻执行国家和广东省的企业年金政策，并出台了《广州市人力资源和社会保障局关于规范企业年金方案备案工作的函》（穗人社函〔2015〕2号），建立了广州市企业年金方案网上备案系统。该系统于2016年1月起投入使用，实现了企业年金方案备案“无纸化、零现场”的目标，节约了大量的人力物力。同时，广州市还想方设法促进企业设立企业年金，制定了《关于推进广州市企业年金若干事项意见的通知》。

（二）养老保险覆盖面不断扩大

“十二五”期间，广州市努力扩大养老保险覆盖面，养老保险参保人数稳步增长。在城镇地区，广州市以非公有制企业从业人员、灵活就业人员为扩面重点，城镇职工基本养老保险参保人数从2011年的565.63万人增长到2015年的1008.24万人。此外，广州市还特别重视城乡居民养老保险的扩面工作，采取多种政策宣传手段，扩大覆盖面，做到应保尽保。比如，广州市组织专门的宣讲队伍进行政策培训，将新政策贯彻到基层，还组织印发宣传单和工作手册等资料，发放给基层工作人员和广大市民，让城乡居民养老保险政策家喻户晓，并通过媒体刊发对城乡居民养老保险新政策的公告和解答，扩大政策影响力；广州市还专门设计了针对年轻群体的宣传单，用定量数据来说明城乡居民养老保险“早参保、长缴费、多实惠”的制度特点，吸引年轻群体参保；同时，广州还宣传好制度衔接办法，引导年轻群体在失业期间参加城乡居民养老保险，就业期间参加城镇职工基本养老保险，退休时两者可衔接提高养老待遇。经过长期不懈的努力，截至2015年12月，广州市共有129万城乡居民参加了城乡居民社会养老保险，参保率达到99%，从“制度全覆盖”迈向“参保对象全覆盖”。

表 2 “十二五”期间广州市养老保险参保人数

（单位：万人）

年份	城镇职工	城乡居民	农转居人员	合计
2011	565.63	115.91	22.48	704.02
2012	583.42	122.71	22.19	728.32
2013	602.93	123.77	22.90	749.60
2014	925.56	123.32	21.66	1070.54
2015	1008.24	129.27	21.89	1159.40

数据来源：由广州市人力资源和社会保障局提供，下同。

（三）养老保险待遇水平不断提高

“十二五”期间，广州市经济保持平稳增长态势。为了让人民群众分享经济社会发展成果，广州市不断提高养老保险待遇水平。如图 1 所示，2011 年，广州市企业离退休人员月平均基本养老金为 2413 元。2012 年，广州市进一步提高企业离退休人员的基本养老金，人均每月基本养老金达到 2614 元。2013 年，广州市企业离退休人员基本养老保险金水平达到人均每月

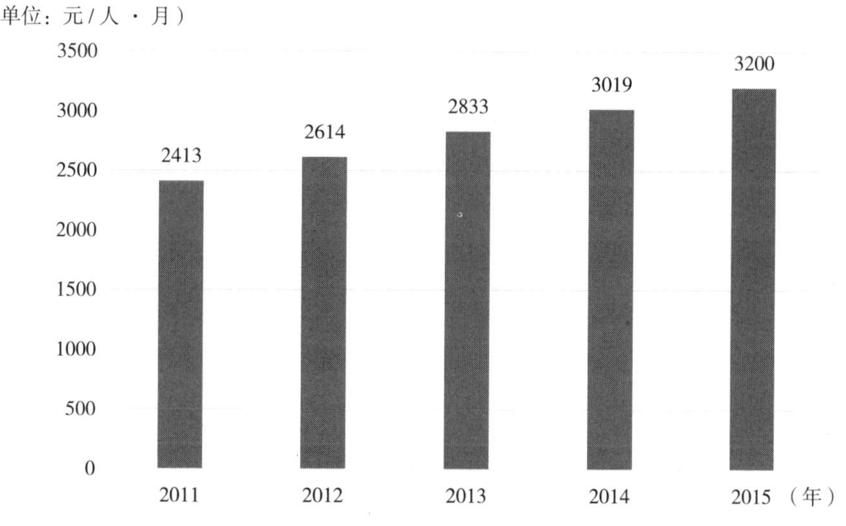

图 1 “十二五”期间广州市离退休人员的养老金水平

2833 元。自 2014 年 1 月 1 日起，企业离退休人员基本养老金人均增加 186 元，调整后全市企业离退休人员人均每月基本养老金为 3019 元，养老金替代率水平达到 67.57%（按广东省社会平均工资口径计算）。2015 年，广州市企业离退休人员人均每月基本养老金达到 3200 元。

自城乡居民养老保险工作开展 7 年以来，广州市共提高了 5 次养老金待遇。如图 2 所示，城乡居民的平均养老金从 2011 年的 390 元 / 月逐步提高至 2015 年的 608 元 / 月，基础养老金也从 110 元 / 月提高至 180 元 / 月，惠及 40 万城乡居民养老保险待遇领取人员。对于农转居人员，如图 3 所示，2011 年，广州市农转居人员的月平均养老金是 615 元。在随后的四年里，广州市农转居人员月平均养老金年平均增长 9% 左右，2015 年达到 869 元。

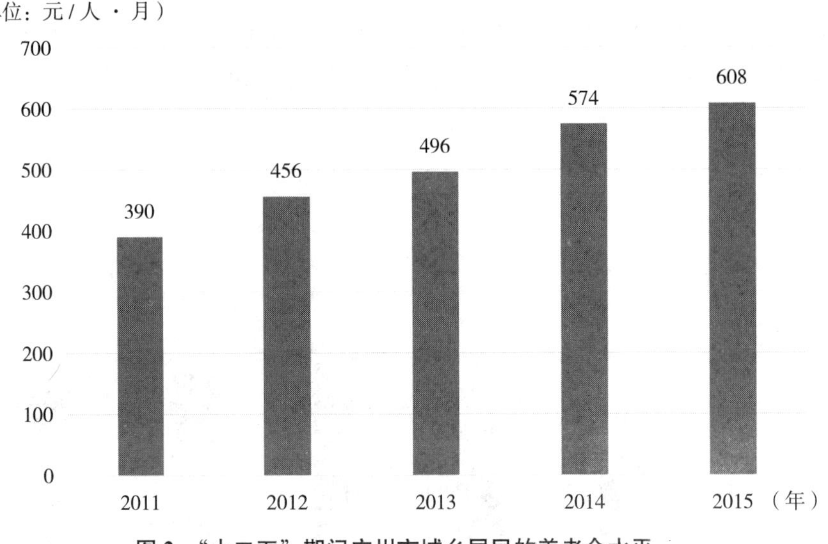

图 2 “十二五”期间广州市城乡居民的养老金水平

（四）养老保险基金规模不断增长

“十二五”期间，广州市城镇职工基本养老保险基金收支规模持续增大（见表 3）。城镇职工基本养老保险基金收入主要来源于征缴收入、财政补助收入、利息收入、关系转移收入。2015 年，广州市城镇职工基本养老保险

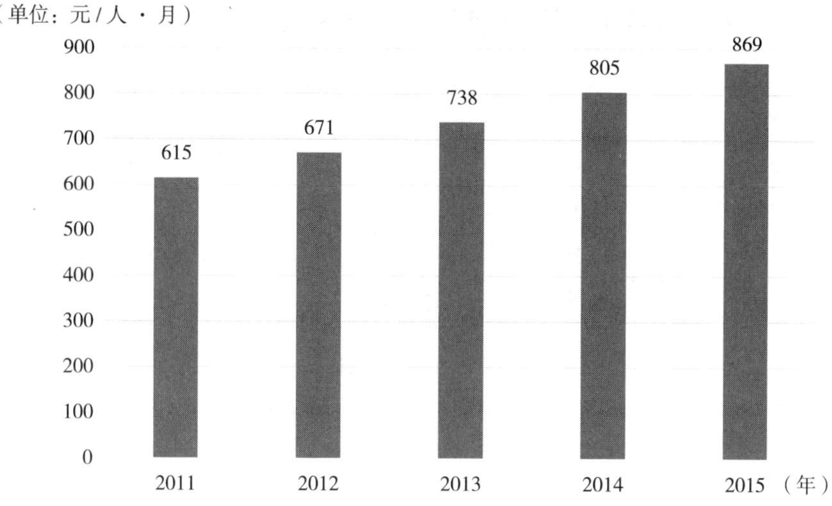

图3 "十二五"期间广州市农转居人员的养老金水平

基金总收入414.65亿元，较2011年的244.43亿元，增加了170多亿元。城镇职工基本养老保险基金支出主要包括待遇支出和关系转移支出。2015年，广州市城镇职工基本养老保险基金总支出356.75亿元。2015年，广州市城镇职工基本养老保险基金当期结余57.9亿元，累计结余451.75亿元。

表3 "十二五"期间广州市城镇职工基本养老保险基金收支情况

（单位：亿元）

年份	总收入	总支出	当期结余	累计结余
2011	244.43	208.24	36.19	251.79
2012	293.23	238.84	54.39	306.18
2013	339.16	272.28	66.88	373.06
2014	356.95	336.16	20.79	393.85
2015	414.65	356.75	57.90	451.75

"十二五"期间，广州市城乡居民基本养老保险基金收支规模亦持续增长（见表4）。2015年，广州市城乡居民基本养老保险基金总收入为38.35亿元。基金总支出31.39亿元，基金当期结余6.96亿元，累计结余175.47亿元。

表4 “十二五”期间广州市城乡居民基本养老保险基金收支情况

（单位：亿元）

年份	总收入	总支出	当期结余	累计结余
2011	61.49	14.29	47.20	77.85
2012	44.03	18.67	25.36	103.21
2013	50.25	23.16	27.09	130.29
2014	65.59	27.38	38.21	168.51
2015	38.35	31.39	6.96	175.47

说明：2011年为城镇居民养老保险与新型农村社会养老保险数据之和，2012年两者整合为城乡居民养老保险。

2015年，广州市农转居人员养老保险基金总收入13.73亿元，总支出14.37亿元，当期结余－0.64亿元。广州市政府为了解决农转居人员的养老金赤字问题，将民生专户结余的7.6亿元划入农转居人员养老保险基金，并且每年安排3000万风险储备金划入农转居人员养老保险基金。目前，广州市农转居人员养老保险基金累计结余27.59亿元。

表5 “十二五”期间广州市农转居人员养老保险基金收支情况

（单位：亿元）

年份	总收入	总支出	当期结余	累计结余
2011	12.28	9.38	2.90	38.44
2012	9.01	10.51	－1.50	36.94
2013	7.31	11.23	－3.92	33.02
2014	8.81	13.60	－4.79	28.23
2015	13.73	14.37	－0.64	27.59

从基本养老保险基金的投资渠道来看，绝大部分基金还是存放于银行。2015年，广州市城镇职工基本养老保险基金451.75亿元，除委托全国社会保障基金理事会运营110亿元外，其余资金存放于银行。城乡居民基本养老保险基金和农转居人员养老保险基金分别为175.47亿元和27.59亿元，均存放于银行。

（五）养老保险经办服务水平不断提高

“十二五”期间，广州市积极推进社会保险业务经办信息化，全体参保人员获得了更加优质高效的服务。2011 年，广州市开始规划筹备社会保险业务经办信息化的建设工作，最终“智慧社保”信息化项目于 2013 年 10 月正式上线并实现平稳运行，大大提高了服务质量和效率。此外，职工基本养老保险制度和城乡居民基本养老保险制度已经建立实施，不可避免地需要解决城乡之间养老保险制度衔接问题。“十二五”期间，广州市不断提高养老保险关系转移接续的经办能力，按照国家和广东省出台的养老保险关系转移接续政策要求，通过信息化手段，采用电子化流程办理，实现养老保险关系转移业务办理从纸质材料手工递送到转移数据传输的转变，实现了经办能力质的飞跃。

二、广州养老保险领域存在的问题与挑战

尽管在“十二五”时期广州养老保险改革取得了不错的成绩，但是依然面临制度公平性和财务可持续性等方面的问题。

（一）城镇企业职工基本养老保险基金的财务收支平衡压力较大

随着人口老龄化程度的不断加深以及经济增长速度放缓，最近几年，广州市城镇企业职工基本养老保险基金的支出增长速度大于缴费收入的增长速度。如果这种趋势持续下去，广州市城镇企业职工基本养老保险基金未来也可能面临当期收不抵支的风险。为了减轻企业负担，刺激经济增长，中央政府要求有条件的省份降低基本养老保险缴费率。一旦降低养老保险缴费率，广州市城镇企业职工基本养老保险必将面临更加严峻的财务压力。此外，根据现行政策，一次性缴费参保人员和异地转入参保人员都给广州市带来了沉重的养老金支出负担，属于养老金政策性损益，需要加以重视和解决。广州市需要统筹考虑个人和企业的缴费责任，以及财政支付能力，逐步

实现养老保险待遇水平与经济社会发展水平相适应。

（二）不同群体之间的养老保险待遇差距依然较大

尽管广州市养老保险实现了制度全覆盖，但是不同群体之间的养老保险待遇差距依然不小。2015 年，广州市城镇企业职工人均每月基本养老金是城乡居民人均每月基本养老金的 5 倍多。缩小不同群体之间的养老保险待遇差距依然是任重而道远。需要指出的是，广州市实行统一的城乡居民基本养老保险制度以后，广州市城乡居民保障水平离城乡居民老年生活实际需要还有一定距离。如何调整城乡居民的养老保险待遇，使城乡居民享受到与本地经济社会发展水平相适应的养老保险待遇，是广州市城乡居民养老保险发展的一大挑战。当然，这与政府的财政能力有很大关系。在现行制度框架下，追求所有人都享有均等的养老保险待遇并不现实。但是，在财政可承受的前提下，适当提高低收入人群的基本养老保险待遇，从而缩小不合理的养老金差距，对于维护社会公平和社会稳定具有重要的现实意义。

（三）机关事业单位养老保险制度改革的任务复杂而艰巨

为了统筹城乡社会保障体系建设，解决养老保险双轨制所带来的社会不公平问题，2015 年 1 月 14 日，国务院发布了《关于机关事业单位工作人员养老保险制度改革的决定》。这标志着解决养老保险双轨制问题有了实质性进展。接下来，各省市会根据自身实际情况出台实施具体细则。尽管广州市已经做了比较充分的前期准备工作，但是由于所涉及的人数和历史遗留问题较多，机关事业单位分类复杂等原因，广州市机关事业单位养老保险制度改革要比许多地区的改革更加困难。

（四）城乡居民养老保险制度需要进一步完善

广州市虽然已经整合城乡居民基本养老保险制度，实现了制度一体化，但是，未来要实现其平稳运行，广州市还面临以下两方面挑战：第一，城乡居民养老保险的扩面经费缺乏，基层经办力量不足。据了解，广州市城乡居民养老保险自2012年发放过扩面工作经费以后，再没有扩面工作经费。目前，广州市各区、街、镇城乡居保业务工作人员存在“人员少、待遇低、流动大”的问题，阻碍了城乡居民养老保险这一惠民政策真正进入社区、乡村，亟须加以解决。第二，农转居参保人员的养老保险基金缺口巨大。根据《广州市统计年鉴（2015）》提供的数据，截至2014年年末，广州市共有21.66万农转居参保人员，全年享受待遇的人数为13.27万人。据广州市人社局介绍，广州市已投入超过16亿元充实农转居人员的养老保险基金，但是现有基金规模也只够支付六七年。如何完善农转居参保人员养老金的正常调整机制，提高农转居人员养老保险制度的支付能力，需要加快进行探索研究。

（五）养老保险基金面临较大的保值增值压力

目前，广州市基本养老保险基金除了一部分委托全国社会保障基金理事会进行投资以外，其余大部分基金都主要存在银行，所获得的投资回报率非常低，在有些年份甚至低于通货膨胀率。考虑到人口老龄化和经济增速放缓，广州市未来养老保险基金将面临较大的收支平衡压力，那么，养老保险基金保值增值的重要性和紧迫性就更加凸显。2015年8月23日，国务院发布了《基本养老保险基金投资管理办法》，明确基本养老保险基金投资运营采用信托管理模式。广州市要充分利用好有利时机，严格按照国家和省的规定，逐步拓宽基金保值增值的渠道和领域。

（六）养老保险经办服务需要改革创新

伴随广州市人力资源社会保障事业的不断发展和服务领域的不断拓宽，人民群众对公共服务的需求日益增长，广州市现有市区两级经办机构管理服务体系和编制人员较难及时、快速地满足参保人群的服务需求，迫切需要在原有的服务经办体系上进行改革创新。在养老保险方面，随着劳动力在跨统筹地区或者城乡之间流动，养老保险关系跨统筹地区或者城乡之间的转移接续工作日渐增多。广州市是吸纳外来流动就业人数较多的城市，在养老保险关系转移接续问题上会承受更大的压力，因此，广州市需要提高养老保险经办服务的效率，才能适应新形势的要求。

三、“十三五”广州养老保险改革发展的蓝图

（一）发展思路

党的十八大提出：“社会保障是保障人民生活、调节社会分配的一项基本制度。要坚持全覆盖、保基本、多层次、可持续方针，以增强公平性、适应流动性、保证可持续性为重点，全面建成覆盖城乡居民的社会保障体系。”在“十二五”的基础上，广州养老保险改革在“十三五”时期要朝着更加公平更可持续的方向发展，不断扩大养老保险覆盖面；建立健全合理兼顾不同群体的养老保险待遇确定和正常调整机制；健全养老保险基金预算管理和保值增值机制；完善养老保险关系转移接续政策；促进多层次养老保险体系建设；加快健全养老保险管理体制和经办服务体系。

（二）发展目标

“十三五”时期，广州市养老保险改革发展的总体目标是要建立和完善更加公平可持续发展的养老保险体系。具体包括：实现法定人员全覆盖；建立与经济社会发展水平相适应的养老保险待遇筹资、待遇确定和调整机制；稳步提高参保人员的养老金待遇水平，同时缩小不同人群的养老金差距；实现基本养老保险基金的保值增值；构建并完善多层次的养老保险体系；提升养老保险经办服务效率，适应劳动力自由流动的要求。

（三）主要任务

1. 进一步完善养老保险制度建设

“十三五”时期，广州市要按照国家和广东省的部署，贯彻实施机关事业单位养老保险制度改革，建立职业年金制度，推进城镇企业职工基础养老金全国统筹，稳妥落实国家制定的渐进式延迟退休年龄政策，全面解决企业

职工养老保险的历史遗留问题。在完善基本养老保险制度的同时，鼓励和推动各类用人单位为劳动者建立企业年金，并实施税收递延型养老保险计划，构建基本养老保险、职业年金、企业年金和商业保险相结合的多层次养老保险体系。此外，广州市还要探索并制定充实农转居人员养老保险基金的相关办法。

2. 更加注重参保扩面，实现养老保险全覆盖

“十三五”时期，广州市要以非公有制单位职工、互联网等新型行业从业人员、城镇个体工商户、灵活就业人员和外来务工人员为重点，严格按社会保险法的规定和要求，强化各类用人单位依法履行全员参保和足额缴费义务，建立健全科学有效的扩面征缴机制和参保考核工作制度，探索建立全民参保登记制度，实现制度和人群的“两个全覆盖”。同时，广州市还要大力推进非从业城镇居民、农民参加城乡居民基本养老保险，完善参保缴费激励机制，加大对弱势群体的参保资助力度，鼓励和引导符合条件的各类人群参加基本养老保险，努力实现“应保尽保”。

3. 加强养老保险费的征缴管理工作

“十三五”时期，广州市要健全养老保险征缴机制，建立全民参保登记制度，健全科学有效的参保考核机制。具体来说，广州市要进一步理顺养老保险基金征收流程，使养老保险基金应收尽收，确保基金的完整和准确；加大社会保险执法检查，建立并完善缴费宣传、清理欠费、涉费事项审批、劳动保障监察执法等方面的联动协作，对恶意未参保的用人单位依法予以曝光；进一步落实费税同征、同管、同查、同服务、同考核的“五同”管理，实现征管数据高度集中与共享共用，充分利用个税申报数据，推动养老保险费征收与管理的有效结合；利用各种新闻媒体开展政策宣传，努力营造全社会积极参保的良好舆论氛围，从“要我参保”转变为“我要参保”。

4. 稳步提高养老保险待遇水平，同时缩小不同人群之间的养老金差距

“十三五”时期，广州市要按照国家和广东省的规定，科学合理地提高企业离退休人员的基本养老金待遇水平，使广州市企业职工养老保险待遇水平继续位居全国中心城市的前列。对于城乡居民养老保险制度，广州市要从

个人缴费、政府补贴和基础养老金定期调整三方面总体考虑，建立社会保险财政补贴的科学调整机制，逐步提高财政投入水平，并确定各级政府的财政补贴比例，确保财政对养老保险的资金投入。此外，广州市还要建立养老保险待遇水平动态调整机制，结合物价指数、经济增长率等指标科学制定职工养老保险和城乡居民养老保险的待遇调整机制，加强缴费年限与待遇水平的衔接机制，适当提高低收入人群养老金待遇的增长速度，缩小不同人群之间的养老金差距。

5. 完善养老保险在跨统筹地区、城乡之间的转移接续办法

由于我国目前还未实现基础养老金的全国统筹，劳动力在跨统筹地区或者城乡之间流动时必然会面临养老保险关系的转移接续问题。“十三五”时期，广州市要按照国家和广东省的规定，进一步落实与健全缴费年限累计计算的相关政策，明确参保人的养老保险权益，提高养老保险关系的便携性，减少养老金权益在随参保人跨制度、跨市或跨省转移时发生的损失。此外，广州市还要继续推动异地社保经办服务合作机制，促进不同区域数据共享互信，为参保人养老保险关系转移提供信息化服务。

6. 加强基本养老保险基金管理，提高基本养老保险的财务可持续性

“十三五”时期，广州市要在国家政策允许范围内，积极探索基本养老保险基金保值增值的途径，加强养老保险基金收支管理，完善养老保险基金预决算制度，建立基金预算编制模型系统，根据基金运行趋势适时适度调整缴费和待遇水平，维持基金长期收支平衡。同时，广州市要按照“可操作、可持续、有增长”的原则，积极探索多渠道的养老保险基金筹集模式，通过国有资产减持划拨、发行福利彩票等渠道充实养老保险基金，不断增强养老保险基金的支付能力。

7. 进一步创新养老保险经办服务方式，提升经办服务能力

“十三五”时期，广州市要适应大数据时代对养老保险服务的创新推动，加大信息化建设力度，利用“互联网+”、大数据等技术手段，推动养老保险经办服务方式、内容和机制向信息化、数字化、智能化方向发展；在与国家、省转移信息系统平稳对接的基础上，加强与其他地区的合作，尽早

实现数据共享互认。广州市可以依托“智慧社保”项目，以信息化为核心手段，充分利用全省业务基础数据集成和全市数据共享目录，加强系统内外数据的无缝对接，加深数据应用价值的挖掘，紧跟电子政务的发展，突破传统业务经办方式的瓶颈，大力推广智慧服务终端，促进业务重心由柜台业务经办向智慧服务转移，实现面向参保对象的服务改革。

为了提升经办服务能力，广州市还要加强全市养老保险业务经办的法治化和标准化管理工作，优化业务经办流程，促进全市业务经办工作的规范统一；建立养老保险经办服务绩效评价机制，提升经办机构服务质量管理的有效性和科学性。

四、2016年广州养老保险的工作重点

2016年是“十三五”的开局之年。为了实现“十三五”时期广州市社会保障事业发展的良好开局，推动广州建立更加公平更可持续的社会保障制度，2016年广州养老保险的工作重点主要包括以下三方面。

（一）落实养老保险的扩面任务

2016年，广州市要提高和落实扩面工作经费，继续加大养老保险扩面征缴工作的力度，争取实现法定人员的全覆盖。同时，广州市要加大宣传力度，采用多种形式广泛深入地宣传城乡居民养老保险政策，积极引导人民群众对城乡居民养老保险的正确认识，重点吸引中青年人参保，切实做到应保尽保，巩固“十二五”时期的扩面工作成果。

（二）推进机关事业单位工作人员养老保险改革

目前，广东省政府已经印发了《关于贯彻落实〈国务院关于机关事业单位工作人员养老保险制度改革的决定〉的实施办法》（粤府〔2015〕129号），对机关事业单位养老保险改革的人员范围、缴费和待遇计发办法、基

金管理、养老保险关系转移接续、职业年金等政策进行了明确。2016 年，为了顺利推进机关事业单位工作人员养老保险制度改革，广州市需要扎实做好组织实施工作，加强组织领导，确保资金到位，与此同时，要统筹做好完善机关事业单位工资制度，落实相关群体生活保障政策，严格控制人员编制等相关配套工作，强化舆论引导，确保改革任务圆满完成。

（三）做好基本养老金待遇调整工作

经国务院批准，人力资源和社会保障部、财政部印发了《关于 2016 年调整退休人员基本养老金的通知》，规定从 2016 年 1 月 1 日起，为 2015 年年底前已按规定办理退休手续并按月领取基本养老金的企业和机关事业单位退休人员提高基本养老金水平，总体调整水平为 2015 年退休人员月人均基本养老金的 6.5% 左右。不难看出，我国基本养老金待遇调整已经告别高速增长时代，从原来的 10% 左右降为 6.5% 左右。根据国家的政策规定，2016 年广州市需要结合基本养老保险基金的收支情况，制定基本养老金待遇调整办法，并向已退休人员解释清楚基本养老金增长速度下降的原因，以维护社会稳定。此外，广州市还需结合政府财政状况，提高城乡居民养老保险的基础养老金待遇水平。

广州医疗保险发展报告

何　文　申曙光　张　莉*

社会医疗保险是我国社会保障体系的重要组成部分。自上世纪末建立以来，我国的社会医疗保险制度的改革发展已经走过20余年的历程。目前，我国已建立了覆盖全国的社会基本医疗保险保障体系，实现了全民医保。广州市社会医疗保险制度自2001年底实施以来，运行平稳，成效巨大，为广大参保人员提供了可靠的基本医疗保险。“十二五”期间，广州医疗保险事业实现了从建立健全到改革完善的长足发展，制度建设不断完善，经办体系不断健全，服务能力不断提升，为建设幸福广州事业迈出了坚实的一步。在“十三五”的新时期，经济发展新常态对医疗保险事业的发展提出了新挑战和新要求，为了进一步推动广州医疗保险事业的新发展，需要全面深化改革，破除体制机制问题与矛盾，从而建立更加公平更可持续的社会保障制度。

一、“十二五”广州市医疗保险改革发展的进程与成效

“十二五”期间广州市医疗保险制度和服务管理体系不断完善和发展，

* 何文，中山大学岭南学院博士生；申曙光，广州市人文社会科学重点研究基地中山大学广州社会保障研究中心学术委员会主席，岭南学院/政务学院双聘教授，博士生导师；张莉，广州市人力资源和社会保障局医疗保险处主任科员。

现已形成以城镇职工社会医疗保险和城乡居民社会医疗保险为主体，职工重大疾病医疗补助、职工补充医疗保险、城乡居民大病医疗保险制度为补充的、多层次的医疗保险制度体系，为参保群众提供住院、门诊特定项目、门诊指定慢性病、普通门诊统筹等多种医疗保障。在广州市行政区域内，实现了“制度全覆盖、保障多层次、城乡一体化”的目标，建立起具有广州特色的全民医保体系。总体而言，在“十二五”期间广州市医疗保险改革在人群覆盖、体系建设、保障水平、基金运行、制度创新以及经办管理等方面都取得了长足的进步和发展。

（一）稳步推进医疗保险制度和人群全覆盖，基本医疗保险参保率达 98%

1. 建立了适应各类人群的医疗保险制度

人人享有是医疗保险制度公平的前提。广州市在促进医疗保险人群全面覆盖方面做了大量的工作，建立了适应各类人群的医疗保险制度。2013 年 8 月 23 日，广州市第十四届人民代表大会常务委员会发布第 32 号公告，公布了《广州市社会医疗保险条例》。《条例》对医疗保险制度体系进行重构，将广州市社会医疗保险分为职工社会医疗保险和城乡居民社会医疗保险。2014 年，广州将原城镇居民医保和新农合的医保制度整合为城乡居民医疗保险制度，实现了城乡居民医保统筹。

2. 推动持续扩面，实现全民医保

“十二五”以来，广州市全面推动社会保险扩面征缴机制，继续以城镇个体工商户、灵活就业人员和外来务工人员为重点，强化依法实施法定人员全员参保和足额缴费。积极引导城乡居民参保，完善参保缴费激励机制，大力推进非从业城乡居民和在校学生参保。特别是面对城乡居民医保扩面这一重点难点任务，市人社局专门制定《广州市 2015 年扩大基本医疗保险覆盖面工作方案》，将城乡居民医保扩面任务数纳入各区政府医改考核指标项目。同时，建立了扩面工作经费机制，并督促各区将 2015 年城乡居民医保扩面工作经费落实到位；组织开展基层专题调研工作，研究建立城乡居民医保扩面的长效机制。通过多措并举，全面完成了国家、省、市下达的扩面工作任务。

截至2015年12月底，广州市社会医疗保险参保人数达到1052.61万人，相比于“十二五”初（2011年）的935.07万人，增长了12.57%。其中，城镇职工社会医疗保险参保人数607.62万人，相比于“十二五”初（2011年）的466.28万人，增长了30.31%。2015年，广州市城镇居民基本医疗保险和新型农村合作医疗整合为城乡居民医疗保险。整合前（2011年），城镇居民基本医疗保险参保人数和新型农村合作医疗分别为258.57万人和210.22万人，合计468.79万人；在整合后（2015年初），剔除重复参保的53.48万人，城乡居民社会医疗保险参保总人数为429.12万人。截至2016年6月，城乡居民医保参保人数为455.22万人，相比整合初增长了26.10万人，增长了6.08%。剔除非本市户籍非从业人员、公医享受人员、原户籍地参保人员及人户分离人员，广州市基本医疗保险参保率达到98%。

表1　2011—2015年广州市医疗保险参保人数

（单位：万人）

年份	城镇职工	城镇居民	新农合	合计
2011	466.28	258.57	210.22	935.07
2012	507.86	260.36	211.20	979.42
2013	538.28	265.61	211.84	1015.73
2014	572.07	271.68	210.93	1054.68
2015	607.62	444.99		1052.61

（二）不断推进医疗保险政策体系整合和发展，颁布国内首部市级层面的医疗保险地方性法规

1. 颁布并实施《广州市社会医疗保险条例》

自2014年1月1日起，广州开始施行《广州市社会医疗保险条例》。这是全国首部市级层面的医疗保险地方性法规，它的出台实施，是广州市医疗保险制度发展的一个新的里程碑，体现了广州市社会保险法制建设的工作成果。2015年出台《广州市社会医疗保险办法》（穗府令第123号），进一步

完善多层次医疗保险制度框架体系，进一步明确了新的医疗保险多层次制度框架体系。此外，市人社局与市财政局、市地税局、市国资委联合印发《广州铁路（集团）公司驻粤职工医疗、工伤、生育保险纳入广州市管理有关问题的意见》，启动推进广州铁路（集团）公司驻粤职工医疗、工伤、生育保险纳入广州市属地管理工作。

2. 实现医疗保险市级统筹，打破区域分割

2010 年，印发《广州市社会医疗保险市级统筹实施意见》（穗人社发〔2010〕181 号），将各社会医疗保险独立统筹区统一为广州市社会医疗保险市级统筹区，并于 2011 年 3 月完成城镇职工基本医疗保险市级统筹。2012 年 9 月，完成城镇居民基本医疗保险市级统筹，从而实现了广州市行政区域内城镇职工基本医疗保险、城镇居民基本医疗保险“统一政策、统一操作、统一标准、统一信息系统、基金统收统支”的目标。广州市医疗保险的市级统筹，实现了政策、管理、操作等方面真正意义上全方位的统一，成功打破了以往的区域分割，彻底解决了市内各统筹区参保人跨区就医问题。

3. 全面实施城乡居民医保统筹，打破人群分割

2014 年 9 月以来，广州市相继出台了《广州市人民政府办公厅印发广州市城乡居民社会医疗保险试行办法的通知》（穗府办〔2014〕47 号）、《广州市人民政府办公厅关于印发广州市城乡居民大病医疗保险试行办法的通知》（穗府办〔2014〕48 号），目的在于整合原城镇居民基本医疗保险和新型农村合作医疗制度，建立城乡居民社会医疗保险和城乡居民大病保险制度。2015 年 1 月 1 日，城乡居民医疗保险制度和城乡居民大病保险制度开始正式施行，居民大病保险不需要另行缴费，两项制度覆盖城乡全体居民，公平性显著增强，成为广州市医疗保险制度发展的一个里程碑。两个《办法》统一各类人群筹资标准，同时建立个人缴费和政府补贴同步调整的动态筹资机制，并统一城乡居民待遇标准，农民就医选择范围更广，医疗保障范围更大，保障待遇朝均等化方向发展。

（三）逐步提高医疗保险待遇水平，保障水平实现新提升

1. 提高基础线，保障基本医疗需求

广州市全面实施普通门诊统筹，减轻了参保人日常门诊费用负担。并且，门诊特定病种（简称“门特”）以及门诊慢性病种（简称“门慢”）数目正逐步扩大，目前（2015年末）广州市基本医保已经覆盖了18个门特病种以及20个门慢病种，相比于“十二五”初期的11个和17个都有了一定的增长，并对部分门诊特定项目，免除起付线，按住院比例报销，待遇水平进一步提高。此外，2015年相继印发《关于调整广州市城乡居民社会医疗保险筹资标准计算方法的通知》和《关于公布2016年广州市城乡居民医保筹资标准的通知》，提高了城乡居民基本医疗保险补助标准。按照省、市相关文件要求，广州市2015年城乡居民医保补助标准从年人均320元提高到380元。2015年职工基本医疗保险政策范围内住院费用支付比例达到85.36%，实现了“十二五”期间支付比例达到85%的目标；而居民基本医疗保险政策范围内住院费用支付比例也达到了75%的目标，相比于“十一五”末的66%有了很大的提升。

表2 “十二五”期间广州市医保主要待遇变化情况

待遇		单位	“十一五”期间/末（2010年）	“十二五”规划目标（2015年）	“十二五”期间完成情况				
					2011年	2012年	2013年	2014年	2015年
基本医疗保险政策范围内住院费用支付比例	职工	%	84	85以上	84.6	84.6	84.6	85	85.36
	居民	%	66	75左右	70	70	70	70	75
门诊覆盖病种	门特	个	—	/	11	11	11	11	18
	门慢	个	—	/	17	17	17	17	20

2. 强化补充线，保障大病医保需求

广州市已建立职工重大疾病医疗补助制度，参保人在缴纳重大疾病医疗补助金后，如发生大病，在基本医保基础上再额外给予95%的报销，并

且最高支付标准根据上年度社平工资的3倍进行计算，2015年最高报销金额达到22.27万元，与基本医疗保险合计最高报销额度达到66.82万元，相比于“十一五”末（2010年）的42万元，增长了59.1%。职工医疗保险参保人参加补充医疗保险后，退休人员免费享受补充医疗保险待遇，门诊特定项目医疗费用个人负担减轻40%以上。此外，全面实施城乡居民大病保险制度，居民医疗保险最高支付标准（含大病）也达到了30.28万元，相比于“十一五”末（2010年）的13万元，增长了1.33倍，截至2015年12月底，大病资金累计支付金额13055万元，平均每人次支付1834元，有效缓解了城乡居民特别是困难群众“因病致贫、因病返贫”问题。

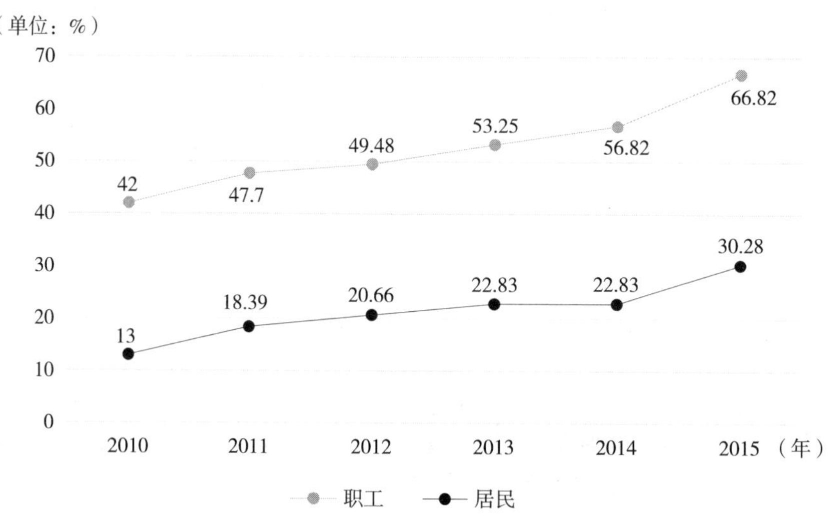

图1 2010—2015年职工和居民基本医疗保险统筹基金年度最高支付限额（含大病）变化图

（四）医疗保险基金运行安全性高，制度可持续有保障。

医疗保险基金是参保人的救命钱，医疗保险基金的有效使用与运行管理是整个医疗保险制度的核心，也是保障其健康持续运行的根本。医疗保险基金运行状况涉及到基金收入、支出、当期结余以及累计结余情况。

1. 基金收入来源稳定

医疗保险基金的运行管理按照“以收定支、收支平衡、略有结余”这一原则进行。从目前的情况来看，2015 年广州市医疗保险基金总收入（包括职工和城乡居民）为 330.73 亿元，相比“十二五”初（2011 年）的 190.36 亿元，增长了 73.74%。其中 2015 年职工医疗保险基金收入 305.51 亿元，占到总收入的 92.37%；城乡居民医保基金收入 25.22 亿元。

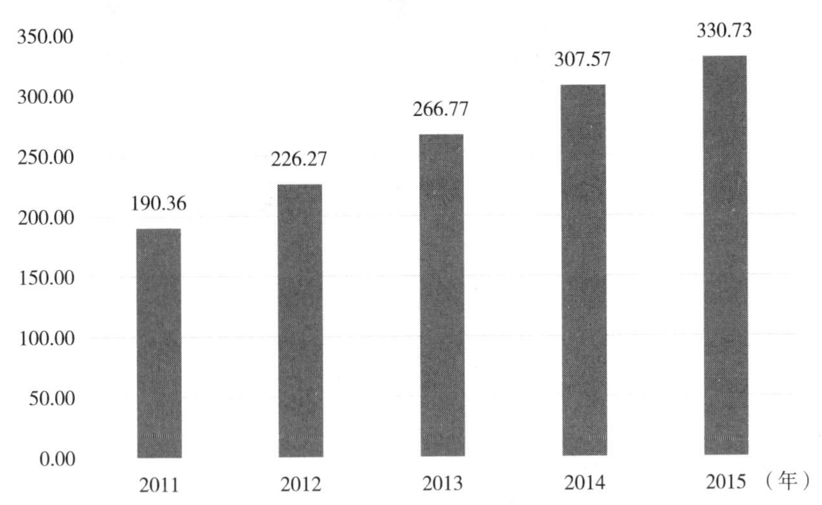

图 2　2011—2015 年基本医疗保险基金收入变化图

2. 基金支出增速较快

医疗保险的支付环节，直接决定了医疗保险基金支出，是医疗保险基金水池的“出水口”。科学合理的使用医疗保险基金，发挥其保障和共济的最大效能，有助于控制医疗费用过快增长，提升基本医疗保险保障绩效。从目前的情况看，2015 年广州市医疗保险基金总支出（包括职工和城乡居民）为 246.12 亿元，相比“十二五”初（2011 年）的 122.66 亿元，增长了 100.65%，可见，“十二五”期间医疗保险基金支出增长要快于收入增长。其中 2015 年职工医疗保险基金支出 225.16 亿元，占到总支出的 91.48%；城乡居民医疗保险基金支出 20.96 亿元。

3. 基金结余量适度

基金结余情况包括当期结余和累计结余。医疗保险基金的运行状况、医疗保险基金的使用率情况，表现在基金收入和支出的两个方面，而最终

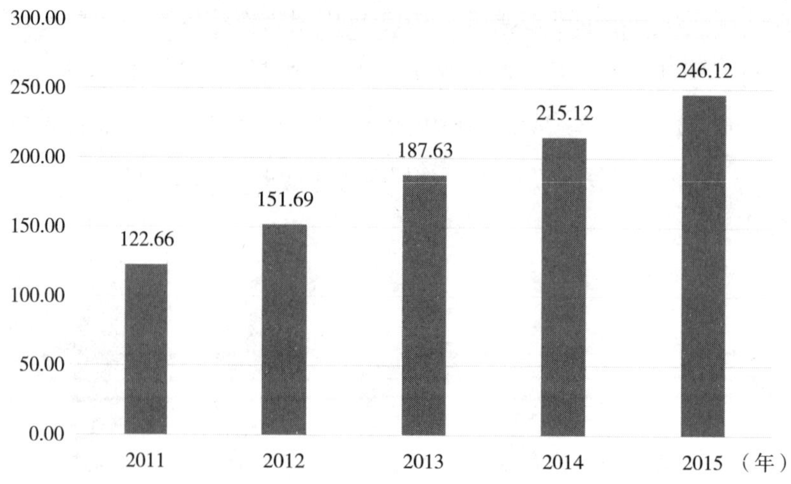

图 3　2011—2015 年基本医疗保险基金支出变化图

体现在基金的结余率情况。医疗保险基金结余率畸高不利于保障作用的发挥，另一方面如果医疗保险基金结余率过低，在人口老龄化、价格上涨、高新技术药品使用的形势下面临“穿底”风险。从目前的情况来看，2015 年广州市医疗保险基金总体当期结余（包括职工和城乡居民）为 84.61 亿元，相比“十二五”初（2011 年）的 67.7 亿元，增长了 24.98%，其中结余量在 2011—2014 年保持较快的增长速度，在 2015 年结余量略有降低，主要是在 2015 年广州市统筹了城乡居民医疗保险，农村居民的医疗保险待遇有所提高，并一定程度上释放了居民的医疗需求，使得结余量有所降低。其中 2015 年职工医疗保险基金结余 80.35 亿元，占到总结余的 94.97%；而城乡居民医疗保险基金结余 1.40 亿元。

再来看累计结余的情况。截至 2015 年，广州市医疗保险基金总体累计结余（包括职工和城乡居民）为 666.96 亿元，其中职工医疗保险基金累计结余 650.64 亿元，占到总结余的 97.55%；而城乡居民医疗保险基金累计结余 13.47 亿元。

总体来说，广州市医疗保险基金收入与支出增长较为适应，并保有一定的结余量。尽管在实行城乡居民医疗保险统筹后，支出增长较快，统筹基金平稳运行受到了一定的挑战，但短期内并不会对基金产生较大的影响，基金运行的安全性较高，制度的可持续性得到了保障。

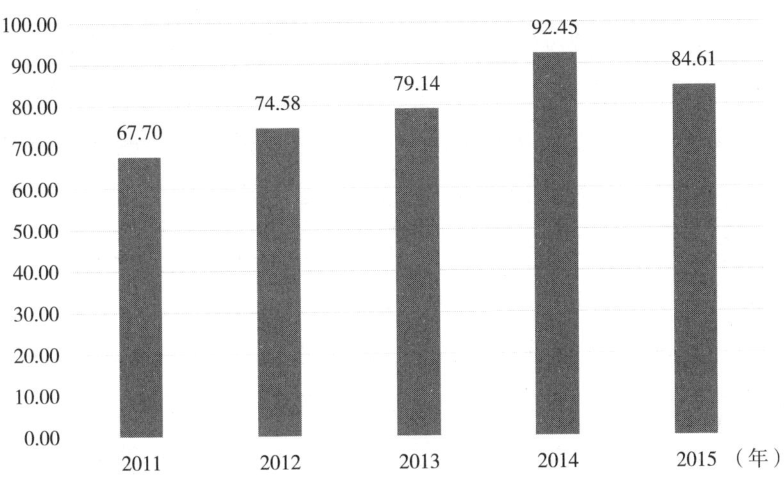

图 4　2011—2015 年基本医疗保险基金当期结余变化图

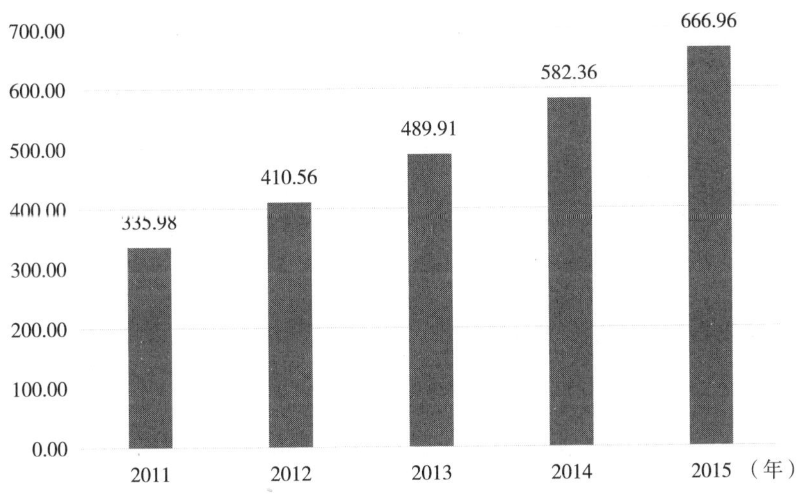

图 5　2011—2015 年基本医疗保险基金累计结余变化图

（五）努力推动医疗保险体制机制改革创新，服务体系更加健全

广州市坚持市场经济改革方向，动员商业保险、医疗机构等各方力量，尊重基层首创精神，进行一系列医疗保险制度改革。

1. 改革医疗保险支付制度，完善医疗保险结算管理

一是积极探索结算方式改革创新，从以定额结算为主逐步形成了以总额控制为原则，按次均定额、按病种、按人头、按项目的复合式付费方式。并于2015年与中山大学合作，通过建立数据精算模型、设定了23项参数，根据医院参数实际数据科学确定每所医疗机构结算标准，既合理调控医疗费用的过快增长，又较好地平衡了“医、保、患”三方关系，保证了医疗保险基金的安全及合理支付。二是积极配合建设全省医疗保险结算管理平台，实现省内医疗保险异地就医联网即时结算；此外，与泛珠三角的部分省及省会城市进行医疗保险异地就医合作，实现了广州参保人与南昌、海南（省本级）、云南（省本级）参保人的异地就医双向即时结算，以及广西（区本级）参保人在广州异地就医即时结算。还将异地就医合作扩展至泛珠三角以外区域，实现宁夏（区本级）参保人在广州异地就医的即时结算。三是实现医疗保险与民政医疗救助的无缝对接。通过医疗保险系统实现困难人员医疗救助待遇的一站式支付，并由市医疗保险局负责定点医疗机构医疗救助费用的一站式申报、审核、结算，做到医疗保险与医疗救助的有机联接。

2. 探索两定管理新途径，推动定点医药机构管理向深层次发展

一是修订《广州市医疗保险定点零售药店管理办法》和《广州市社会保险定点医疗机构管理办法》，规范化管理定点零售药店以及定点医疗机构，并加强定点医药机构协议管理。

二是开展新增定点工作和考核管理。开展新增社会医疗保险优先定点医疗机构的资格确定工作，2015年新增定点159家村卫生站、社区卫生服务机构。为适应医养结合的需要，对符合条件的养老机构内设医疗机构实施优先定点政策，将19家纳入医疗保险定点。截至2015年12月底，全市共有定点医疗机构1436家（其中村卫生站709家），定点零售药店1701家，分别比“十一五”末增加121.3%、74.1%。

表 3　广州市医疗保险定点医药机构数量

（单位：个）

年份	定点医疗机构数量	定点零售药店数量
2010	649	977
2011	678	1187
2012	668	1189
2013	657	1084
2014	702	1751
2015	1436	1701

三是开展定点医疗机构分级管理。为了进一步加强和规范广州市社会医疗保险定点医疗机构的医疗服务管理，维护参保人员合法权益和医疗保险基金安全，市人社局于 2014 年发布《广州市社会医疗保险定点医疗机构分级管理办法》，将市医疗保险统筹区内开展门诊及住院医疗服务的定点医疗机构纳入分级管理范围。根据等级评定结果，将定点医疗机构按 AAA 级、AA 级、A 级、无级别四个等级实施管理。并且坚持日常考核和年度考核相结合以及动态管理的原则，使我市定点医药机构管理迈向新阶段。

四是加强定点零售药店信息化管理。开展定点零售药店医疗保险 POS 机终端定位监管信息系统试点工作，探索实施社会医疗保险个人账户 POS 消费资金托管，完成定点零售药店医疗保险服务专区改造验收工作。

五是加强对定点医药机构的核查和监督。2012 年共查处违规定点医疗机构 25 家，违规金额达到 26 万元，查实后全部追回。2015 年共核查定点医疗机构 832 家次、核查定点零售药店 1897 家次，查实违规定点医疗机构、违规定点零售药店共计 35 家，追回违规金额 750 万元。

六是根据《关于建立基本医疗保险定点医疗机构医保医师服务协议管理工作制度的指导意见》（粤社保函〔2012〕114 号），建立医疗服务责任医师管理制度。通过建立医疗服务责任医师管理制度，把管理对象延伸到了医生，进一步加强了广州市社会医疗保险医疗服务管理，规范了社会医疗保险参保人服务的执业医师医疗行为，切实维护了社会保险参保人员合法权益，建立健全了激励与惩戒并重的约束机制，从而提高了社会保险医疗服务管理水平。

3. 完善医保、医药、医疗联动机制，促进医疗资源优化配置

一是充分发挥医疗保险的引导作用，推行住院差别化报销、向基层倾斜，推动基层首诊和双向转诊。2014 年开始实施《广州市职工社会医疗保险统筹基金支付普通门诊医疗费用范围及标准的通知》（穗人社发〔2014〕51 号），通过提高基层医院的统筹基金支付比例，加大转诊支付比例，进一步提高了参保人员医疗待遇，促进社区首诊和双向转诊，一定程度上缓解了群众“看病难、看病贵”和大医院人满为患问题。

二是积极配合基本药物制度改革。自 2011 年 7 月 1 日起，广州市社会医疗保险定点医疗机构开始实施国家基本药物制度、使用基本药物目录范围内的药品全部纳入本市基本医疗保险统筹基金支付范围，并统一按甲类药品管理。并且，参保人只要在经卫生行政部门批准实施国家基本药物制度、并实行了基本药物零差率销售的社会保险定点医疗机构就医，使用基本药物发生的费用，基本医疗保险统筹基金的支付比例在本市基本医疗保险相应规定标准基础上增加 10%，但增加后统筹基金最高支付比例不得超过 95%。

三是建立区域医疗联合体（简称“医联体”）有效运行的激励约束机制，根据医联体评估考核结果，把医联体内各定点医疗机构的总额控制额度在原基础上提高 1—2 个百分点。将基层医疗机构一般诊疗费和县级公立医院医疗技术服务收费纳入医疗保险支付范围，促进基层医疗机构发展。支持社会办医，丰富医疗资源。建立基金预付机制，保障医疗机构正常运转。

（六）加强经办体系建设，服务能力和水平不断提升

一是建立统一的医疗业务管理平台。形成“多险种统一、两级机构分责、三级网络服务”的极具广州特色的经办服务平台，一方面通过将社会保险各险种的医疗经办事务统一由医疗保险局负责，实现了协议管理主体、医疗费用审核及结算管理主体、统社会保险“三个目录”经办管理主体的统一，有效避免了多龙治水现象。另一方面，实行“管理集中、服务下移”的

分工原则，市级经办机构承担统筹管理、监督职能，区级经办机构主要承担经办服务职能。实行全市一体化服务模式，在街（镇）设置医疗保险服务网点，初步形成网格化经办服务体系，极大地满足了参保人医疗保险业务的就近化办理需求。

二是打造标准化经办管理流程。一方面，建立了完善的标准化管理体系。2013 年 9 月，市医疗保险局全面通过了 ISO9001 质量管理体系认证，并于 2014 年、2015 年顺利通过复检。当前，该体系共包括 66 项管理内容、18 个程序文件、115 项业务管理工作标准和 185 个岗位职责规范，使得经办权限划分更加清晰，业务流程更加规范。另一方面，建立了完善的内部控制管理体系。为保证标准的执行，市医疗保险局还构建了完善的内部控制体系，制定一系列的内控管理制度，组建了 26 人的内控兼职专员队伍，建成专门的内控管理信息系统，建立二级经办机构考评制度。

三是建设智能化医疗保险业务系统。广州市从医疗保险实施起即采用了医疗费用实时结算模式，目前已建成以医疗保险核心业务系统为支撑，以基金管理系统、药店监控系统、计算机辅助审核系统、内控系统、稽核系统、决策分析系统、网办系统、预约办事系统为辅助的业务系统群，实现所有业务的全信息化办理及全流程监控。

四是创新经办管理服务方式。推进业务前移，所有面对参保人、定点医药机构的业务均前移至各医疗保险二级经办机构办理，部分面对参保人业务前移至街镇公共服务平台办理，使参保人办理更方便。推进网办业务，通过搭建医疗保险系统医院端、网办业务系统、广州医疗保险网、网上预约服务系统，实现所有参保人医疗待遇审批业务均可在医院端申请，所有非行政许可审批均可通过网办系统申请，所有医疗保险办事业务指引均可在网上查询，所有前台经办业务均可事前网上预约办理，极大地方便了参保人办事。推进医疗保险立体化宣传，除媒体宣传、宣传单张等宣传方式外，还先后搭建了广州医疗保险网、广州医疗保险微信平台等新兴的媒体，组建了医疗保险志愿者的专业化宣传队伍，及时发布医疗保险最新动态，在线回答参保人疑问，使医疗保险的社会影响力、知晓度不断提升，对于解决医疗保险服务的最后一公里问题起到了很大的促进作用。

通过不断深化经办体系建设，广州市医疗保险经办服务能力和水平不断加强，服务量相比于“十一五”期间也有了很大提升。“十二五”末（2015 年）共接待来访及办事人员 91.8 万人次，接听来电 27.6 万人次，分别比“十一五”末（2010 年）增加 129.7% 和 50%；2015 全年审核各险种（含医疗、生育、工伤、公费医疗）医疗费用 247.17 亿元，比“十一五”末增加 167.1%。

二、广州市医疗保险的问题与挑战

经过近二十年的发展和变革，广州市医疗保险事业得到了快速发展，各方面积累了丰富的经验，同时在发展过程中也存在不少问题和面临着许多挑战。

（一）居民医疗保险保障水平有待进一步提高

尽管广州市已经在 2015 年全面实施城乡居民医疗保险统筹，居民医疗保险的参保待遇有了大幅度提升，但由于城乡居民医疗保险缴费水平较低，基金结余较少，保障待遇水平有限，再加上“三大目录”（药品目录、诊疗项目目录、医疗服务设施标准）和三大政策变量（起付线、封顶线、最高支付限额）等的限制，目前广州市城乡居民医疗保险的实际支付比例不足 65%，并且人均报销金额也较低，尤其是在住院支付以及大病保险方面，与城镇职工医疗保险的待遇仍有一定的差距，使得居民医疗保险参保人的就医需求无法得到进一步满足。

（二）医疗保险基金运行管理面临人口老龄化、医疗需求大量释放等难题和挑战

一是人口老龄化趋势加剧。虽然目前医疗保险基金存在结余（2015 年

年底职工医疗保险基金累计结余 650.64 亿元，城乡居民医疗保险基金累计结余 13.47 亿元)，但造成结余的很大一部分原因在于参保人口年龄结构比较年轻，医疗保险资金消耗较少。相关研究预测，2020 年我国老年人口将达到 17.2%，进入“超老龄社会”，随着参保人老龄化程度不断加深，在职与退休比逐渐降低，统筹基金支出可能会大幅增加。

二是新医改政策释放医疗服务需求。广州市新医改方案中要求提高职工医疗保险待遇水平，一方面逐步提高城镇职工医疗保险报销比率，扩大报销范围，另一方面提高城镇职工医疗保险最高支付限额。这两项指标的调整无疑会大大增加职工医疗保险统筹基金支出，减少结余。同时，伴随全民医疗保险制度的完善以及大病保障制度建立，居民的医疗服务需求将大量释放，医疗保险费用负担也随之加大。

三是高新技术、药品使用及所带来的道德风险问题。科学技术的发展加速了医疗设备的更新换代和诊疗技术的进步，高精尖医疗设备及高值耗材、药品的使用成了医疗保险费用支付增长的重要推动力。目前，多数医疗卫生机构在购置医用设备、引进医疗技术时不考虑自身的实际情况，存在过度追求技术新、配置高、功能全的现象，使得医疗资源不能有效利用，医疗保险基金的经济效益与社会效益均得不到有效保证。同时，由于信息不对称，医疗机构与患者的道德风险大量存在，诱导需求以及联合骗保时有发生，助推了医疗成本上涨，增加了医疗保险基金运行风险。

（三）医疗保险经办平台建设体系与参保群众对精确优质服务的要求尚有差距

社保是民生之基，其功能作用愈来愈受重视，加上新媒体的推动，全社会对社保工作的关切愈加普遍、关注途径更加多元，群众诉求呈现多样化和差异化，不仅仅停留在服务的可及性，更期待服务的高效、快捷和个性化。目前参保人反映仍存在报销难、报销慢，老年人预约挂号难等问题，造成这方面的原因有三：

一是经办机构、人员不明确。根据全市的统一部署，各街镇一直在开展基层平台建设的摸索，按照统一机构的模式统一办理各市、区级机构下移的业务。但在实操中，各区整合的情况不一致，导致主体法定地位不清晰。在人员上也没有定员定岗的相关规定，人员的流动性极强，对业务办理的稳定性、准确性造成较大影响。

二是权责不明确。从国家法律、法规而言，医疗保险经办管理及相应的责任均明确为社会保险经办机构，街镇、村居属于何种定位没有明确，导致街镇、村居不需对办理的业务准确性、真实性负责，工作中马虎处理的情况时有发生，但社保经办机构难以对相关人员进行监督检查与处理。

三是信息系统建设力度仍滞后于业务发展需要。虽然广州市医疗保险信息系统建设取得了长足发展，但由于近年来医疗保险业务发展迅猛，一方面从参保人数、两定机构增加到新政策和新业务的更新速度达到令人眩目的程度；另一方面历史形成的基础数据信息准确性、完整性与业务发展的要求有差距。因此，信息系统的软硬件建设有所滞后，近两年来信息系统建设与业务发展要求之间的矛盾越发突出。

（四）经办机构编制人员不足的矛盾更为突出

随着广州市社保改革的不断深化，经办服务单位工作任务不断加重，经办人员未能及时补充，人才流失较严重，虽然广州市医疗保险经办机构近年来不断补充人员队伍，但是全市人均服务量（含工伤、生育、公费医疗）仍在约 4 万人的高位，受机构编制、招录承受力等影响，经办队伍人员补充未能满足医疗保险事业发展的需求。目前广州市社保、医疗保险人均服务人数比已达 1（人）：4.2（万名参保人员），高于全省 1：2.3 的水平，更是全国 1：0.98 平均水平的 4 倍，“小马拉大车”的问题较为突出。目前经办队伍应对日益复杂的医疗保险发展形势的能力仍显不足，专业技术能力还需进一步培训。

（五）医疗体制改革对医疗保险管理提出了新的挑战

近年来随着医改的深入推进，各项改革措施不断出台，大部分措施都与医疗保险有直接或间接的关系，部分改革措施要求医疗保险要有积极的应对办法方能协同推进，方能保证基金安全。例如医联体改革、县级公立医院改革、付费方式改革等等。但是，由于以下原因，导致医疗保险仍处于跟着走，而不是领着走。一是部分事项单个统筹区推进将难以有效实施，但全国层面的指引尚未出台，例如药品医疗保险定价问题。

二是医改体制处于摸索阶段，变动性大，与医疗保险管理的统一性、医疗保险支付的公平性和稳定性、基金管理的可控性等要求之间产生矛盾。例如医联体改革拟成立医院间的联合结算支付体系，但医联体本身如何组建、财务关系如何尚未确立，模式不一，医疗保险经办管理需要建立多种模式下付费方式及信息系统。

三是部分医改措施与医疗保险的总体原则不一致。例如基药制度原要求基层医院100%使用基药，尽管广州市医疗保险已出台基药提高10%报销比例的政策，但基药品种较少，仍然会导致医院、参保人因无药可用而回流大医院。

四是相关保障没到位使得医疗保险改革管理难度上升。如异地就医即时结算工作。一方面，从就医地而言，作为医疗资源集中地，在“参保地政策，就医地管理”的要求下，广州市将会新增更多服务人群，相关工作量也将相应较大增加，但相应的人员和经费（尤其是信息系统建设费用）并没有相应的保障。另一方面，从参保地看，由于即时结算的边界线也将极可能带来基金支出的上升及管理难度的增加，在全国异地就医即时结算全面实施后预计问题将会更加突出。

三、“十三五”广州医疗保险改革发展的蓝图

在“十三五”期间，为了进一步健全更加公平可持续发展的社会保险体系，完善和创新社会医疗保险制度和运行机制，广州市医疗保险改革需要在以下几个方面继续努力。

（一）进一步完善医疗保险制度体系

构建政策统一、覆盖全民、城乡一体、有效衔接的医疗保险体系。

一是要优化完善职工医疗保险和居民医疗保险制度，缩小两种制度的待遇差距，并完善职工重大疾病医疗补助和城乡居民大病保险制度，在时机成熟以及条件允许的情况下促进两种制度的合并，建立城乡一体化的基本医疗保险制度。

二是完善商业保险机构承办机制。目前政府所能提供的医疗服务与保障毕竟有限，居民日益增长的健康服务需求与有限的政府医疗服务之间的矛盾日益凸显。寻求社会医疗保险与商业医疗保险的合作，促进商业医疗保险参与社会医疗保险的呼声也越来越高，国家“十三五”规划关于健康中国构想中也明确指出，“要鼓励商业保险机构参与医保经办”。因此，广州市需要进一步完善商业保险机构承办机制，如探索个人帐户结余资金购买商业补充医疗保险。

三是积极应对人口老龄化，建立长期护理保险。目前广州市已经申报为10个国家首批长期护理保险制度试点城市之一，着力探索建立通过多渠道筹资，为因生理、精神和认知障碍导致的长期失能或半失能人员的基本生活照料和专业护理提供保障的社会保险制度。

（二）进一步扩大参保覆盖面以及均衡提升医疗保险待遇水平

一方面要进一步扩大参保覆盖面。健全社会保险扩面征缴机制，建立起全民参保登记制度，继续以城镇个体工商户、灵活就业人员和外来务工人员为重点，积极推动应保尽保，探索将尚未纳入保障范围的广州市内非本市户籍的灵活就业人群、来穗务工人员子女等纳入医疗保险，享受同等待遇补助。此外还要大力推进非从业城乡居民和在校学生参保，并强化依法实施法定人员全员参保和足额缴费。

另一方面，均衡提升医疗保险待遇水平。通过深入研究待遇水平与经济社会发展水平相适应的动态调整机制，均衡、协调提升医疗保险保障水平。探索调整医疗保险待遇向重大疾病和特困人群倾斜，待遇保障由“普惠”向统筹兼顾“特惠”的转变，医疗保险资源进一步向大病、慢性病和特困人群倾斜，从而避免因病致贫、贫上加贫，逐步缩小政策范围内住院费用支付比例与实际住院费用支付比例间的差距，努力缓解看病贵的问题。

（三）进一步促进职工医疗保险和居民医疗保险的一体化

广州市在2015年全面实施城乡居民医疗保险统筹，形成了以城镇职工社会医疗保险和城乡居民社会医疗保险为主体的基本医疗保险制度体系。但职工与居民医疗保险二元分割依旧存在，这一定程度上有损社会保障的效率，也有悖于“公平性”。因此，需要进一步探索全面整合职工医疗保险和居民医疗保险，实行一体化的医疗保险制度。基本医疗保险城乡一体化是统筹城乡经济社会快速发展的必然结果，是创新基本医疗保险制度，更深入推进社会医疗保险事业全面、协调、可持续地发展，建立社会主义和谐社会的必然要求，对根本解决群众看病难、看病贵问题，真正实现“人人享有医保”的总体目标意义深远。

（四）进一步完善医疗保险支付方式以及运行机制

一是优化支付方式与监管机制。目前广州市采用总额控制下的按病种付费为主、按人头付费、按床日付费等的复合付费方式，取得了一定的成效，在新的阶段，需要进一步坚持并优化此项支付方式，并建立健全相应的监督机制，依法严格查处违规医疗费用，严格控制医疗费用的不合理增长。

二是积极发挥医疗保险支付的杠杆作用，引导患者合理有序就医和促进医疗资源科学合理配置，进一步推动基层首诊、支持双向转诊和分级诊疗。

三是利用第三方专业机构提供的循证医学和药物经济学证据，建立特殊病种遴选机制，进一步推进支付标准制定的科学化、合理化、可量化和透明化；积极实施国家医疗保险药品支付标准相关规定。

四是完善与经济发展水平相适应的筹资机制。坚持精算平衡，强化预算管理，以收定支，确保医疗保险制度的可持续发展。

（五）进一步发挥医疗保险的引导作用，推进“规范化”基层首诊制度建设

分级诊疗是国家和省医药体制改革下一阶段的重点，基层首诊的实施势在必行。推行“规范化”基层首诊模式，建立起分级诊疗制度，关系到公立医院改革、药价改革等后续工作能否有效推进，关系到能否真正解决居民“看病难、看病贵”的问题。建立健全“规范化”基层首诊制度除了要大幅度提升基层医疗服务能力水平，使得基层医疗机构“接得住”外，还需要充分发挥医疗保险的引导作用。特别是在当前基层医疗服务水平有限的情况下，医疗保险的引导作用关乎基层首诊制度能否有效建立。当前广州市基层医疗机构的医疗基础设施与医疗水平已经有了很大的提高，能够满足一定居民的医疗需求，因此需要借助医疗保险的引导，通过设定差异化的待遇水平引导居民前往基层医疗机构，一方面能够改变大医院人满为患的状况，解决看病难的问题，另一方面能够促进医疗资源的有效配置，降低医疗成本，解决看病贵的问题。

（六）进一步创新医疗保险服务方式

目前广州市已经建立起“两级经办机构、三级服务网络”的经办服务体系，并采用了医疗费用实时结算模式，实现所有业务的全信息化办理及全流程监控，取得了很大的成效。但是，医疗保险经办服务体系建设还存在瑕疵，无法完全满足参保群众对精确优质服务的要求。而医疗卫生领域是国家最大的“大数据库”之一，具有广阔的开发和利用空间。在创新医疗保险服务方式的进程中，充分利用互联网＋”、云计算、大数据、物联网医疗等技术手段，推动医疗保险经办服务方式、内容和机制向信息化、数字化、智能化发展。

四、2016年广州医疗保险的工作重点

2016年是“十三五”规划的开局之年，为了进一步深化全民医疗保险制度改革，建立更加公平可持续的医疗保险体系，为群众提供更高水平的医疗保障，需要加强以下几个方面：

（一）积极推进长期护理保险试点工作

为应对人口老龄化，健全社会保障体系，经报市政府同意，广州市已申报为10个国家首批长期护理保险制度试点城市之一，探索建立通过多渠道筹资，为因生理、精神和认知障碍导致的长期失能或半失能人员的基本生活照料和专业护理提供保障的社会保险制度。探索制定长期护理保险保障范围、参保缴费、待遇支付等政策体系；建立护理需求人员能力等级鉴定、护理需求等级评定等标准体系和管理办法；制定各类长期护理服务机构质量评价、准入监管和费用结算等办法；探索长期护理保险管理服务规范和运行机制。

（二）出台和完善医疗保险政策

一是进一步落实国家关于取消医疗保险定点资格行政审批的要求，修订两定管理办法，加强协议管理；二是根据条例和办法，修订《广州市社会医疗保险就医及零星医疗费报销管理办法》；三是研究调整职工重大疾病医疗补助支付范围，提高重特大疾病医疗保障水平；四是研究制定按病种结算试行办法；五是制定2017年城乡居民医疗保险缴费标准。

（三）继续完善医疗保险体系建设

一是稳妥推进广铁集团驻粤职工医疗保险纳入广州市属地化管理；二是按省部署研究推进全市医疗保险城乡一体化工作；三是继续按政策要求清理

市属享受公医的改制事业单位和人员；四是继续做好公务员参加社会医疗保险准备工作；五是分析城乡居民医疗保险制度和城乡居民大病保险制度运行情况，为2017年修订完善政策做好前期调研工作。

（四）巩固扩大医疗保险覆盖面

着眼于“十三五”的新时期，为了进一步提高医疗保障水平，巩固“全民医疗保险“丰硕”成果，还必须进一步巩固和扩大医疗保险覆盖面。一是加强与地税部门的沟通联系，督促用人单位严格执行《社会保险法》，为全体劳动者参加医疗保险，实现应保尽保，违法必究。二是加强医疗保险参保宣传，做好大中专院校学生参保扩面工作，实现2016年基本医疗保险参保人数达1064万人，其中职工医疗保险614万人，城乡居民医疗保险450万人，居民医疗保险参保率稳定巩固在98%以上。三是根据省市总体部署推进离开机关事业单位人员参加医疗保险。

（五）继续推进医疗保险支付制度改革，完善医疗保险基金的管理与监督

一方面，进一步推进总额控制下的医疗保险复合式付费方式改革，完善结算标准确定机制，引导建立合理就医秩序，在此基础上制定按病种结算办法，完善本市单病种（单项目）结算试点，探索将部分日间手术纳入按病种结算范围。此外，探索院前检查费用纳入医疗保险结算范围的可行性和操作性，以及研究促进医养结合的结算管理方式。

另一方面，加强医疗保险基金管理，积极推进基金监督管理的规范化、科学化，进一步规范医疗保险定点医疗机构及参保人员就医及医疗费用结算管理，保证医疗保险基金的合理支出。同时加大力度打击骗保行为，必要时联合公安、地税部门共同查处骗保行为，最大限度确保医疗保险基金安全。

（六）积极探索信息化服务管理形式，加强对医疗保险政策的宣传和培训

充分利用医疗卫生“大数据”，创新医疗保险服务方式。如利用“”互联网+”、云计算、大数据、物联网医疗等技术手段，推动医疗保险经办服务方式、内容和机制向信息化、数字化、智能化发展。与此同时，利用电视、广播、报纸、局门户网站、微信、微博等媒介平台，做好新政策宣传报道工作，并加强对全市街镇村居、医疗保险经办机构、大中专学校、医院、信息部门等经办人员的政策解读和操作培训，在此过程中应该加强与电信、移动等部门合作，通过各种新手段、新方法和新渠道，做好参保信息的提前发布及推广动员。

广州失业、工伤和生育保险发展报告

何伟强　陈泰才　陈静桦 *

失业、工伤和生育保险都是社会保险体系中的重要一环，在我国经历了从无到有的发展历程。经过多年发展，广州市的失业、工伤和生育保险在参保人数、覆盖项目和资金规模等方面走在了全国前列，“十二五”期间更取得了显著成绩。但在实践的过程中，这三类保险仍存在认识不到位、功能发挥不足、覆盖面不广等问题。本报告通过回顾广州市的失业、工伤和生育保险制度演变，从中解析“十二五”期间广州市在失业、工伤和生育保险方面的突出成绩，存在的问题与挑战，以及在新常态下，未来“十三五”广州失业、工伤和生育保险改革发展的蓝图和2016年广州失业、工伤和生育保险的工作重点。

一、“十二五”广州失业、工伤和生育保险改革发展的进程与成效

（一）广州失业保险的发展进程与成效

1. 失业保险制度进一步完善

“十二五”期间，广东省第十二届人民代表大会常务委员会于2013年

---

① 何伟强，广州市人文社会科学重点研究基地中山大学广州社会保障研究中心研究助理；陈泰才，广州市人力资源和社会保障局养老和失业保险处处长；陈静桦，广州市人力资源和社会保障局工伤和生育保险处调研员。

11月第五次会议修订《广东省失业保险条例》，在原有《广东省失业保险条例》基础上，新修订的《条例》对女性、农民工等特殊群体以及失业保险待遇、求职待遇补贴作出新的规定，广州市按照该条例进行失业保险相关调整。

针对女性失业人员，《条例》规定“女性失业人员在领取失业保险金期间生育的，可以向失业保险关系所在地社会保险经办机构申请一次性加发失业保险金，标准为生育当月本人失业保险金的3倍。”以广州现行标准为例，可一次性领取到4548元的津贴。

针对农民工群体，也要以本人工资为基数，按照国家和省规定的费率缴纳失业保险费。符合失业保险金领取条件的农民工在失业后，要求不在参保地按月享受失业保险待遇且不转移失业保险关系的，可以向失业保险关系所在地社会保险经办机构申请领取一次性失业保险金。领取一次性失业保险金的，不再享受按月领取失业保险金以及其他失业保险待遇，同时终止失业保险关系。

在失业保险待遇方面，《条例》规定，失业保险金由社会保险经办机构按照失业保险关系所在市最低工资标准的80%按月计发。2015年，广州最低工资标准为1895元，按照条例的最新规定，广州市失业保险发放标准是1895×80%＝1516元。

为鼓励失业人员创业求职，《条例》创新性地规定，失业人员在领取失业保险金的同时，可同时领取求职补贴，标准为本人失业前12个月平均缴费工资的15%，不足12个月的按照实际月数的平均缴费工资计算，领取期限最长不超过6个月。而失业保险金领取期限未满前选择“创业”的，可凭营业执照或者登记证书及纳税证明，向原失业保险金领取地社会保险经办机构申请一次性领取已经核定而尚未领取期限的失业保险金，并相应计算为领取期限。

2. 失业保险覆盖人群进一步扩大

“十二五”时期，广州市失业保险覆盖范围更加全面。参保人数从“十一五”期末的336万人增长至2015年的474.07万人，共增长138.07万人，年均增长率为 7.6%，较 424 万人的“十二五”规划目标多出 50.07 万人（参见图 1）。

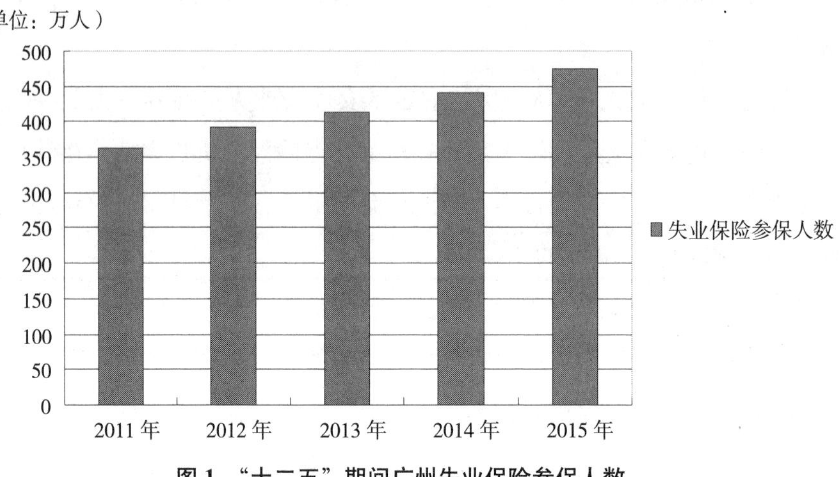

图 1 “十二五”期间广州失业保险参保人数

3. 失业保险待遇进一步提升

广州市失业保险待遇进一步提升。失业保险待遇从“十一五”期末的 880 元 / 月增加到 2015 年的 1516 元 / 月，共增加 636 元 / 月，年均增长率为 12.5%，同年均高于北京市、上海市（参见图 2）。

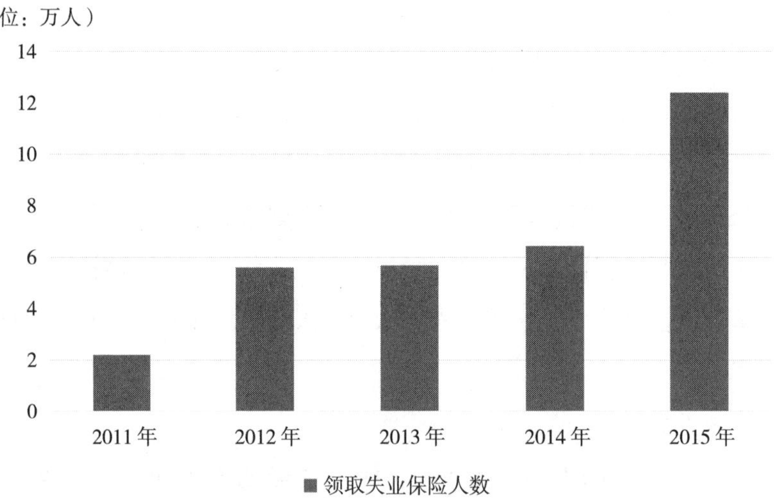

图 2 “十二五”期间广州领取失业保险人数

“十二五”期间，广州失业保险待遇随着最低工资水平增长而增长，挂钩为最低工资水平的80%，同时失业保险待遇水平远高于城乡低保水平，是农村低保待遇水平的三倍左右，是城市低保待遇水平的两倍左右（参见图3）。

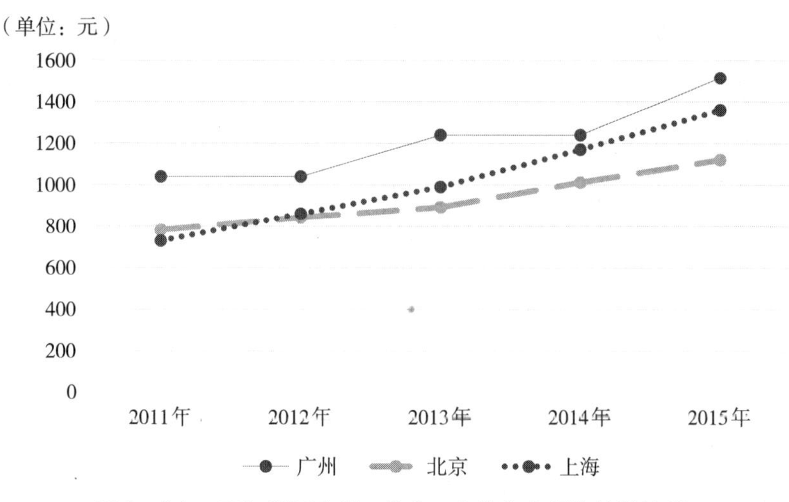

图3 “十二五”期间广州、北京、上海失业保险待遇情况

4. 企业职工失业保险负担进一步减少

2013年4月起，广州市阶段性下调失业保险缴费比例，总费率从省规定的3%下调至2%，其中，用人单位缴费比例从2%下调至1.5%，个人缴费比例从1%下调至0.5%，下调失业保险缴费比例为广州市参保用人单位减负约5.3亿元，为参保职工个人减负约4.4亿元。2015年7月，广州市对各参保单位的失业保险费率进行年度浮动调整，并由地税部门按核定费率进行征收。浮动费率按用人单位前五年失业保险申领率确定，分0.9%、1.2%和1.5%三档，7月1日起新参保的单位费率按1.2%征收。

5. 失业人员办理失业保险业务更加便利

“十二五”期间，广州市共计开放21个社会保险经办部门，市民只需将规定资料直接送广州市各区社保经办机构业务前台，申领失业保险待遇原则上即场办结（特殊情况或采取受理制），所有失业保险相关业务均不收取任何费用。

（二）广州工伤保险的发展进程与成效

1. 工伤保险政策体系进一步完善

“十二五”期间，广州市在工伤保险制度建设方面取得了突出的成绩和效果，基本形成了系统完备、科学规范、运行有效的工伤保险体系。

一是完善了工伤保险制度。2014年，广州市政府印发《广州市职工伤病劳动能力鉴定办法》（穗府令〔2014〕74号）和以市劳动能力鉴定委员会办公室名义印发了《广州市劳动能力鉴定实施细则》（穗劳鉴办函〔2015〕4号），明确规定了12种情况可申请鉴定，同时，伤病职工若不同意用人单位的鉴定结论时，可以直接向市劳动能力鉴定委员会提出申请鉴定，大大保障了职工申请劳动能力鉴定的权益。同年9月，发布《广州市人民政府关于印发广州市工伤保险若干规定的通知》，规定企业工伤事故少，企业可在其行业对应的基准缴费费率基础上，再下调缴费费率，下浮分六个档次，最大降幅30%；与之对应，企业工伤事故多发，则要在其行业对应的基准缴费费率基础上上浮，上浮分七个档次，最大升幅35%。

二是规范了工伤保险专项经费管理。2015年，广州市人社局与市财政局联合印发了《广州市工伤保险专项经费管理办法》（穗人社发〔2015〕2号），以及《广州市工伤保险专项经费使用和管理规范》（穗人社函〔2015〕899号），在原有制度基础上进一步对工伤保险专项经费进行规定，明确了工伤保险专项经费的使用流程与适用范围。

三是做好建筑业工伤保险参保工作。针对建设领域普遍存在违法分包、层层转包导致工伤保险参保难、工伤赔偿落实难的问题，印发《广州市建筑业职工参加工伤保险实施办法》（穗人社发〔2015〕73号），对流动性大的职工按建设项目方式全员参保，同时规定工伤保险费作为不可竞争费用，不参与竞标，并在项目开工前，由施工承包单位向地税部门一次性缴纳，极大地维护了建筑业职工特别是外来务工人员的工伤保险权益。

四是规范工伤预防及检测工作。印发《关于联合开展工伤预防及安全生产宣传培训工作的通知》和《关于开展工伤预防性职业健康检查与监测工作的通知》。

2. 工伤保险覆盖人群进一步扩大

“十二五”期间，广州市工伤保险覆盖面进一步加大。截至2015年年底，广州市工伤保险参保人数达431.4万人，比“十一五”期末多33.27万人，较“十二五”规划目标多1.4万人，超额完成年度扩面目标工作（参见图4）。

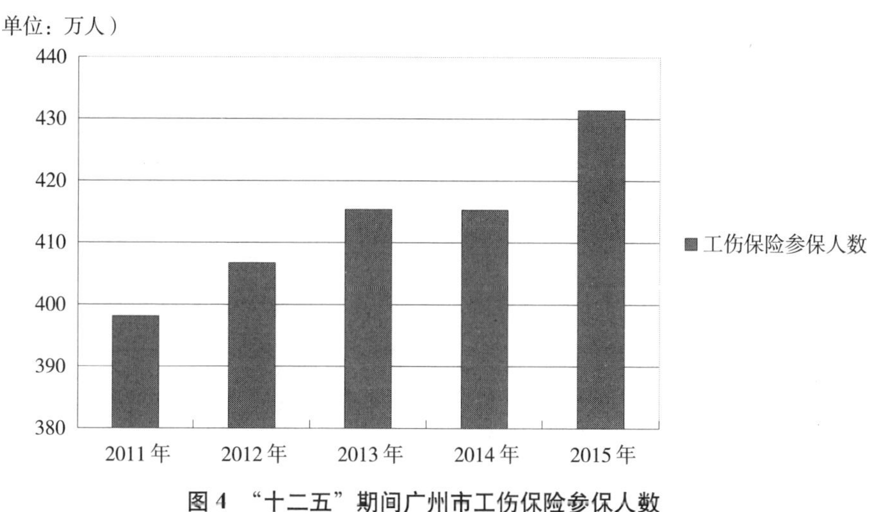

图4 “十二五”期间广州市工伤保险参保人数

3. 工伤待遇保障进一步提升

“十二五”期间，广州市逐步调整提高工伤残疾退休人员的退休待遇，按照省的部署，2015年调整提高我市工伤残疾退休人员退休金，目前工伤残疾退休金人均4084元/月。二是调整伤残生活护理费、工亡待遇和供养亲属抚恤金等待遇，其中伤残生活护理费月人均2506元，供养亲属抚恤金月人均1247元（参见图5）；丧葬补助金和一次性工亡补助金达57.69万元（不含供养亲属抚恤金）（参见图6）。符合申领工伤保险待遇的人员均能得到及时足额的待遇给付，工伤保险待遇保障水平处于全国前列。

4. 工伤认定及现场鉴定工作进一步推进

广州市有序推进工伤认定业务属地管理及劳动能力现场鉴定工作。为

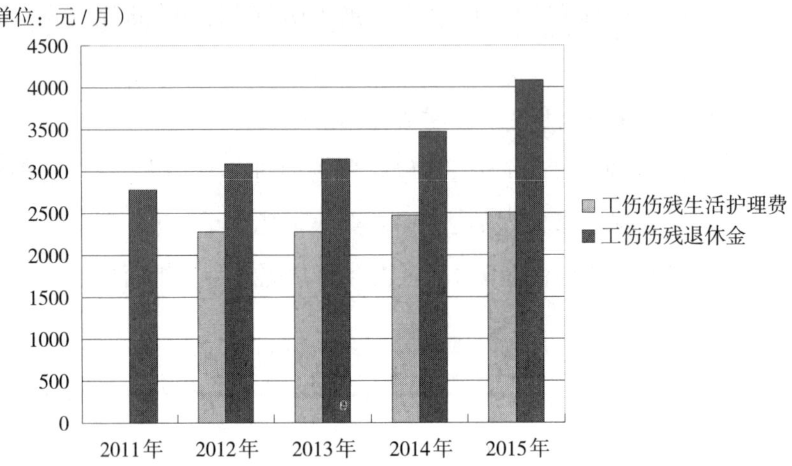

图5 “十二五”期间广州市工伤伤残生活护理费及退休金发放标准

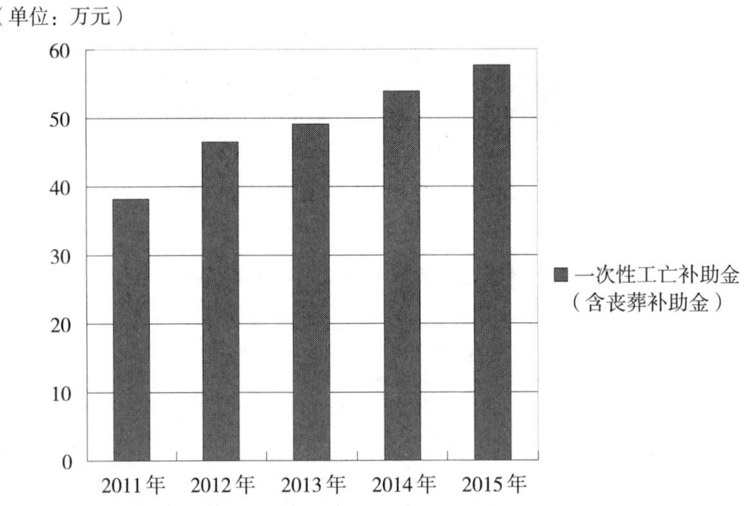

图6 “十二五”期间广州市一次性工亡补助金（含丧葬补助金）发放标准

方便用人单位及群众办事，更加公平、公正，依法、依程序地完成工伤认定工作及劳动能力鉴定工作，继续健全完善工伤认定受（办）理业务属地化管理机制和“劳动能力现场鉴定模式”，目前，广州市已设置8个现场鉴定点开展劳动能力现场鉴定工作，极大方便了群众办事。仅2015年一年，广州市完成工伤认定13918宗，全市受理劳动能力鉴定10498宗，完成劳动能力鉴定 9512 宗，没有发生超时限完成的情况。

5. 工伤预防试点工作有序展开

广州市以实施国家工伤预防试点工作为契机，大力开展工伤预防工作。一是与相关部门、专业技术机构合作，开展工伤预防性职业健康检查与检测工作，有效促进用人单位改善工作环境，降低职业危害。二是规范高效推进现场互动与持续改善式工伤预防项目，对从事接触职业病危害因素作业的高危行业及其高危岗位参保职工、安全生产事故风险程度较高行业的参保单位和参保职工开展工作环境工伤危险因素风险评估，实施工伤保险政策和职业病防治知识培训，提高职工对工伤预防的认识，增强风险防范能力等，取得了良好的经济效益和社会效益。三是继续推行工伤保险浮动费率和奖励费率。在行业差别费率的基础上，对参保单位实行浮动费率制度，工伤保险费缴纳比例随参保单位工伤预防和劳动安全卫生状况及工伤保险费使用、工伤发生率、职业病危害程度等情况浮动，不断提高用人单位开展工伤预防的积极性。同时根据《广东省工伤保险条例》规定，广州市从工伤保险专项经费中按规定提取安全生产奖励费，用于奖励工伤预防工作有成效的用人单位，减轻用人单位开展工伤预防工作的成本，以经济手段支持用人单位继续做好工伤预防工作。

（三）广州生育保险的发展进程与成效

1. 生育保险制度体系进一步完善

2015 年 8 月，广州市人民政府办公厅发布《广州市职工生育保险实施办法》（穗府办〔2015〕41 号）。该办法规定，生育保险费由用人单位按月缴纳，职工个人不缴费，缴费标准为本单位上月全部在职职工工资总额的 0.85%。与旧规相比，生育保险主要有以下四点不同：一是生育保险就医确认可在定点医院办理。生育保险参保人在本市生育保险定点医院产检及分娩或者计划内终止妊娠，可直接在选定的生育保险定点医院办理就医确认手续，再由医院直接通过系统申办，参保人无需再专程到医疗保险经办机构办理。二是未办理就医确认或缴费未满 1 年的参保人也可享受相应待遇。如果缴费满 1 年，但未办理就医确认或已办理就医确认，但不按规定就医的，报销限额为正常结算标准的 60%；如果缴费不满 1 年，可在累计缴费满 1 年之后申请报销，报销限额为正常结算标准的 80%。三是新增三类人群可享受生育保险医疗待遇。参保男职工未就业配偶、在领取失业保险金期间按规定享受本市生育保险医疗待遇的职工、在本市领取养老金的退休人员发生的符合规定的生育医疗费用者，三类人群可享受生育保险医疗待遇。四是产检由妊娠满 16 周起提前至满 12 周。女职工怀孕满 12 周后即可办理就医确认享受相应的生育医疗待遇。

2. 生育保险参保人数与待遇水平进一步上升

按照“十二五”规划目标，2015 年底广州市生育保险参保人数要达到 320 万人。截至 2015 年底，广州市生育保险参保人数达到 436.82 万人，年均增长率为 12.4%，超出目标任务 116.82 万人，较“十一五”期末人数多 228.82 万人（参见图 7）。同时，生育保险的人均待遇水平得到不断提高，从“十一五”期末的 1.6 万元，增加至 2015 年的 2.3 万元，年均增长率为 7.6%（参见图 8）。

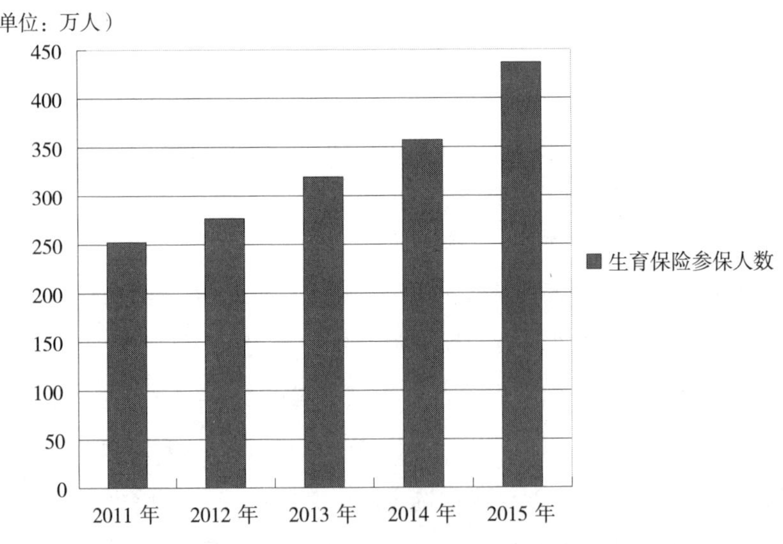

图 7 “十二五”期间广州市生育保险参保人数

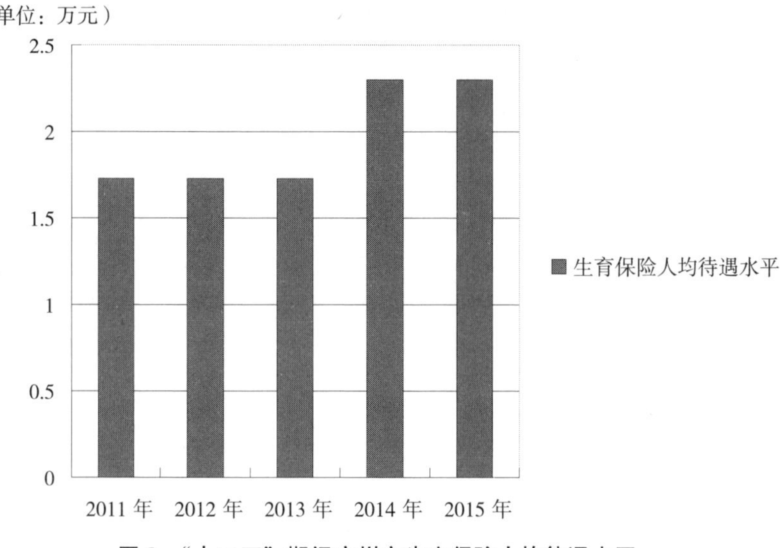

图 8 “十二五”期间广州市生育保险人均待遇水平

二、广州失业、工伤和生育保险领域存在的问题与挑战

（一）广州失业保险领域存在的问题和挑战

1. 失业保险参保率有待进一步提高

“十二五”期间，广州市全社会从业人员人数从 2011 年的 640.46 万人增长至 2015 年的 692.72 万人，失业保险参保人数占全社会从业人员人数比重已经从 2011 年的 56.59% 增加至 2015 年的 68.46%，但是比重依然偏低(参见图 9)。

其原因在于：非正规就业人员覆盖难度大。目前，广州市已经针对农民工群体专门出台相关的失业保险政策，但是绝大多数的非正规就业人群，包括一些事业单位的非正规就业人员，由于流动性大、就业周期短、参保管理困难、权益意识和谈判能力相对较弱，没有在更广泛的范围里面参与到失业保险当中。

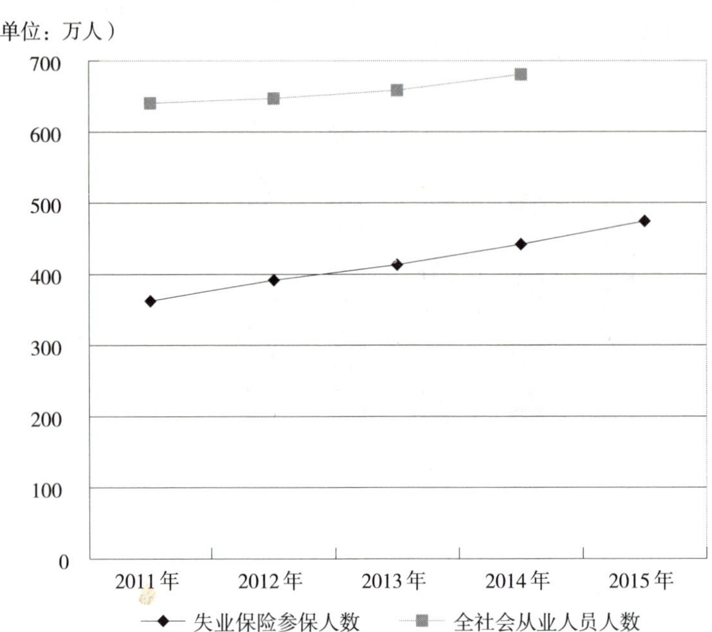

图9 “十二五”期间广州市失业保险参保率情况

2. 促进就业力度有待进一步加强

目前，失业保险在促进失业人群再就业的主要措施为再就业培训与职业介绍。在再就业培训、职业介绍方面存在以下问题，一是培训课程、职业介绍宣传不到位。广州市、区、街道三级政府组织的培训课程、职业介绍多在政府网站、求职网站、政府公告栏等常用宣传阵地公布，而失业人群信息较其他人群闭塞，信息的汲取能力不强，信息获取途径主要为熟人告知、手机上网等方式，较容易漏失政府组织的培训信息和职业介绍，存在着部分失业人员找不到培训信息、职业介绍的情况。二是政府社会激励措施不足。除去极少数失业人员自愿失业的情况，部分失业人群容易因为失业产生挫败感、自卑感与孤独感，从而隔断与社会的联系，沉淀成为长期失业人群。失业保险在促进就业方面措施有限。

3. 基金结构有待进一步优化

广州市失业保险基金支出主要是保障失业人群基本生活的失业保险待遇支出。近年来，失业保险总收入远多于总支出，累计结余逐年增加，至

2015年底，失业保险累计结余218.19亿元（参见表1）。另一方面，在社会保险缴费比率逐渐下降的社会大背景下，失业保险基金的收大于支情况有可能改善。目前，可以考虑进一步探讨保险基金入市、提高基金使用效率、降低基金管理成本等开源节流的方式促进失业保险基金改变只有扩大失业保险覆盖面的单一增收模式，同时充分拓展失业保险的多元功能，在促进再就业、预防失业、为经济社会稳定保驾护航方面增加支出，使失业保险基金的收支结构更加合理。

表1 “十二五”期间广州市失业保险基金收支情况

（单位：亿元）

年份	总收入	总支出	当期结余	累计结余
2011	37.68	10.06	27.62	116.72
2012	43.98	9.49	34.49	151.21
2013	35.15	10.50	24.65	175.86
2014	33.34	11.58	21.76	197.63
2015	34.11	13.54	20.57	218.19

（二）广州工伤保险领域存在的问题和挑战

1. 用人单位与劳动者对工伤保险认识不足

按照《广州市人民政府关于印发广州市工伤保险若干规定的通知》，广州市职工应当参加工伤保险，由用人单位按照相应的差别费率缴纳工伤保险费，职工不用缴纳工伤保险费用，这有助于全市统一征收工伤保险费用。但是，许多用人单位出于单位经济利益采取虚报、瞒报和漏报单位在职人数、职工薪酬基数等方法逃漏和拒绝参加工伤保险。另外一方面，部分单位职工，特别是非正式就业职工，对工伤保险认识不足、对单位工伤可能性评估不足、对维护自身权益重视不足，或者迫于用人单位压力有所妥协，从而使自己置于工伤保险保障之外。

2. 工伤预防康复功能有待进一步提高

目前国家和省在工伤预防和工伤康复方面政策不明确，体系不完善；用人单位的工伤预防意识淡薄，缺少工伤预防资金投入的现象较为严重，影响了工伤预防功能的发挥。此外，在收入补偿的基础上，通过为工伤及职业病患者提供医疗及职业康复，帮助其最大限度地恢复和提高身体机能以及生活自理能力、劳动能力，以缓解工伤职工在事故发生后的身心痛苦，也是工伤保险所应顾及考虑的职能。目前工伤职工对医疗康复和职业康复缺乏足够的认知而放弃康复治疗机会导致工伤康复实际需求不足，与目前广州市社会康复资源供给形成较低层面的供需平衡。如加大工伤保险特别是工伤康复宣传力度，工伤职工改变“重补偿、轻康复”为“补偿康复并重，更重劳动能力”，会释放巨大的工伤康复需求，导致现有的社会医疗康复和职业康复资源供给远不能满足工伤及职业病患者的康复需求。目前广州市职业病工伤康复供需结构性矛盾更为突出，职业病康复供给资源方面，目前专业的职业病康复医疗机构和定点职业病康复医疗机构较少，大量的职业病康复需求不能得到满足，如社会关注度较高的尘肺、手臂振动病等，得不到专业的、有效的康复治疗。

3. 工伤保险基金收支有待进一步平衡

“以支定收、收支平衡”是广州市工伤保险基金的管理原则。与养老保险不同的是，工伤保险基金池相对较小，同时工伤保险基金管理风险较小，不需要有过多结余基金来抵御基金收不抵支的系统风险。随着广州市社会工资水平的逐年增加，工伤保险基金收入也不断增长，近年来工伤保险基金收入逐渐拉开支出的距离。相关研究显示，工伤保险基金能够保持 6 至 9 个月全市待遇支付总额的结存量为合理区域。目前，工伤保险基金收大于支，结余过多（参见表 2），无形中增加企业的综合生产成本，加重企业的缴费负担。

表 2 “十二五”期间广州市工伤保险基金收支情况

（单位：亿元）

年份	总收入	总支出	当期结余	累计结余
2011	9.14	3.54	5.60	29.61

年份	总收入	总支出	当期结余	累计结余
2012	7.40	5.87	1.53	31.14
2013	9.73	5.35	4.38	35.52
2014	9.89	5.97	3.92	39.43
2015	9.99	6.16	3.83	43.27

（三）广州生育保险领域存在的问题和挑战

1. 生育保险保障范围有待进一步扩大

虽然广州在政策层面解决了产妇分娩医疗费用问题，但是，还不能轻言所有妇女都有了生育保障，农村妇女、灵活就业人员和流动人口仍然有大部分未能实质性地纳入到生育保险体系当中。近年来，城镇化加速使就业方式多样化的趋势更为明显，正规部门的稳定就业岗位大幅度减少，规模以下企业劳动用工管理越来越难以规范，特别是私营企业职工生育待遇很难落实，其中，外来妇女群体大多远离熟悉的社会环境，从边远落后的农村流入到城市，自身受教育程度不高，自我保障意识差，缺乏基本的卫生常识，对分娩过程的危险性认识不充分。农村、灵活就业人员及流动人口妇女仍需要进一步覆盖。

2. 生育保险体系建设有待进一步加强

目前，我国还没有出台专门的生育保险法，我市关于生育保险的相关政策依据也只有《广州市职工生育保险实施办法》，缺乏对生育保险的基金管理、违反处罚等配套措施进行具体规定，在一定程度上助长了企业偷报漏报骗保的情况出现。另外，针对城镇不在岗职工、灵活就业人员等流动性较强的特殊人群尚没有制度安排。如这部分人群生育保障问题长期得不到解决，势必会引发新的社会矛盾。

3. 生育保险基金可持续发展能力有待增强

“十二五”期间，生育保险基金支出增长过快，从 2011 年的 8.22 亿元增长至 2015 年的 21.37 亿元，比 2015 年增长 159.98%，主要原因：一是由于 2007 年 11 月开始，广州市将非本地城镇户籍人员纳入生育保险，目前这部分人员纷纷进入生育期；同时受“二胎”政策影响，每年领取待遇人数将持续增加。二是医疗待遇标准提高，也导致待遇支出增加。虽然生育保险参保人数近年增幅较大，基金收入从2011年的1.27亿元增长至2015年的20.92亿元，比2015年增长201.01%，支出增幅远远大于收入增幅，当期结余也从2011年的1.27亿元下降至2015年的0.45亿元，2015年累计结余仅够支撑4.6个月，生育保险基金可持续发展能力有待增强。（参见表3）

表3 “十二五”期间广州市生育保险基金收支情况

（单位：亿元）

年份	总收入	总支出	当期结余	累计结余
2011	8.22	6.95	1.27	7.23
2012	10.34	10.02	0.32	7.54
2013	12.53	12.52	0.01	7.55
2014	15.18	15.13	0.05	7.6
2015	21.37	20.92	0.45	8.05

三、“十三五”广州失业、工伤和生育保险的改革发展蓝图

（一）失业、工伤和生育保险工作“十三五”规划总体思路

以党的十八届三中全会和五中全会精神为指导，按照“更加公平可持续发展”的要求，以建设幸福广州为目标，努力扩大失业、工伤和生育保险覆盖面，完善失业、工伤和生育保险制度，规范失业、工伤和生育保险管理，优化失业、工伤和生育保险服务，提升失业、工伤和生育保险综合保障水平，为实现人力资源和社会保障事业全面协调可持续发展作出贡献。

（二）失业、工伤和生育保险工作“十三五”规划发展目标

“十三五”期间，进一步拓展失业保险保障失业人员基本生活、促进失业人员再就业和预防失业的作用功能，积极完善就业政策，促进劳动力资源

合理配置，形成失业保险和就业工作有机衔接的优化机制。建立健全广州市工伤预防、工伤补偿、工伤康复“三位一体”的现代工伤保险体系，工伤康复制度机制建立健全，工伤预防长效机制良好运行。进一步健全完善生育保险体系。研究机关、事业单位失业、工伤和生育保险管理办法，基本实现应保尽保；失业、工伤和生育保险待遇水平显著提高，位居全国全省前列；失业、工伤和生育保险综合保障能力极大增强。在“十三五”期末，建立一个覆盖范围广泛、法律法规完善、基金收支稳定、相互衔接、有机结合的失业、工伤和保险制度。

（三）失业、工伤和生育保险工作“十三五”规划重点任务措施

1. 失业保险改革发展重点

一是建立经办失业保险、促进就业与预防失业的立体联动管理机制。组织失业保险经办机构、公共就业服务机构即时更新失业保险经办、新增失业就业情况，形成即时高效的失业就业数据库，对接失业就业大数据平台管理。一方面，依据大数据平台，将失业保险经办业务和再就业登记服务链接并向基层街道社区工作平台延伸，在失业保险待遇审核的同时，将失业参保人信息推送至再就业服务平台，从而保证参保人群保险关系能够及时接续，加强保险经办机构、公共就业服务机构和劳动力市场有机结合，提高公共就业服务效能；另一方面，提高失业就业大数据平台的数据收集、处理和报告能力，改革劳动统计制度，借鉴美国 CES\CPS 劳动力市调方法，规范设计劳动统计指标，提高广州市就业情况的评估准确性，通过检测失业保险支出情况、失业人数变化情况等基础数据资料，把握广州市就业情况，设定失业保险基金和失业人数警戒线，制定相关促就业防失业调控预案，避免大规模失业和社会不安因素影响社会和谐稳定。

二是继续调整优化失业保险收支结构促就业防失业。对在经济下行压力较大、节能减排任务较重的经济调整过程中努力少裁员、不裁员的暂时性经营困难企业或者增加创造较多就业机会的企业，给予一定的稳岗补贴，在失业保险缴费方面给予一定的优惠，减轻企业发展压力，稳定就业局势。适

当拓展失业保险支出范畴，加大失业保险基金在促就业防失业方面的投入力度，建立广领域、多层次的就业促进服务项目，制定完善青年、妇女等群体的就业支持计划，继续推广支持创业培训资助等新项目，进一步完善就业中介服务体系，为长期未就业弱势群体提供心理咨询等心理健康服务，创造更多公益性、社区性的公共失业岗位，采购社会非政府组织促进就业服务。

2. 工伤保险改革发展重点

一是科学合理细化工伤保险费率政策。积极调研国内外工伤保险费率制定的行业划分标准及其依据，借鉴国内外工伤保险费率制定的先进经验，结合广州市实际情况以及广州市行业分布情况，进一步细化广州市工伤保险费率层级，按照统一缴费和赔付标准促进各行业职工积极参加工伤保险。在各层级工伤保险统一缴费和赔付标准的前提下，考核各企业工伤发生状况及保险赔付情况，对无工伤情况或较上一年工伤次数较少的企业实行政策奖励，降低工伤保险投保费率，对工伤情况较上一年严重的企业实行政策惩罚，增加工伤保险投保费率，实现原则性与灵活性相结合。积极鼓励工资水平远高于缴费基准的企业职工积极购买合适的商业保险作为预防工伤事故风险的补充措施。加强督促工伤风险较大、工资水平较低的行业企业参加工伤保险，做好工伤保险参保监督工作，落实高风险、低收入群体的健康保障工作。健全基金管理制度，合理控制工伤保险基金支出，规范使用程序和范围。

二是推动工伤保险体系应保尽保。进一步加强农民工群体的工伤保障，要继续扩大农民工工伤保险的覆盖面，加大对恶意欠缴拖缴农民工工伤保险费的企业的处罚力度，针对流动性强的农民工群体及其所属行业设计灵活多样的参保办法。在不影响工伤保险基金可持续性的前提下，进一步提高工伤保险待遇标准，更好地保障农民工遭遇工伤事故后的生活。将机关公务员纳入工伤保险保障范围，做好机关公务员工伤保险费率核定工作，逐步做好有关衔接录入工作。积极向企业宣传工伤保险的风险分担机制，让企业单位意识到规避工伤风险、减少生产成本、增加企业利润的保险属性，加大对广州市工伤保险新修订政策条例的宣传，争取企业单位对工伤保险的认同，促进企业单位自觉参保。争取在“十三五”期间，工伤保险参保人数新增30万人。

三是优化资源配置增强工作效能。进一步明确广州市工伤保险基金用于工伤预防方面的支出比例，加强安全工程专业技术人员和专业职业病防治人员的配备，促进工伤预防工作的专业化建设。加快配备配全工伤康复机构的康复床位，确保康复业务用房面积达到标准要求，更新简陋落后的康复设备器材，配全必要的康复设备器材；完善工伤康复科室设置，包括独立的言语治疗室、康复评定室和康复支具室；加强康复专业技术人员的合理调配，推动康复专业技术人员继续教育工作；缩短工伤认定周期，加快处理工伤认定案件，提高劳资工伤争议处理效率，避免工伤认定久拖不决、认定进度停滞不前导致工伤医疗康复受阻的情况。

四是健全工伤预防长效机制。积极探索工伤预防新方式，构建信息共享和交换互通的工伤统计机制，统一工伤认定数据、生产安全事故伤亡数据、职业病鉴定数据三项核心数据的报送处理，为职能部门联合执法与开展工作提供数据与技术保障。开展工伤预防工作的专项检查，及时办理工伤认定、鉴定申请手续和落实工伤保险待遇；督促用人单位对职业危害岗位实施日常监测，及时安排职工岗前、在岗及离岗时的职业性健康检查，建立职业病工伤预防档案，对用人单位生产经营场所劳动条件和生产设备设施的安全性进行检查；督促有关医疗机构依法进行职业病诊断及治疗；推动和倡导用人单位健全工伤预防制度，积极落实安全生产措施。

3. 生育保险改革发展重点

一是完善生育保险制度体系。进一步将生育保险覆盖到灵活就业人员，试点灵活就业人群生育保险纳入城镇职工医疗保险参保，依托城镇职工医疗保险填补灵活就业人群生育保险空白，增加灵活就业人员参与城镇医疗保险积极性。针对农村生育妇女进行相应制度构建，依托城乡居民医疗保险使农村生育妇女享受同等生育保险待遇。针对未就业女性群体，依托配偶参保生育保险或相关医疗保险纳入到生育保险保障范围。探讨灵活就业人群、农村生育妇女、未就业女性的生育保险资金筹集形式，合理规划生育资金渠道，引入商业保险作为辅助手段，发展多元生育保险险种，补充生育保险及基本医疗保险，更广泛覆盖生育报销项目。争取在“十三五”期间，生育保险参保人数新增29万人。

二是提高生育保险待遇标准。在坚持生育保险基金“以支定收，收支平衡”的原则前提下，根据当期国民经济发展水平、城乡居民生活成本、医疗费用价格和消费物价指数等因素制定待遇支付标准，在考虑降低生育保险费率标准的同时配套适当增加生育保险基金支出，填补更多生育报销项目，提高生育保险报销比例，简化优化生育保险待遇给付程序，提高工作效率，更广泛、更深层次惠及生育保险参保人。适当调整生育保险医疗费用报销标准，缩小城镇职工、灵活就业人群、农村生育妇女、未就业人群等不同群体的生育保险报销比例差距，平衡不同群体报销项目差别，统一生育保险待遇标准。根据企业单位实际情况，落实男性职工的生育保险待遇，给予适当的陪产假期及生育补贴，充分保障男性职工生育保险权利。

三是加强对生育保险基金的管理。确保生育保险基金专款专用，建立多层次监督体系，填补资金挪用漏洞，保障基金资金安全。制定基金结余警戒线及相应应急措施，基金结余少于警戒线时，通过临时资金补贴、资金收支管理等保证基金资金充足。做好生育保险基金专门账户的定期审查工作，全面监督、审查基金收支情况，加强医院监督管理制度建设，定期审查医院生育保险报销情况。进一步完善生育保险费用审计制度，生育保险报销项目具体到人到事，记录生育保险费用支出，做到有据可凭、有据可查，培养工作人员基金管理的责任感。严格惩罚欺诈冒领的参保人，对过失医院进行行为累计，超过一定过失数量即向社会公布，列入黑名单。

四、2016年广州失业、工伤和生育保险的工作重点

（一）调整完善失业、工伤和生育保险费率政策

贯彻落实2015年国务院常务会议关于降低失业、工伤和生育保险费率

的决定，认真研究人力资源社会保障部、财政部于2016年4月发布的《关于阶段性降低社会保险费率的通知》，结合广州市实际情况，抓紧出台实施市失业、工伤保险费率政策。按照市人社局、市财政局、市地税局联合转发的《关于调整失业保险费率的通知》调整失业保险费率，将广州市失业保险费率由2%降为1%。其中：单位基准费率降为0.8%，对应的单位费率分别降为0.8%、0.64%、0.48%三个档次，个人费率从0.5%降为0.2%。按照《关于阶段性调整广州市工伤保险缴费标准的通知》，市工伤保险费根据一、二、三类行业的工伤风险程度分别按上年度用人单位职工工资总额的0.4%、0.8%、1.2%的比例征缴。

（二）继续扩大工伤和生育保险覆盖面

加强失业、工伤、生育保险政策法规的宣传，拓宽宣传渠道，提供政策咨询，继续发挥微信公众号、微博账号等新媒体传播工具的作用，提高市民群众对政策的知晓度和参保积极性。加强检查执法力度，要求用人单位严格执行《社会保险法》和国务院、广东省《工伤保险条例》，强化对用人单位的监督，做好举报投诉接待工作，督促用人单位为全体劳动者参加失业、工伤、生育保险。按省的统一部署做好广铁集团工伤保险移交广州市的各项工作。

（三）加强基金管理与监督，确保基金收支平衡

加强失业、工伤和生育保险基金管理，积极推进基金监督管理规范化、科学化，坚持失业、工伤和生育保险基金专款专用，专户存储，严格基金调用的手续，规范失业、工伤和生育保险基金的审核、审批制度，进一步完善从收缴到支付的一整套审核、审批、互控程序。加强社会保险机构内部审计力度，定期进行基金管理财务自查，加强对社会保险基金征缴、拨付和调剂金的上缴下拨的检查。对群众反映、举报的基金使用问题，有针对性地进行专项审计，并相应作出处理。进一步规范工伤和生育保险定点医疗机构及参保人员就医及医疗费用结算管理，保证工伤和生育保险基金的合理支出。同

时加大力度打击骗保行为，联合公安、地税部门共同查处骗保行为，最大限度确保失业、工伤和生育保险基金安全。

（四）做好稳岗补贴领取工作

按照《广州市失业保险支持企业稳定岗位实施办法》，对在广州市参加了失业保险并采取有效措施不裁员、少裁员、稳定就业岗位的企业，由失业保险基金给予稳定岗位补贴。稳岗补贴采用“分类分批、网上申报”方式，对已开通社会保险网上服务大厅账号的企业和未开通社会保险网上服务大厅账号的企业进行分批次网上申报，补贴标准为企业及其职工上一自然年度实际缴纳失业保险费总额的50%，经审核通过后给予补发。组织相关部门对领取稳岗补贴企业进行专项检查，监督规范稳岗补贴用途，强调稳岗补贴用于职工生活补助、缴纳社会保险费、转岗培训、技能提升培训等支出。

（五）部署开展建筑业参加工伤保险工作

一是实施《广州市建筑业参加工伤保险实施办法》，要求建筑业对流动性大的职工按建设项目方式全员参保，同时规定工伤保险费作为不可竞争费用，不参与竞标，在项目开工前须由施工承包单位向地税部门一次性缴纳建设项目工程合同总造价的1‰作为工伤保险费。二是多部门联合执法，要求建筑施工企业按建设项目参保方式纳入工伤保险保障范围。三是建立清晰的工伤保险责任制，规定建设单位、施工总承包单位或具有用工主体资格的分包单位将施工业务发包给不具备用工主体资格的组织或自然人（包工头），该组织或自然人招用的建筑职工发生工伤的，由具有用工主体资格的发包单位承担工伤保险责任，但该组织或自然人（包工头）也要承担连带赔偿责任，解决包工头招用的劳动者发生工伤后，由于包工头逃匿而其工伤待遇无法落实的突出问题。

（六）推进工伤预防工作

采取上门服务的形式，走进广州市内各行各业，通过宣讲典型工伤和安全生产事故案例，促使企业时刻绷紧安全生产这根弦，减少和避免职业危害。借力网络平台，开展知识竞答。采取手机客户端与网络答题相结合的方式，组织开展工伤保险知识网上竞答活动，广泛动员各类企业积极参与，普及职工安全生产和工伤预防知识。借力宣传平台，强化预防意识。组织开展工伤预防知识宣传月活动，印发各类宣传手册、宣传卡片等。开通工伤认定业务咨询热线，深入宣传工伤预防业务知识，强化相关单位职工“安全第一、预防为主”的安全意识。落实工伤预防经费保障，工伤预防费按照广州市上年度实际征缴工伤保险基金总额的一定比例进行保障，参照政府采购的有关程序据实列支。

（七）根据国家和省相关规定实施《广州市职工生育保险实施办法》

根据国家和省生育保险的相关规定，抓紧实施《广州市职工生育保险实施办法》，进一步健全完善生育保险政策，降低参保人申请待遇的门槛，将更多生育职工纳入到生育保险待遇，确保广州市参保人员按新办法享受生育保险待遇。要求未按规定为职工参加生育保险或未按时足额缴费造成职工不能享受生育保险待遇的单位，按《广州市职工生育保险实施办法》规定的待遇项目和标准向职工支付相关费用。

广州社会救助发展报告

彭宅文　杨宇泽　官洁君*

社会救助是社会保障体系中最基础的托底性制度安排，为保障弱势群体的基本生活发挥重要作用。“十二五”时期是我国社会救助事业快速发展的时期，取得了令人瞩目的成就，已经建立了以最低生活保障为基础，以医疗救助、住房保障、教育资助、司法援助、灾害救助、流浪乞讨人员救助、五保和特殊困难群体供养、临时救助等各专项制度为辅助，以慈善救助和社会互助制度为补充的社会救助体系。其中，最低生活保障制度是社会救助体系的基础。最低生活保障制度旨在提供基本收入保障，满足居民基本生活需要，低保标准的制定及调整不仅决定了最低生活保障给付的受益资格范围，还对整个社会救助制度体系中其他社会救助项目的受益资格范围有着重要影响。一方面，通过“分类施保”，低保政策根据不同的家庭结构及家庭成员就业、疾病和教育状况适度调高不同类型家庭适用的低保标准，以更好地满足基本生活需要；另一方面，回应低保“边缘户”的困境，社会救助制度在低保标准的基础上建立低收入困难家庭认定标准（通常是低保标准的1.2—1.5倍），并以此作为各类专项救助的资格标准。相应地，医疗救助、住房保障、教育资助、司法援助等专项救助的救助资格主要基于低保资格以及低收

* 彭宅文，广州市人文社会科学重点研究基地中山大学广州社会保障研究中心研究员，中山大学政务学院讲师；杨宇泽，中山大学政务学院研究生；官洁君，广州市民政局社会救助处副处长。

入困难家庭资格进行发放。另外，农村五保制度的政策设计经推广开始适用到城市低收入困难家庭，进而发展为特殊困难群体供养 / 特困人员供养政策。其对无劳动能力、无生活来源且无法定赡养、抚养、扶养义务人，或者其法定赡养、抚养、扶养义务人无赡养、抚养、扶养能力的老年人、残疾人以及未满 16 周岁的未成年人，给予特困人员供养。

“十二五”期间，为贯彻落实党的“十八大”精神，紧密围绕国家中心城市建设和“率先转型升级、建设幸福广州”的核心任务，广州市于 2013 年启动了完善和创新社会保障体系的工作。作为该项工作的内容之一，2014 年广州市印发实施了《广州市完善和创新社会救助与社会福利工作方案》，对社会救助体系的改革和完善工作进行了系统梳理和优化完善。因此，“十二五”期间，广州市的社会救助体系在制度体系完善、项目结构拓展、财政投入优化以及管理运行创新等方面均有较大改革进展。社会救助体系基本覆盖城乡，初步实现了从救济向救助，从补缺向制度，从零散向综合，从单一向多元的现代转型。

一、“十二五”广州社会救助改革发展的进程与成效

本报告将首先梳理“十二五”期间广州市社会救助体系的政策动态与政策执行情况，并基于《中国民政统计年鉴》的统计数据，对政策绩效进行简要评估。

（一）“十二五”期间社会救助制度改革进展

1. 完善最低生活保障制度，实现城乡一体化

第一，探索建立了科学的最低生活保障标准调整机制。2015 年 10 月 15 日，随着《广州市调整最低生活保障标准实施办法》的颁行，广州市终于探索形成了科学、有效的最低生活保障标准确定和调整办法。为规范最低生活保障标准调整工作，以有效保障困难群众的基本生活，根据《社会救助暂行

办法》、《广州市最低生活保障办法》的有关规定，广州市制定了最低生活保障标准调整办法。这使得“十二五”期间，广州市对最低生活保障标准的确定和调整方面的探索工作有了法制保障。①

根据文件规定，调整最低生活保障标准以国家统计局广州调查队编制的广州市低收入居民食品消费价格指数为主要依据，结合广州市城镇居民人均可支配收入的变动以及最低工资标准的调整情况，并结合广东省民政厅公布的每年本地区最低生活保障最低标准综合评估确定。

具体而言，最低生活保障标准的调整包括两部分内容。(1) 最低生活保障标准调整。当低收入居民食品消费价格指数同比累计上涨幅度维持在 4% 以上并且超过 6 个月（含 6 个月）时，或者最低生活保障标准低于广东省民政厅公布的本市最低生活保障最低标准时，以市城镇居民人均可支配收入年度变动率与最低工资标准年度变动率的算数平均数的 80% 的增幅，调高基于“马丁法”公式计算的基本低保标准。这种方法构建了长期最低生活保障标准的自动调整机制，使得低保标准的动态调整更多地瞄准城市居民人均可支配收入和最低工资的波动。当然，这也强化了政府责任，避免了因财力限制而迟于调整标准。(2) 临时价格补贴。短期临时价格补贴并没有调整低保标准，而是在物价较大波动时期，通过补发价格补贴的方式来提高低保领取家庭的收入水平，以更好地平抑物价短期波动对低保标准购买能力的干扰。当本市低收入居民食品消费价格指数月度同比上涨幅度连续 3 个月达到 4%（含 4%）以上或连续 2 个月达到 8%（含 8%）以上时，或者当居民消费价格指数（CPI）中粮食价格同比涨幅连续 3 个月达到 10%（含 10%）以上时，启动临时价格补贴联动机制，采取“按月计算，按季发放”的方法向有关群体发放临时价格补贴。

“十二五”期间，广州市基于上述思路不断提高最低生活保障标准，并针对物价波动发放价格补贴，很好地确保了低收入群体的基本生活保障。

---

① 广州市于 2010 年印发《广州市调整最低生活保障标准试行办法》，开始探索建立低保标准调整机制。

第二，实现了城乡低保标准的一体化，以最终实现城乡居民最低生活保障的一体化。为进一步保障困难群众基本生活，根据《广东省民政厅关于印发 2015 年全省城乡低保最低标准的通知》（粤民发〔2015〕51 号）要求，从 2015 年 1 月 1 日起，全市城乡低保标准统一提高到 650 元。至此，广州市完成了全市城乡低保标准一体化进程。整个“十二五”期间，广州市一直着力在提高最低生活保障调准的同时实现城乡和区域的均等化。城乡低保标准的一体化意味着城乡居民最低生活保障政策的一体化，这有利于实现基本公共服务均等化的政策目标，并解决最低生活保障待遇的区域和城乡差距问题。

2. 完善城乡低收入困难家庭认证制度，推动专项救助的发展与完善

第一，不断提高城乡低收入困难家庭认证标准，以扩大专项救助的受益范围。“十二五”期间，广州市为解决低保“边缘户”的生计困境问题而不断完善城乡低收入困难家庭认证制度。其中，低收入困难家庭的标准从低保标准的 1.2 倍提高至 1.5 倍，使得更多低收入家庭能够申领低保金之外的其他专项救助。

第二，推动城乡低收入困难家庭认定标准的一体化。2011 年，根据城乡一体化和基本公共服务均等化要求，广州市全面推进农村低收入困难家庭认证制度，扩大农村社会救助面，将残疾人补助、教育资助、医疗救助以及政府的优惠减免政策向农村延伸，进一步扩大社会救助面。从 2015 年 1 月 1 日起，与城乡低保标准一体化同步，全市城乡低收入困难家庭认定标准按低保标准 1.5 倍同步统一提高到每人每月 975 元，全市城乡低收入困难家庭认定标准也实现了城乡一体化。

第三，完善和丰富专项救助给付内容，使得低保家庭和低收入困难家庭能够获得更多救助给付。首先，积极发展具有广州特色的低收入居民消费性减免救助。2011 年，广州市发布《关于低收入居民消费性减免政策的通知》，拓展了 1999 年颁行的《关于减轻广州市低收入困难家庭消费性开支负担的通知》中的消费性减免救助内容，在一系列优惠政策的基础上，进一步扩大低收入困难家庭消费性减免政策范围，增加了燃气、通信、殡葬等

优惠政策，发展为九种消费项目。其次，大力完善教育救助。民政部门自2006年起，实施福利彩票公益金资助贫困家庭大学生政策，对当年考入高等院校的贫困家庭大学生给予一次性资助（本科5000元/人，大专3000元/人），2011年起对考入中等职业中学和普通高中的贫困家庭子女进行生活资助（1000元/人）。教育部门自2011年起，对贫困家庭学生实施免费普通高中教育和免费中等职业教育。市总工会从2003年起开展“金秋助学”活动，资助困难职工子女学习费用（大专以上每人3000元）。妇联、团委、残联分别开展“春雨”、“爱慕女孩”等助学活动，利用青少年助学基金帮助参加中考的困难学生等活动，其中市妇联“春雨助学”行动资助高中阶段困难女学生完成学业，人均资助金额约6600元。2012年，开展学前教育资助政策调研，推进城乡低收入居民子女从小学到高中（职中）的免费教育，全面落实“福利彩票公益金”从初中到大学的教育助学活动。2014年，按照《广州市完善和创新社会救助与社会福利工作方案》要求，积极落实困难家庭高中、职中免费教育和福利彩票公益金教育资助政策。

3.发展与完善特困人员供养政策，使弱势群体分享经济社会发展成果

第一，不断提高特困人员供养标准。除低保标准和城乡低收入困难家庭标准之外，广州市还积极提高其他各类社会救助标准。其中，从2015年5月1日起，全市城镇“三无人员”供养标准和福利机构供养人员供养标准从每人每月1065元提高到1177元；孤儿养育标准从每人每月1400元提高到1547元。2015年1月1日起，全市五保供养标准提高到上年度当地农村居民人均可支配收入，五保供养标准平均达到1608元（比2014年提高23.33%）。

第二，不断完善特困人员供养服务。从2005年开始，广州开展五保村建设示范活动，大力改善农村散居五保老人居住环境。“十二五”期间，广州通过市本级福利彩票公益金立项支持、资助五保安居点建设。目前，广州市已建成一批环境优美、设施齐全、舒适安全、生活方便的五保安居点（颐养园），满足五保对象离家不离村养老的愿望。另外，广州市还通过老人院、

福利院、精神病院等社会福利、医疗机构对无人领养、收养的孤儿、弃婴、孤寡老人、流浪精神病人进行集中供养。

4. 大力发展医疗救助，减轻低收入群体的疾病医疗费用负担

第一，不断拓展医疗救助保障范围。在资助参保和提供个体自付医疗费用负担的救助之外，广州市积极通过发挥市场机制和社会机制的作用，构建多层次的医疗救助体系。2013 年，《广州市困难群众重大疾病商业保险医疗救助实施办法》颁行，通过政府投入资金，购买商业保险机构专业服务，在社会医疗保险和政府医疗救助的基础上对困难群众实施重大疾病补充医疗救助。2014 年，制定对戈谢病患者、艾滋病机会性感染患者的专项医疗救助政策。

第二，积极提高医疗救助管理与服务效率。在医疗救助管理方面，2011 年，广州市成立了专门管理机构——广州市医疗救助服务中心，为困难群众提供全方位的医疗救助服务，困难群众住院无需申请，直接在医疗机构减免医疗费。在医疗救助服务方面，2012 年，广州市开发建设了广州市医疗救助信息系统（以下简称“医救系统”），构建了市、区、街（镇）三级网络结构和统一管理的模式，实现与市低保系统、医保系统、社保系统、残联系统的无缝对接，建立了全市比较完善的困难人员信息库，简化了日常工作流程，大幅度缩减了业务审批时间，可以进行实时审批，极大地提高了医疗救助工作效率。通过医疗保险数据通道，实现了困难人员医疗救助“一站式”结算，困难人员看病结算时只需出示医疗保险卡，就能够享受医疗救助待遇直接减免，减少了困难群众垫付医疗救助金的压力。

5. 不断提高社会救助管理服务水平

第一，完善居民家庭经济状况核对工作。首先，积极推进市、区、街（镇）三级核对工作机制建设。2009 年年底，广州市被民政部列为全国首批居民家庭经济状况核对工作试点城市。广州市民政局按照“三个一”（制定一套办法、成立一个机构、建设一个系统）的工作思路开展全市居民家庭经济核对试点工作。其中，2012 年 5 月，成立了广州市居民家庭经济状况核对中心负责组织实施全市核对工作；2012 年 8 月，出台了《广州市

居民家庭经济状况核对办法》，为核对工作提供了依据；2012 年 11 月，核对信息系统研发完成，为核对工作奠定了基础平台。2014 年，广州市率先在全省建立健全了市、区、街三级核对工作机制。各区全部成立了核对机构，街道（镇）增配了 2 名专职核对工作人员，为核对工作的顺利开展打下良好基础。其次，推动大数据驱动的低保审核工作。其中，2014 年，低保审核信息共享工作取得重大突破，在实现与民政、公安、工商、税务、国土房管、公积金、人社等部门信息共享的基础上，继上海市之后实现了与 14 家商业银行的存款、理财产品的信息共享工作。完善资产评估机制，建立了车辆、房产等资产评估机制，对申请人的车辆、房产进行准确估值，为公租房、医疗救助等社会救助事项审核工作提供准确的资产数值。

第二，提高社会救助行政管理系统的管理能力，规范管理审批工作。首先，完成低保管理信息系统改造工程，健全低保低收入困难家庭社会救助管理体系。其中，2013 年印发了《广州市民政局关于推进我市低保低收管理服务系统运行使用工作的通知》(穗民〔2013〕320 号)，并分批组织各区、街（镇）民政干部两百多人进行系统操作培训，大大提高各级民政干部社会救助管理效率。其次，落实低保工作人员经费，按全市聘用 23 名低保专职人员工资标准，及时下达市本级应按 40% 比例分担的补助经费，并督促各区落实低保专职人员聘用经费、聘用人数及到岗到位情况。再次，积极推动规范化审批和管理。其中，2014 年，广州市民政局印发了《广州市最低生活保障档案管理办法》(穗民〔2013〕311 号)，规范各级民政部门对低保档案分类管理，明确审批类和管理类档案的归档要点和管理期限。然后，完善低保审批与动态管理机制。明确社会救助对象申请权利义务，建立低保家庭分类定期核查机制，强化社会救助困难家庭检查监督管理机制，健全低保、低收入困难家庭变更资料和年审复核机制，形成保障对象有进有出、补助水平有升有降的动态管理机制，切实提高低保管理服务水平。最后，全面建立低保经办人员和村（居）委会干部近亲属享受低保备案制度，县级民政部门要对备案对象逐一核查、严格管理，从源头上预防和治理“人情保”、“关系保”。

（二）“十二五”期间社会救助制度执行绩效

1. 城市居民最低生活保障政策绩效

“十二五”期间，广州市领取城市居民最低生活保障的人数与家庭数呈现逐年下降的趋势（见图 1）。2011 年，广州市领取城市居民最低生活保障的人数共计有 41548 人，而到了 2015 年（第 4 季度）已下降至 24108 人，降幅达 41.98%，2011 年至 2015 年 5 年间的年均降幅为 12.63%。与总人数相比，领取城市居民最低生活保障的家庭数下降相对温和，由 2011 年的 20703 户下降至 2015 年（第 4 季度）的 15012 户，降幅为 27.49%，其“十二五”期间的年均下降幅度为 7.66%。

图 1 “十二五”期间广州市领取城市居民最低生活保障总人数情况

对于不同性质人员，其领取城市居民最低生活保障的人数变化也存在明显的差异，如女性人数整体呈现逐年下降的态势，从 2011 年的 20033 人，降至 2015 年的 11122 人；而残疾人和三无人员的人数则有升有降，其中残疾人数由 2011 年的 6886 人升至 2014 年的 7222 人，而后在 2015 年（第 4 季度）降至 6724 人，三无人员的人数则由 2011 年的 2978 人升至 2013 年的 3299 人，在 2014 年下降至 3091 人，而后在 2015 年（第 4 季度）又回升至 3152 人。具体情况如表 1 所示。

表 1 “十二五”期间广州市城市居民最低生活保障领取情况

年份	城市居民最低生活保障人数（人）	按人员性质分类			城市居民最低生活保障家庭数（户）
		女性	残疾人	三无人员	
2011	41548	20033	6886	2978	20703
2012	37682	17689	7129	3162	19815
2013	34523	16432	7187	3299	18946
2014	29297	13477	7222	3091	17029
2015	24108	11122	6724	3152	15012

2. 农村居民最低生活保障政策绩效

“十二五”期间，广州市领取农村居民最低生活保障的人数与家庭数同样呈现出逐年下降的态势（见图 2）。2011 年，广州市领取农村居民最低生活保障的人数总计为 65528 人，至 2015 年（第 4 季度）总人数已下降至 33053 人，降幅为 49.56%，而整个“十二五”期间的年均降幅为 15.53%。2011 年广州市领取农村居民最低生活保障的家庭共计 25893 户，至 2015 年（第 4 季度）降至 14548 户，降幅达 43.81%，其在“十二五”期间的年均降幅为 13.51%。

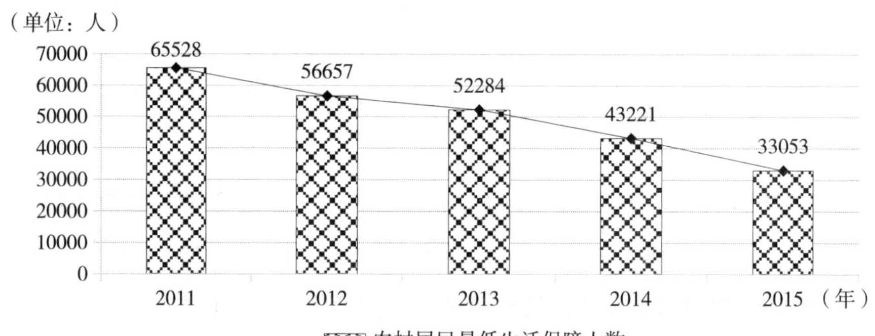

图 2 “十二五”期间广州市领取农村居民最低生活保障总人数情况

与城市居民最低生活保障领取情况类似，不同性质人员领取农村居民最低生活保障的人数变化同样存在差异，其中女性、老年人和未成年人的人数均呈现逐年下降态势，而残疾人总数则经历了先上升后下降的过程。具体情况如表 2 所示。

表 2 “十二五”期间广州市农村居民最低生活保障领取情况

年份	农村居民最低生活保障人数（人）	按人员性质分类				农村居民最低生活保障家庭数（户）
		女性	老年人	未成年人	残疾人	
2011	65528	28684	17547	15104	8285	25893
2012	56657	25814	14700	14151	8296	22644
2013	52284	23418	13362	13338	8528	21346
2014	43221	19836	11260	10999	8525	18303
2015	33053	14863	8724	8310	7440	14548

3. 医疗救助政策绩效

在医疗救助方面，广州市民政部门直接医疗救助人次数整体上呈现出先下降后上升的态势（见图 3)。2011 年广州市民政部门直接医疗救助人次数为 307307 人次，此后逐年下降，在 2013 年总人次数为 279647 人次，而到了 2014 年则增长至 427891 人次，较 2011 年增长了 39.24%，较 2013 年增长了 53.01%。

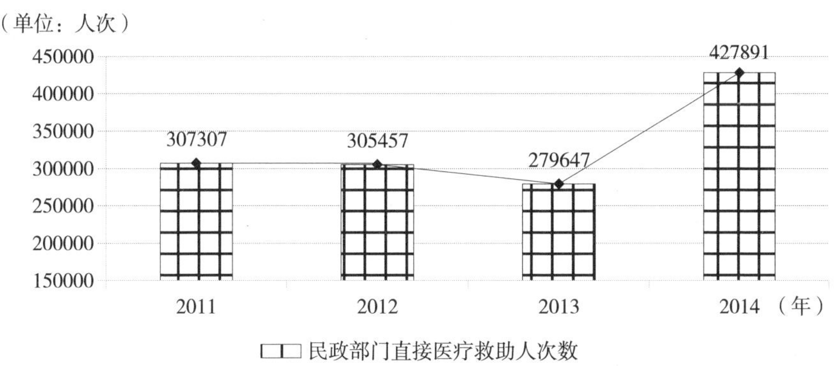

图 3 2011—2014 年广州市民政部门医疗救助人次情况

而民政部门资助参保人数和民政部门资助参加合作医疗人数均逐年

增加，其中民政部门资助参保人数从 2011 年的 41805 人增长至 2014 年的 52689 人，增幅为 26.04%；民政部门资助参加合作医疗人数则从 2011 年的 74779 人增加至 2014 年的 99691 人，增幅为 33.31%。具体情况如表 3 和图 4 所示。

表 3　2011—2014 年广州市医疗救助情况

年份	医疗救助情况		
	民政部门直接医疗救助人次数（人次）	民政部门资助参保医疗人数（人）	民政部门资助参加合作医疗人数（人）
2011	307307	41805	74779
2012	305457	43881	78549
2013	279647	50602	90841
2014	427891	52689	99691

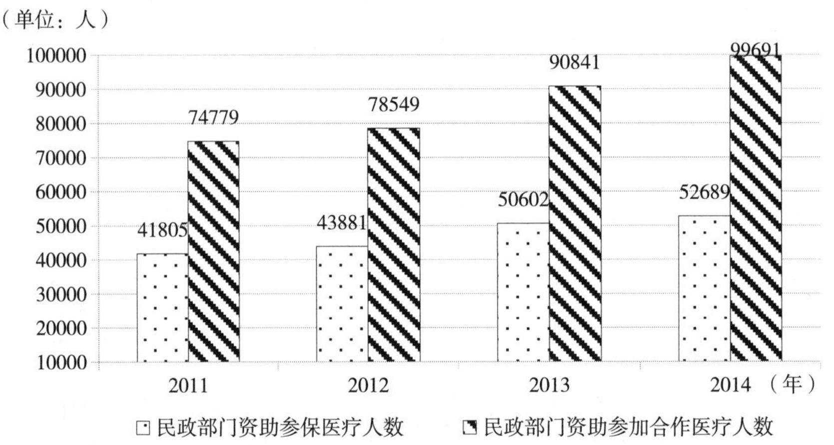

图 4　2011—2014 年广州市民政部门资助参保和参加合作医疗人数情况

4. 流浪乞讨人员救助政策绩效

在 2011—2014 年期间广州市每年救助流浪乞讨人员人次数呈逐年上升的态势。2011 年广州市救助站共实现救助 30625 人次，而在 2014 年该数字已达 39429 人次，增幅为 28.75%。而救助站的当年在站人天数同样呈现出逐年上升的格局。2011 年广州市救助站在站人天数共计为 80674 天，而在 2014 年已达到 155345 天，增幅为 92.56%，这表明 2011—2014 年 4 年间广州救助的流浪乞讨人员不仅数量不断增加，而且其在站时间也不断延长。具体情况如表 4 所示。

表 4　2011—2014 年广州市救助站工作情况

年份	本年救助人次数（人次）	儿童	老年人	残疾人	女性	救治的危重病人、精神病人	年末在站人数（人）	本年在站人天数（天）
2011	30625	1833	2001	1611	3765	1908	385	80674
2012	36754	1971	1871	1714	3790	2108	1141	119812
2013	37070	1815	2170	1789	4218	2313	278	127214
2014	39429	1554	2283	1785	3517	2078	380	155345

5. 社会救助领域财政支出情况

从 2011 年至 2014 年，广州市在社会救助领域的财政性资金支出呈现出逐年上升的态势。2011 年广州市用于社会救助的财政支出为 59915.9 万元，而 2014 年已达到 84187.5 万元，增幅为 40.51%。

其中用于最低生活保障的财政支出从 2011 年的 37990.8 万元上升至 2014 年的 43871.5 万元，增长了 15.48%。若进一步细分，则其中用于城市最低生活保障的财政支出相对稳定，2014 年的支出相比 2011 年还略有下降；而用于农村最低生活保障的财政支出则呈不断上升的态势，从 2011 年的 16840.1 万元上升至 2014 年的 22738.8 万元，增幅达到 35.03%。此外，用于医疗救助的财政支出整体也呈现出不断增长的格局，2011 年其财政支出为 16477.5 万元，而到了 2014 年这一数字已达到 26187.0 万元，增幅为 58.93%。用于其他社会救助的财政支出更是从 2011 年的 5447.6 万元跃升至 2014 年的 14129.0 万元，增幅达到惊人的 159.36%。具体情况如表 5、图 5 所示。

表 5　2011—2014 年广州市社会救助领域的财政性资金支出情况

年份	社会救助（万元）	最低生活保障（万元）	城市最低生活保障（万元）	农村最低生活保障（万元）	医疗救助（万元）	其他社会救助（万元）
2011	59915.9	37990.8	21150.7	16840.1	16477.5	5447.6
2012	64491.5	42162.7	21384.3	20778.4	13038.8	9290.0
2013	73489.1	41644.3	20509.7	21134.6	20321.5	11523.3
2014	84187.5	43871.5	21132.7	22738.8	26187.0	14129.0

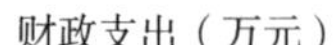

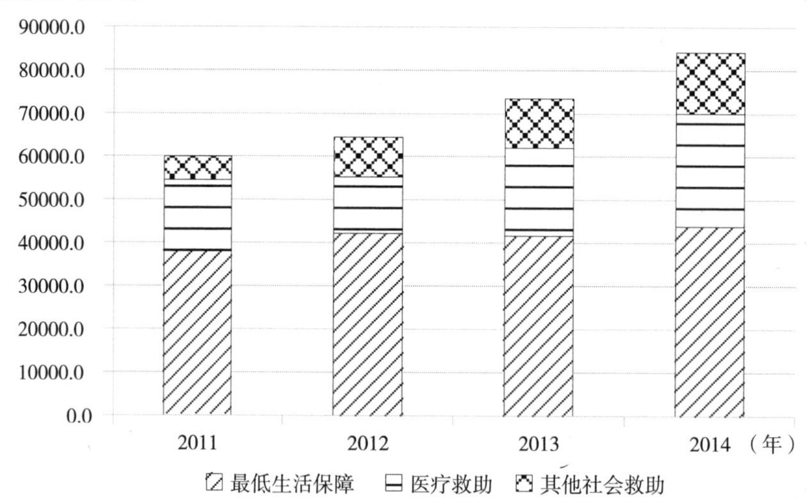

图 5　2011—2014 年广州市社会救助领域的财政性资金支出情况

二、广州社会救助领域存在的问题与挑战

（一）区际间社会救助发展失衡挑战基本公共服务的公平性

在广州市各个区之间，社会救助的发展情况存在着较大的差异。在城市居民最低生活保障方面，荔湾区、越秀区和海珠区这三大中心老城区每年的领取总人数远远超过其他区，其城市低保资金的全年计划支出也要远远高

于其他区。具体情况如图 6 所示。

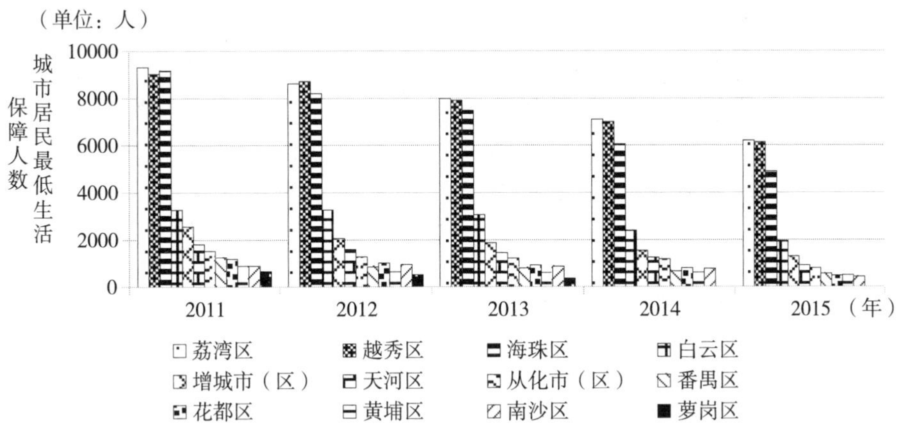

图 6 “十二五”期间广州市各区之间城市居民最低生活保障领取总人数情况

在农村居民最低生活保障方面，从化市（区）和增城市（区）这两大农业区县每年领取总人数与低保资金全年计划支出要远高于其他推行农村低保的区县。具体如图 7 所示。

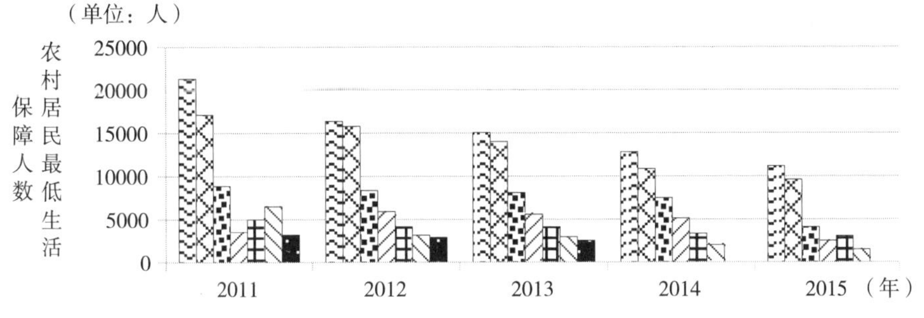

图 7 “十二五”期间广州市各区县农村居民最低生活保障领取总人数情况

在医疗救助方面，2011—2014 年，越秀区和荔湾区民政部门直接医疗救助的人次数长期最高，而番禺区则呈逐年降低的整体态势，海珠区则表现出不断上升的整体趋势。具体如图 8 所示。

在民政事业费的预算安排方面，增城市（区）和从化市（区）用于社

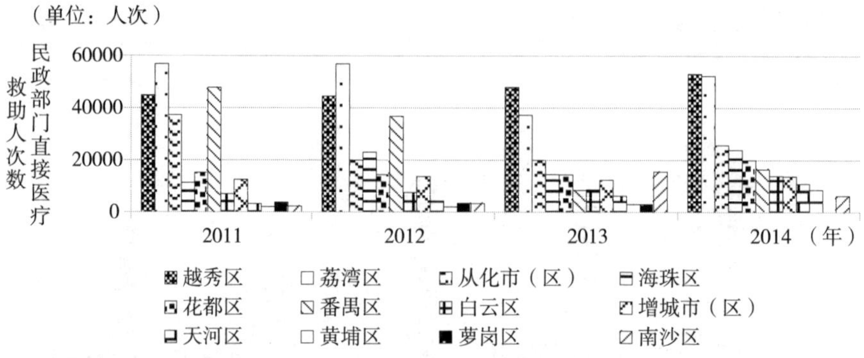

图 8　2011—2014 年广州市各区县民政部门直接医疗救助人次数情况

会救助领域的预算整体最高，而越秀区在社会救助方面的预算安排有明显的逐年上升趋势，天河区、黄浦区等辖区的社会救助预算则长期居于末位。具体情况如图 9。

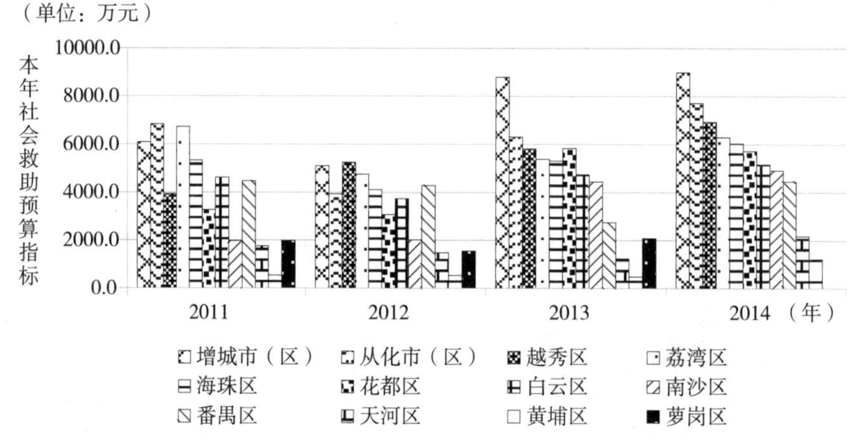

图 9　2011—2014 年广州市各区县用于社会救助的民政事业费预算指标安排情况

在实际用于社会救助的财政性资金支出方面，整体而言增城市（区）和从化市（区）每年用于社会救助的支出最高，越秀区、荔湾区、海珠区紧随其后，而萝岗区、天河区、黄浦区的财政支出水平整体较低，此外各区县四年间的财政支出水平变化也呈现出显著差别。具体情况如图 10。

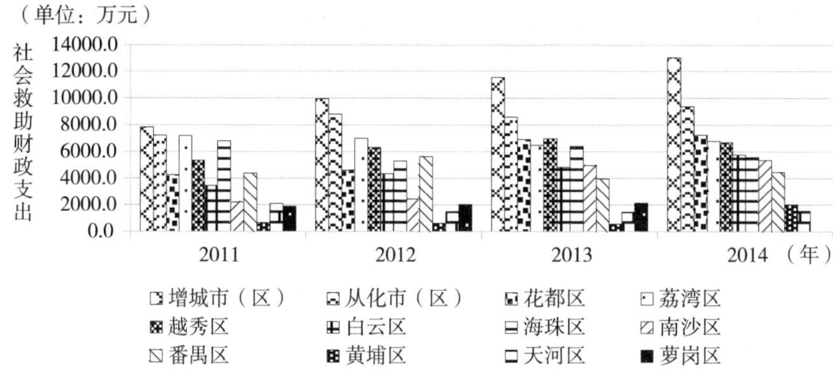

图 10　2011—2014 年广州市各区县用于社会救助的财政性资金支出情况

（二）社会救助筹资机制的优化与财政支出责任的合理分担仍需要完善

1. 社会救助筹资机制设计仍需完善

首先，居民消费性减免救助政策是惠及低收入群体的重要专项救助。2011 年颁行的《关于低收入居民消费性减免政策的通知》开拓性地将消费性减免项目发展为九项，但是这些消费性服务项目的筹资并不是由公共财政承担，而是由提供这些服务的国有企业、机关事业单位甚至是商业企业（主要是城市基本公共设施及服务提供商）承担，由其“自行消化本单位减少的收入”。显然，这种责任转移固然有利于降低财政支出成本，但是可能导致这些公立或私立的城市基本公共设施及服务提供者严格执行消费性减免的激励不足，能力不强。这自然不利于保障中低收入群体的基本生活保障权利。其次，专项救助如医疗救助、教育救助和住房救助与基本生活保障制度有着一定的替代关系，需要协同推进。但是，这些专项救助的预算主要由其他行政管理部门负责，民政部门主要参与资格的审核。如果这些部门的预算安排不足，专项救助发展乏力，这显然将使得低保家庭和低收入困难家庭过度依赖低保给付来支付基本生活保障之外的医疗、教育和住房开支，使得低保救助无法实现脱贫和自立。所以，专项救助的筹资机制，尤其是预算机制如何与最低生活保障制度进行统一安排仍需要改革探索。最后，医疗救助的筹资以及补偿机制优化需要与社会医疗保险的完善紧密结合。由于能力限制，目前的医疗社会救助制度只是一个被动的付费者，一方面医疗社会救助无法建立有效的付费方式来管控患者的道德风险以及医疗机构的供方有道需求行为；另一方面基本医疗保险、大病医疗保险以及医疗社会救助如何优化资金安排以提高保障效果仍值得深入研究。

表 6　2011—2014 年广州市用于社会救助的民政事业费预算指标构成情况

年份	用于社会救助的民政事业费预算指标（万元）	中央安排合计	全省安排合计	省级	市级	县级以下
2011	62927.9	0	62927.9	0	15432.0	47495.9
2012	49934.6	0	49934.6	0	10096.6	39838.0
2013	64253.5	0	64253.5	0	11060.6	53192.9
2014	74893.5	0	74893.5	0	15245.5	59648.0

2. 社会救助财政支出责任的合理分担对社会救助的健康发展有着重要影响

从上一部分分析可以看出，尽管各区的最低生活保障标准差距不大，并且已经于 2015 年实现了市级层面的城乡一体化，但是实际上各区的低保救助人数以及实际低保支出水平（补差水平）差距仍然较为显著。造成这种局面的重要原因是广州市的社会救助制度并没有建立科学的转移支付制度，这导致区政府承担了绝大多数的社会救助支出责任。尽管地方政府低保的发展努力和财政投入需要综合考虑财力因素和居民需要，但是在区政府财力约束的情形下，市政府提高、统一最低生活保障标准的政策要求，可能导致区政府在低保政策执行时更多地从财力因素出发。

如表 6 所示，广州市社会救助预算安排中，由于缺乏中央和省政府的转移支付，市级财政和区财政承担支出责任。其中，从结构上看，区财政承担了主要责任，从 2011 年的 75% 上升到 2014 年的 80%。具体到最低生活保障支出而言，市区财政责任分担失衡状况更是严重。如 2016 年 7 月 21 日，广州市民政局、财政局联合发布的《关于提高我市最低生活保障标准的通知》规定，从 2016 年 1 月 1 日起，全市最低生活保障标准从每人每月 650 元提高到 840 元。但是低保标准提升之后的新增财政支出责任分担方面，除从化市（区）农村最低生活保障新增资金由广州市财政与从化市（区）财政按8：2的比例分担外，其余由各区财政自行解决。这意味着，区财政实际承担了所有的低保支出责任。

（三）“十三五”期间，社会救助工作仍处在“兜底民生”的前沿，并面临一系列新挑战和新约束

首先，“十三五”期间，我国社会救助体系建设面临新的任务，承担着更多压力。经济增长趋缓、结构性改革的深化将增加城市中低收入居民对社会救助给付的需求，失业率的上升、收入中断风险的增加都将使城市社会救助工作面临更大的压力。同时，确保到2020年农村贫困人口实现脱贫以及实现全面建成小康社会宏伟目标，农村居民最低生活保障制度建设也将面临兜底脱贫的重担。

其次，“十三五”期间，我国社会救助体系建设面临严峻的财政投入约束。经济增长趋缓，财政收入增长乏力以及同时期经济改革、社会治理创新支出的增加，将使得社会救助体系建设面临严峻的财政资源约束。在此背景下，如何整合资源，优化机制，提高效率，将是社会救助体系建设的重点议题之一。

最后，随着我国基本公共服务体系的完善和多元服务供给机制改革的推进，社会救助体系建设将面临新的挑战。一方面，随着基本公共服务体系的完善，不少新开展的基本公共服务项目引入了目标瞄准的思路，优先将服务聚焦到低收入群体或家庭，如儿童福利服务、老人社会养老服务以及残疾人福利服务等优先解决低收入群体的生活保障和社会服务需要问题。如何整合社会救助项目与其他救助类基本公共服务项目的目标瞄准和待遇给付，防止福利叠加、重复救助与资源浪费，成为社会救助体系优化的新议题。另一方面，社会救助工作也面临着基本公共服务多元供给改革的新挑战。《慈善法》的颁行将推动民间慈善互助的发展，如何引导民间慈善资源有效“瞄准”到中低收入群体，需要推动社会救助与慈善互助资源的整合。同时，随着政府向社会组织购买社会服务工作的有序开展，更多的专

业社会组织将参与到基层社会治理和社会服务活动之中，如何有效地落实“三社联动”，整合社会组织的组织资源和社会工作者的人力资源，提高基层社会救助工作的效率与质量，同样值得深入研究。目标瞄准型基本公共服务的发展，迫切需要在目标瞄准机制、待遇给付水平等方面与社会救助体系整合，才能提高资源利用效率，并防止可能造成的福利扭曲。民间慈善资源的发展与专业社会力量的参与，为社会救助体系的资源整合提供了新的契机。

三、“十三五”广州社会救助改革发展的蓝图

（一）指导思想

以党的十八届四中全会关于全面深化改革和全面推进依法治国精神为指导，提高依法行政能力，完善社会救助体系，着力保障和改善民生，实现社会救助的权利公平、机会公平、规则公平。

（二）发展思路

贯彻落实党的十八大和十八届三中、四中全会精神，深入贯彻习近平总书记系列重要讲话精神，深入推进民政法治建设，强化社会救助的政府责任与积极保障，以人为本建立完善的综合性社会救助法律制度体系；改革创新社会服务，建立贫困预警与主动发现和救助机制；加强救助力量建设，建立立体式、综合实施的信息化执行网络。

（三）发展目标

建立更为完善的现代社会救助体系。完善以人为本的社会救助政策体系，全面落实最低生活保障和医疗救助制度；探索建立支出型贫困救助和前置救助机制、贫困预警与主动发现救助机制，制定完善相关配套救助办法；建设数据共享、各项救助信息系统有机衔接的社会救助综合管理信息平台；

建立具有广州特色、更加完善的居民家庭经济状况核对机制。“十三五”期间，城乡低保标准年均提高 10% 左右；灾民救助率 100%。为实现这一发展目标，将采取以下具体措施。

1. 健全社会救助机制

制定《广州市最低生活保障办法》配套政策，建立生活保障与促进就业机制、综合审核评估机制、社会服务机制、诚信激励与惩罚的衔接机制。完善分类救济制度，建立临时救助制度。制定《广州市特困人员供养办法》，拓宽救助范围。建立全市统筹、分类资助的教育资助制度，保障贫困家庭子女学前教育、义务教育、中等及高等教育权益。加强就业困难人员特别是困难人员家庭中有劳动能力人员的职业技能培训。健全最低生活保障与教育救助、医疗救助等衔接机制。

2. 提升社会救助标准

根据广州市经济社会发展水平，科学调整各项救助标准，力争 2016 年低保标准达到 720 元以上，2020 年低保标准达到 1000 元 / 月以上。调整提高低保标准的同时，相应提高全市各项社会救助标准，五保供养标准按照上年度人均可支配收入动态调整。

3. 提高医疗救助水平

全面实施《广州市医疗救助办法》，扩大医疗救助覆盖面，降低因病致贫居民救助门槛，将符合条件的外来务工人员纳入医疗救助。建立商业保险参与医疗救助的补充机制，探索为困难群众购买团体健康补充险和意外险等商业保险的救助模式。建立医疗费用高、社会影响大的疾病、地方性疾病、罕见病和困境儿童专项救助制度。进一步提高医疗救助信息化管理水平，简化救助手续，提高救助效率。

4. 加强社会救助监管

加强居民家庭经济状况核对机制建设，全面实施《广州市居民家庭经济状况核对办法》，不断扩大金融类、消费、人员流动及大额支出等信息核查范围，全面实现银行、证券、保险、网络金融等信息共享工作。优化升级核对系统，强化分析、数据管理、业务智能比对等功能。建立社会救助申请人诚信数据库，2019年实现申请人诚信数据信息与社会救助业务管理系统的信息对接共享。探索构建农村家庭收入核对体系。探索核对信息在社会事务上的多元化应用，从传统的民生救助申请人的审核扩大到统计、公安、司法、反腐领域。

四、2016年广州社会救助的工作重点

2016年，广州社会救助工作以完善救助政策法规、健全社会救助体系、加强管理监督为重点，全面提升社会救助规范化水平，主要做法有：

（一）建立健全社会救助制度体系

完善《广州市最低生活保障办法》、《广州市医疗救助办法》等政策的实施细则及配套政策文件，健全和完善我市社会救助政策体系，进一步提高社会救助规范化水平。

（二）积极完成市十件民生实事

按照市政府工作部署，制定出台《广州市临时救助办法》，明确临时救助的对象和程序，着力提升社会救助“救急难”的成效，构建“常态救助+临时救助”相补充的社会救助格局，切实缓解困难群众的实际困难。

（三）深入推动社会救助信息化建设

按照《广州市最低生活保障办法》要求，整改全市最低生活保障系统，让系统运行切合政策实际。开展医疗救助信息管理平台三期招标工作，建设医疗救助移动APP，完善移动端+PC端互联互通功能，进一步提升医疗救助信息化管理水平。全部完成核对系统与保险系统对接，加大与保险公司对接力度，实现与证券系统对接工作，进一步发挥核对系统在社会救助工作中的积极作用。

广州养老服务发展报告

钟晓慧　陈永杰　陆建洲 *

广州正在步入中度老龄化社会，老龄人口数量大、增长快，并且情况复杂。据统计，2015 年，广州市户籍人口中，60 周岁以上人口达 147 万人，占比 17.3%。预计到“十三五”末期，广州市 60 岁及以上的户籍老年人将达到 188 万，老龄化程度进一步加深。如何为这近两百万老年人提供高效、优质养老服务，确保他们晚年生活质量，成为全社会非常关注的议题。过去几年，广州市政府制定了养老服务相关的许多政策法规，也投入大量资金和人力。这些政策措施效果如何，存在什么问题？应当如何改进呢？这些都是政策制定者、研究者、老年人及其家庭希望了解的问题。

本报告运用实地走访养老院和街道养老服务站点，个案访谈老年人及其家庭成员，配合查阅政府部门和研究机构公布、提供的工作文件、二手数据等研究方法，对上述问题进行分析和回答。报告首先介绍广州老龄化特点，接着梳理广州养老服务业的发展情况，在分析存在问题的基础上，报告最后提出“十三五”期间和 2016 年发展养老服务的思路及建议。

* 钟晓慧，广州市人文社会科学重点研究基地中山大学广州社会保障研究中心研究员，中山大学政务学院全职副研究员；陈永杰，广州市人文社会科学重点研究基地中山大学广州社会保障研究中心研究员，中山大学政务学院副教授；陆建洲，广州市民政局福利处副处长。

一、未富先老的银发广州

（一）老龄人口数量大、增长快，情况复杂

一是老龄人口基数大。根据市老龄委数据，截至2014年年底，广州60岁以上的老年人总数达到140.64万，是广东省境内老年人口超过百万的两座城市之一；二是老龄人口占比高。广州老年人口占户籍人口17.28%。换句话，每一百名户籍人口中有近17名老年人，远高于全省13.44%的平均水平。在诸如越秀、荔湾、海珠这些老城区，2013年就已经超过20%，属于深度老龄化。三是增长速度加快。根据广州市老龄办2014年统计，在2011—2014年间，广州市老年人口增长的总量分别为4.9万人、5.2万人、6.61万人、7.61万人，增长率分别为4.2%、4.3%、5.3%、5.7%，而且预期老龄人口将在一定时期内继续保持增长态势。四是老龄人口成为全市人口总量增长的主力。比较2012—2014年期间的数据，老年人口成为全市户籍人口总量增加的主力军；增加的比重也越来越大。此外，目前广州有登记在册的60岁以上流动人口达到了9.81万人，还有大量没有统计在册的在穗常住老人以及近年来出现的“候鸟式”老人群体。

（二）老龄人口呈现明显的空间分布差异

通过分析《2014年广州老年人口和老龄事业数据手册》数据发现，一是老年人集中在市中心老城区。从各区老龄化程度来看，越秀、海珠、荔湾三个老城区的老龄化已超过20%，越秀区和海珠区的60岁及以上老年人口数量已经超过20万，分别为25.35万人和21.3万人，荔湾区老年人口达16.81万人。相反，南沙、增城、番禺和花都等偏远区域，老年人数及高龄老人则相对较低（见图1、图2）①。二是老年人的增长速度也集中在市区。

---

① 广州市老龄工作委员会、广州是民政局、广州市统计局编：《2014年广州老年人口和老龄事业数据手册》。

以2014年为例，越秀区和海珠区老年人口增幅最大，其次是荔湾区，三个老城区老年人数增长3.44万人，占广州老年人口增长总数的45.2%。

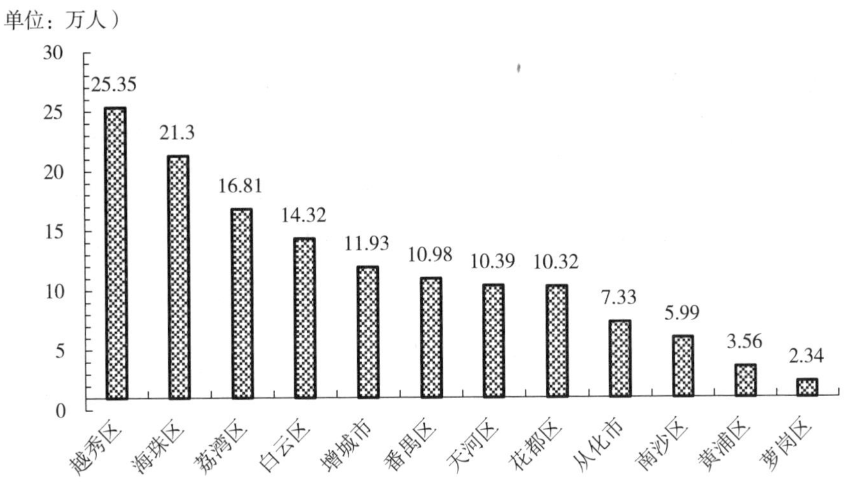

图1　2014年广州各区60岁及以上户籍老年人口分布

数据来源：《2014年广州老年人口和老龄事业数据手册》。

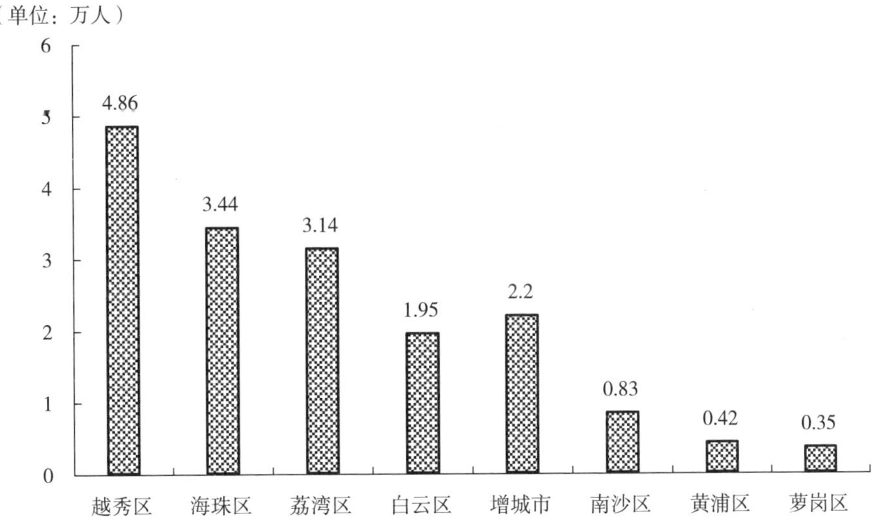

图2　2014年广州各区80岁及以上户籍老年人口分布（部分区域数据缺失）

数据来源：《2014年广州老年人口和老龄事业数据手册》。

（三）老年人经济能力有限，属于未富先老社会

《2014年广州市老年人消费调查报告》数据显示，其一，在广州市老年人的经济收入中，“积蓄”、“退休金或养老金”、“子女供养”所占比例分别是44.62%、42.83%、41.43%；投资、商业保险等市场途径获得收入的比例则很低（见图3）。可见，个人积蓄和社保养老金以及子女供养仍然是老年人经济收入的主要来源。其二，从经济支出来看，调查数据显示，广州市老年人每年支出中，“日常生活保障”和“医药费用”比例最高，分别有54.38%和51.79%。这表明，大部分广州老年人，除了日常生活必需和疾病治疗以外，不敢在文娱、保健、心理等方面轻易支出。这说明老年人对养老的风险意识很高，整体属于未富先老的城市。

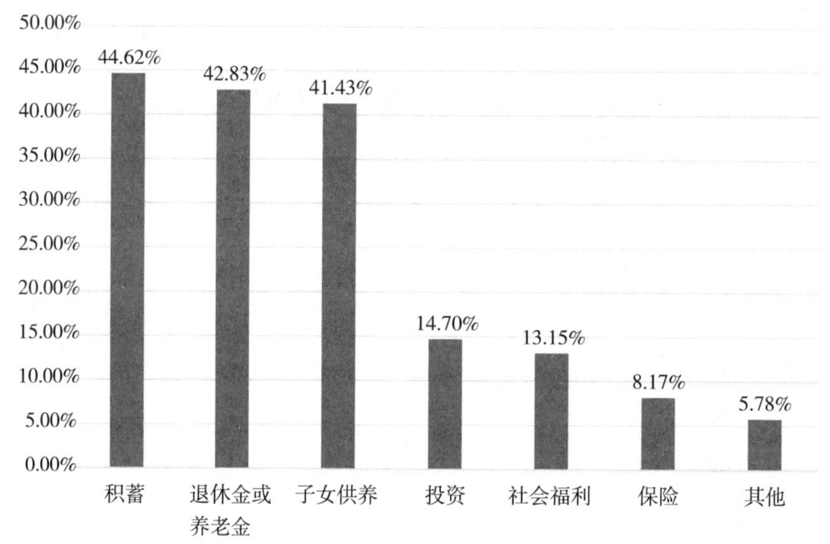

图3　广州市老年人各经济收入来源比例

资料来源：广州市消委会：《2014年广州市老年人消费调查报告》。

调研中发现，收费水平也是广州老年人考虑入住老人院时的主要顾虑之一。目前广州公办养老院平均收费（护理费+住房费）在1500元/月—2000元/月，但是一床难求；民营养老院床位空置率很高，有的高达70%，收费一般超过3000元/月，否则经营不下去。但是广州市目前退休金月均

水平为3200元，如果没有子女经济支持，普通老年人难以承受民营养老院的收费。相比之下，住在家里让家人或请保姆照顾，往往成为老年人的最优选择。而且，“十三五”时期随着人口红利、资源结构、就业环境变化、人民币贬值，广州经济增长由高速转为中高速，经济增长放缓将成为新常态。老年人的经济承受能力可能会下降。

（四）大部分老年人希望居家养老，但家庭养老功能弱化

中国90%的老年人倾向居家养老。与此相类似，广州市老年人也期待居家养老。根据《2014广州市老年人消费调查报告》数据，在养老方式上，广州市老年人选择“与配偶/子女一起住”最多，接近40%；其次是“独自在家”，有23.90%，而选择“入住养老院”只有13.55%。

但是，随着社会流动增加、家庭结构缩小，传统的家庭养老功能快速弱化。大量“空巢”、“独身”、“孤寡”、“失独”等类型的“纯老家庭”出现。所谓“纯老家庭”，是指独居老人、老年夫妻二人共同生活、两代60岁以上的老人共同生活等情况。根据《2014年广州老年人口和老龄事业数据手册》，2014年广州市“纯老家庭”人数已达到26.49万，占老年人口总量的17.41%，而且持续攀升。在这些家庭里，老年人难以依赖家庭成员提供生活照料和疾病护理。访谈中也发现，目前“4+2+1”倒金字塔结构，甚至部分生育二胎的“4+2+2”家庭中，年轻人也表示难以在日常生活和精神层面照顾老人。

实地走访养老院也发现，许多老年人表示不喜欢住老人院，尤其不喜欢住在郊区养老院。一是担心切断与家人、朋友等原来熟悉的社会关系。这让老年人生活孤单、很难适应一个全新的环境。他们不仅需要专业的护理，也需要与家人维系情感，与朋友维持社交。所谓“离家不离社”。二是担心亲戚朋友指责孩子不孝顺，也害怕被人认为自己遭到子女抛弃、没人要。三是物美价廉的公办养老院“一床难求”，但是民办养老院收费贵，担心服务质量。

整体而言，广州市老龄人口不仅数量大、增长快。而且，老年人群体

内部类别多元、情况复杂，高龄、失能、失智、纯老、迁移等新情况快速发展。这不仅对养老服务需求的满足提出更高和更复杂的要求，也向政府提出发展养老服务的急迫需求。

二、“十二五”广州养老服务的发展与成效

“十二五”时期，广州市养老服务领域稳步发展，基本完成“十二五”规划确定的主要目标和任务，一些重点领域的探索创新取得显著成效，老年人的生活质量和幸福指数稳步提升。下面从养老服务政策法规、养老服务体系、融资渠道和机制、社会力量参与服务、养老服务队伍建设，这几个方面展开叙述。

（一）初步建立了推动养老服务发展的政策法规

一是逐步建立养老服务业的顶层制度设计。截至2016年6月底，广州市一共制定和实施《关于加快社会养老服务体系建设的意见》、《广州市人民政府关于加快养老服务业综合改革的实施意见》等30余份重要的政策文件，确立社会养老服务体系“9064”目标。

二是启动养老机构建设三年行动计划。2014年，广州市被民政部、国家发展改革委确定为首批全国养老服务业综合改革试点城市。同年，广州市公布了《广州市养老服务机构设施布局规划2013—2020》，并制定了《广州市公办养老机构入住评估轮候办法》，实施公办养老机构入住评估轮候制度，建立公平、公开、便捷的轮候机制，优先、免费或优惠为“三无”、低保低收入等老年人提供机构养老服务。

三是建立服务建设和评估标准，加强监管与引导。2015年，广州市通过《广州市退休人员社会服务管理规定》，并且在全国范围内率先建立《广州市退休人员社会化管理服务标准化体系表》、六个管理服务标准等一套完整的退休人员社会化管理服务标准。建立具有广州特色的养老服务标准，退

管工作从经验化向标准化、规范化转变。建立政府购买服务的第三方机构投标和评估机制，规范地、稳定地开展家庭综合服务中心招投标和服务评估工作。

（二）初步形成布局多层次、多功能、覆盖城乡的养老服务体系

广州市初步建立以居家为基础、社区为依托、机构为补充、覆盖城乡的多层次养老服务体系，逐步为城乡居家老年人提供生活照料、家政服务、康复保健、紧急援助、心理慰藉等养老服务。

第一，积极推进养老机构，尤其是公办养老机构的建设。截至 2015 年年底，全市养老机构 177 所，养老床位 5.3 万张，比“十一五”末期的 2.87 万张增加近一倍，每千名老人拥有床位从 24.8 张提高到 38 张。编制《广州市养老服务机构设施布局规划》，选址地块 53 处、用地面积 144 公顷，保障 2020 年前养老机构建设用地需求。截至 2015 年年底，全市共有市第二老人院建设、市老人院扩建工程、市老年病康复医院等 10 项养老服务重点工程项目建设。

第二，推进居家和社区养老服务。目前，全市共建居家养老服务部 149 个、居家养老服务示范中心 24 个、日间托老机构 170 个、星光老年之家 1460 个、农村老年人活动站点 1142 个、老年大学 32 所、农村五保安居点 151 个，建立了覆盖城乡、布局合理、功能多样的社区养老设施网络，实现每个街镇建有一个日间托老机构。根据《2014 年广州市老年人口数据摘要》，截至 2014 年，实现城乡社区居家养老服务机构服务 75835 人次，城市日间照料场所全覆盖，拥有日间照料场所的居委会 1532 个；农村日间照料场所覆盖率 100%，拥有日间照料场所的村委会 1142 个。

第三，试点发展医疗卫生和养老服务相结合。到“十二五”期末，全市养老机构内设医疗机构的有 44 所，与医疗机构建立合作关系的养老机构有 103 个。在黄埔区红山街等社区，试点“医联组”和“老年护理医疗专区”。

（三）初步建立政府为主导的养老服务融资机制

加大对养老服务体系的资金投入。根据《2014年广州老年人口和老龄事业数据手册》数据，全市社会养老服务体系建设投入总额47430万元。其中，公办养老机构投入总额9551万元，民办养老机构投入总额13113万元，高龄补贴投入总额42961万元，养老服务补贴投入总额3767万元。社会养老服务体系建设资助总额21823万元，公办养老机构资助总额19870万元，民办养老机构资助总额1953万元，民办养老机构新建、改扩建投资额79866万元。针对民办养老机构经营困难的问题，鼓励民办机构新增床位，资助提高到最高15000元。

同时，建立以常态化预算为特征的政府购买社工服务财政投入机制。从2008年起，广州市试行政府购买社会服务，培育社工队伍和社服机构，连续7年共投入财政11.11亿元。① 对133家民办社工机构进行一次性资助，对8家社会工作服务项目给予以奖代补。为“三无”、高龄、独居等“六类”困难老人，按照每月200元至400元标准购买居家养老服务，惠及1.3万名户籍老人。② 预计“十三五”期间，投入财政资金14亿元，比过去7年投入的总和还要多。

（四）社会力量参与养老服务初步发挥作用

首先，通过投入资源、完善政策等鼓励方式，培育民办养老服务机构。根据《广州市公益慈善事业发展报告2015》③，广州市社会组织从2011年4378家，迅速增加到2014年5841家，年增长率逐年递增。其中，民办社工机构（现称为社会服务机构）从“十一五”期末的9家发展到365家。全市共设置街（镇）家庭综合服务中心166个、社区级家庭综合服务中心20个，社会工作专项服务项目16个。每个家庭综合服务中心都为辖区内居民提供长者服务，部分专设长者专项服务站点。

其次，各区积极探索其他方式，拓宽社会力量参与养老服务领域的渠道。

---

① 《广州7年投入11亿购买社工服务》，《羊城晚报》2015年1月27日。

② 参见《广州老人近半“空巢”，网易新闻》，《南方都市报》2015年9月16日。

③ 广州市慈善服务中心编：《广州市公益慈善事业发展报告》，中国社会出版社2015年版。

实地走访发现，以海珠区为例，充分发挥本区社会组织优势，通过公益创投、举办慈善项目推介会、幸福社区公益项目资助等方式，链接社会资源。又以越秀区为例，充分发挥市中心老城区的优势，促成广东省佛教协会定向每年捐助20万元，资助社工机构承接区内洪桥街、东山街长者综合服务中心。

另外，通过开设老年大学、培育老年服务有关的社会组织等方式，应对低龄老年群体多样化的精神文化需求。根据《2014年广州市老年人消费调查报告》，目前全市共有老年教育机构370个，参加各类老年学校学习的老年学员6.06万人；全市共有老年活动中心1944家，使用面积达38.11万平方米。全市各级老年协会1105个；老年文体团队1893个；老年体育协会51个。

（五）养老服务队伍人数和专业化水平在逐步提高

从2008年起，政府购买服务的方式以及对社会组织、社会工作在政策和资源上的投入，极大地促进了社会工作人员的培养和成长。“十二五”期间，广州共培养本土社工督导人才250名，培训社工服务机构管理人才200名、社会工作人员3800名、新入职社工2000余名。①

这种短时间内的跨越式发展，在调研中得到一致认可。根据《广州市公益慈善事业发展报告2015》，每个社会组织平均拥有专职社工人员达到5.6名。到2015年年底，广州实现每1万人拥有5名社工。而且，社工人员整体呈现年轻化、知识化、专业化趋势。其中，通过全国社会工作者职业水平考试10248人，从业专业社工平均年龄25岁。②

在水涨船高的效应下，广州市老年服务机构从业人员队伍不断扩大，专业化水平提高。截至2014年，老龄工作职工总数7630人，管理人员2346人，护理员4028人，具有国家职业资格证书的护理员2265人，医生425人，护士712人，专业社会工作者119人。③ 养老机构中，大专及以上学历的职

---

① 参见广州市民政局：《广州市民政事业发展第十三个五年规划纲要》。

② 参见广州市民政局：《广州市民政事业发展第十三个五年规划纲要》。

③ http：//gzll.gzmz.gov.cn/gzsllgzwyhbgs/gzsllsyfzxz/201601/dd46b3dd388e410898b9cee25d6484df.shtml，2014年广州市老龄事业发展现状数据摘要。

工数1530人。为了鼓励更多年轻人进入养老服务行业、提高专业化水平，政府加大培训力度、积分入户等政策也向此类工种倾斜。

三、广州养老服务发展存在的问题与挑战

广州市养老服务发展取得了初步成效，也存在许多不足。除了下面重点谈及的四个方面以外，还存在医疗和养老结合的深度、广度不足，城市老年人友好设施建设亟待加强，老龄服务的智能化、信息化和网络化发展缓慢等问题，需要加快完善。

（一）政府对养老服务的资源投入仍然不足

政府对养老服务的资金投入有待进一步提高。广州社会保障研究中心在2016年6月对广州市民就社会福利态度进行电话调查。调查结果显示（见图4），在有效样本中，接近五成的受访者认为政府需要在社会养老服务领域大幅增加投入，接近四成的受访者认为需要适度增加投入，整体而

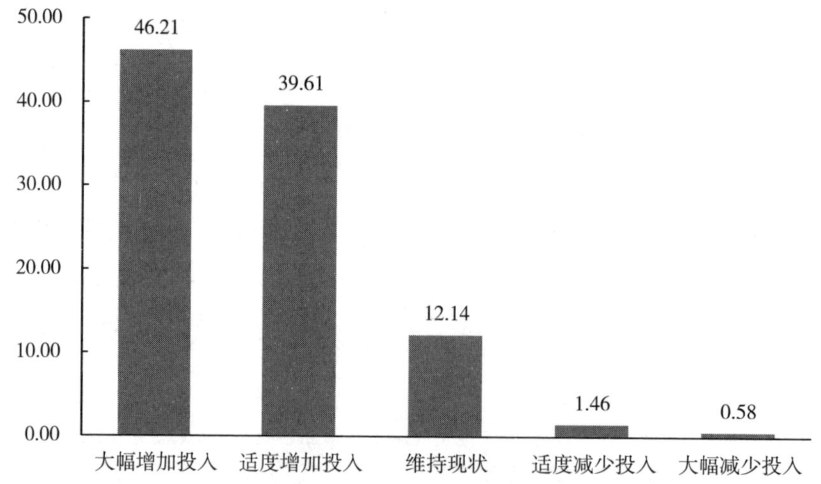

图4　政府需要在社会养老服务领域的投入变化（N＝2060）

数据来源：广州社会保障研究中心：《广州市民社会福利态度调查》。

言在社会养老服务领域方面增加投入是受访者的集中取向，仅有约 2% 的受访者表示需要适度或大幅减少投入。这在一定程度上反映了受访者普遍认为目前政府在社会养老服务方面资金投入并不足够。在“未富先老”的基本社会条件下，更需要政府投入更多资源，尤其在财政投入上要有一定保证。

同时，养老服务的人力成本逐年增加，而政府购买标准维持较低水平。调研中发现，护工和社工的成本逐年增加，社区居家养老服务站点有时候面临人手不足或者人手紧张的问题。这导致服务层次很浅、内容少，难以满足老年人多样性、个性化的居家养老服务需求。

除了资金方面，空间资源和信息支持等方面也较为缺乏。个案访谈发现，低龄老人身体健康、能自理，他们希望有更多途径参与社会生活，有些也希望在闲暇时帮助其他高龄老人。但是，他们在社区缺乏跳舞、唱歌等集体活动的场所，也缺乏运用网络和社交媒体连接外界的能力，甚至不少人不知道街道有家庭综合服务中心，更不知道家庭综合服务中心提供养老服务。

这表明，基层社区的养老服务平台作用还没有充分发挥出来。由于政府购买服务的对象优先为“三无”、“低保”等困难老人，获得社区居家养老服务的老年人数量比例较低。这也导致社区内普通家庭老年人整体对其感知度不高，需要服务时仍然首先考虑亲属朋友网络，以及市场渠道。

（二）养老服务体系布局不合理、资源缺乏有效配置

尽管目前广州已初步建立起以居家为基础、社区为依托、机构为支撑的养老服务体系，但是与广州老龄化特点并不相配。

首先，政府购买社区居家养老服务覆盖面窄。目前，服务覆盖只有 1.3 万人，相比于老年人超过 17% 的比例差距很远，难以满足快速增长、基数庞大的老年人群体服务需求，也不符合“9064”养老格局目标要求。

其次，社区居家服务的准入条件、服务种类与老年人的需求错配。调研发现，一方面由政府购买方式提供的服务，集中在家政、生活照顾、社区

康乐文娱等方面，但对失能、半失能老人的康复护理服务则较为缺乏，导致家庭成员作为主要照料者非常辛苦；另一方面，由于优先服务民政救助对象，导致健康的低龄老人也无法免费享用社区内的康乐文娱设施，而老年人的付费服务观念较低，这些设施空间甚至出现闲置和出租等现象。

最后，养老机构布局和服务资源配置不合理。广州市老龄化空间分布，结合老年人喜欢离家不离社的特点，表明广州市养老床位缺口在市区内。“一床难求”的问题不仅针对公办养老机构，而且针对市区床位。但是，新建和扩建的公办养老机构规模大，难以在城区找到土地资源，选址大都在郊区。因此，在调研中发现，不少通过轮候的老人放弃入住资格，他们也更倾向在市区中找寻合适的养老院。而且，养老机构尤其是公办养老机构主要针对失能、半失能老人，起兜底保障作用，非救助对象难以获得服务。

（三）社会力量在养老服务的参与度较低

经济增长速度和财政收入增长放缓，对养老服务提出更大挑战，需要激活社会力量和社会资本，更大程度发挥优势，弥补养老领域短板。但是，目前养老服务领域过度依赖政府购买服务的融资方式，而社会资本等力量参与度不高。在经济增长与财政增长放缓的情况下，这种单一资金来源的融资结构风险很大。

尽管一些区政府和街道，努力拓宽社会力量参与，也取得了初步效果，但是整体而言，养老服务领域的社会力量参与度非常薄弱，在人员、资金和设备配给上也良莠不齐。以机构养老为例，在调研中发现，民营养老院生存环境艰难，管理水平也参差不齐。在珠三角地区，广州的民营养老机构数量较多，但是入住率不高，平均入住率为60%，大部分经营状况不佳。许多民办养老机构的负责人都表示，在土地、房屋等前期建设以及日常运营中，缺乏优惠政策支持是经营困难的主要原因，也导致民间资本对进入养老服务领域非常谨慎。政府对民办养老院有一定的补贴，但是力度有限。如何打通公办养老院和民办养老院之间的资源，把轮候公办养老院的老人作适当疏导，或者会吸引更多自费老人。

此外，在社区居家养老方面，缺乏政府购买服务以外的有效资源对接。调研中发现，尽管各区政府积极搭建平台，但是能够成功链接社会力量、吸引民间资本进入社区服务平台的成功事例不多。一是社会整体认为养老是政府的责任，不应该再找企业。二是政府、社会力量、养老服务组织之间，缺乏事先、事中和事后的充分沟通、信任培养。缺乏稳定、多元化的长效融资机制，极大地限制了社区居家养老的服务水平和服务内容。

（四）养老服务从业人员专业技能和服务能力有待提高

一是养老护理员紧缺，成为制约养老机构和养老服务发展的瓶颈。截至 2014 年，全市养老机构护理员仅 4028 人，社区居家养老护理人员不足 1000 人。[①] 仅养老院的护理员缺口就达到 2000 人。在调研中，我们发现实际情况可能更严重。按照国家民政部相关规定，养老院护理员的配备比例是 1∶3—1∶5（平均 1 位护理员照顾 3—5 名老年人），基本能自理的老人约为 1∶10。按中度护理级别估算，至少需要 5000 名护工。再加上现有护工人数已经不足，叠加起来的缺口应该更大。人数不足之下，工作压力大，影响服务的质量和安全性。

二是护理员队伍年龄结构偏大、文化程度和专业技能偏低。护工队伍年龄普遍在 50 岁上下，以女性为主，而且整体缺乏专业的护理知识。2013 年，广州持护理员资格证的养老护工不超过 3000 人，高级护工不超过 20 人。[②] 调研发现，许多养老院管理人员表示，希望社会保障政策能够为护理员行列倾斜，允许机构为 50 岁以上从业人员买社保，这样可以留住和吸引一批中年护工。这表明不仅需要加大培训力度、积分入户政策向此类人员倾斜，政府还要出台更多政策，包括鼓励更多年轻人进入养老行业，改变社会对护理员职业的不良观感。

---

① 2014 年广州市老龄事业发展现状数据摘要，http：//gzll.gzmz.gov.cn/gzsllgzwyhbgs/gzsllsyfzxz/201601/dd46b3dd388e410898b9cee25d6484df.shtml。

② 《广州现养老护理缺口：全市高级护理技工仅 19 人》，《广州日报》2013 年 4 月 2 日。

三是社工人员离职率和流失率较高。根据《广州市政府购买家庭综合服务分析研究》①的数据，社工人才离职率高达24.55%，而且向行业外流失。这不仅对机构发展造成掣肘，也不利于整体行业在专业技能和服务能力上的提高。而且，养老服务有其特殊性，老年人需要相对稳定的服务者，因此流失率对养老服务的冲击更严重。一般的观点认为，流失率高的主要原因是工资待遇低、晋升和发展空间受限。但是，调研中也发现其他原因，比如社工在目前购买格局中的尴尬位置，缺乏一定独立性。因此，留住社工人才可能要在家庭综合服务中心、社服机构和政府之间的关系上有更多的思考。

此外，养老服务机构和政府管理机构的队伍力量不足、经验缺乏。调研中，不少社会服务机构和养老院的负责人表示，有经验、有管理能力的人才严重不足，哪怕出高薪也招不到合适的人。

四、“十三五”广州养老服务发展蓝图

根据民政部《民政事业发展第十三个五年规划》，广州市民政局《广州市民政事业发展第十三个五年规划纲要》，以及相关政策文件，在“十三五”时期，广州市养老服务将迎来全面发展。

（一）基本全面建成养老服务体系

第一，完善养老服务业顶层设计和制度保障。这包括深化居家和社区养老服务功能、促进医疗卫生和养老服务结合，探索跨境养老服务合作，支持社会力量参与养老服务等几方面的创新改革，全面建成合理布局、规模适当、层次多样的服务体系，积极应对老龄化带来的挑战。

第二，贯彻落实《广州市人民政府关于加快养老服务业综合改革的实

① 参见雷杰、罗观翠等：《广州市政府购买家庭综合服务分析研究》，社会科学文献出版社2015年版。

施意见》，完善养老服务的相关政策法规和文件。包括制定养老服务标准和评估机制、创新养老服务购买、评估与支付机制、健全医养结合机制、创新养老服务融资机制、积极探索和建立长期护理保险制度、深化公办养老机构改革指导意见、完善养老服务人员就业促进政策等重要方面。

第三，研究家庭政策，制定支持家庭养老的法律法规，健全对家庭养老保障和照料服务的扶持政策。包括解决户口迁移上的限制，鼓励子女与父母就近或者共同居住，在社区提供更多的喘息服务。鼓励工厂和企业为雇员家庭照料者提供健康预防、心理慰藉、替代服务、护理知识培训等方面的服务，也要落实带薪休假，进一步提高家庭照料能力。

（二）深化养老服务供给能力，优化养老服务格局

第一，全面建成社区居家养老服务网络。针对广州老年人需要和家庭特点，为老年人提供便利的社区居家养老服务。落实《关于深化社区居家养老服务改革的意见》等系列文件，对政府购买社区居家养老服务进行提标扩面。逐步完善街道、区和市三级覆盖的社区居家养老服务设施和网络，在街道建立日间照料、短期托养、助餐助洁、应急救助、文娱康健的多功能和小规模综合性居家养老服务平台。到 2020 年，社区居家养老服务覆盖 100% 的广州城乡社区和所有居家老年人，并且加强对失能老人照顾者的社会支持，拓展喘息服务。

第二，巩固和提升养老服务设施功能，改善老年人居住环境适老性。加快老年人家庭、社区养老服务设施的无障碍改造，分区、分级制定配套标准和改造指引。落实《老年人家庭及居住区公共设施无障碍改造工作意见》，为老年人提供便利的生活环境。在 2015 年试点基础上，继续推进居家养老服务补贴制度，支持有需求、有特殊困难的老年人进行家庭无障碍设施改造。引导开发老年宜居住宅和代际亲情住宅，对老年人的住房和环境进行无障碍的改造，为有困难的老年人家庭修缮住房、安装辅具。完善保障老年人享有适老性住房权利的法律法规，研究制定老旧住房适老性改造的支持政策，引导个人和企业积极参与住房适老性改造活动。制定和完善老年宜居环

境建设技术标准和规范，要建立健全老年宜居环境建设的评估监督制度，对老年宜居环境建设的规划、设计、施工、监理和验收等环节加强督促检查。

第三，积极推进养老机构的标准化建设，打造一批全国养老机构标准化试点单位。推进供养型、养护型、医护型养老机构建设，发挥其示范引领、专业培训作用。鼓励养老机构引进社会工作、心理咨询、老年营养等专业机构开展为老服务；支持养老机构引进信息化管理系统，提升服务能力。支持社会力量举办养老机构，积极探索社会资本举办养老机构优惠政策，加强对民办养老机构的准入、服务、管理等方面的规范和指导，保障民办养老机构稳定健康发展。加快农村敬老院改造，增强服务能力，各街道（镇）建立一所区域性敬老院，优先保障农村低保老人、生活困难老人、高龄和重度残疾老人和“空巢”老人。鼓励通过整合、置换或转变用途等方式，将闲置的医院、工厂、学校、农村集体闲置房屋等设施资源改造用于养老服务。

第四，开展跨境养老服务合作。鼓励、引导港澳台及国外服务提供者依法举办养老服务机构，引进国际养老服务先进理念和专业方式开展养老服务。在适当情况下，推动在港澳注册的国际性养老服务机构、社会组织在我市开展养老服务。

（三）稳妥推进公办养老机构改革，鼓励民间资本参与养老服务业发展

第一，完善政策扶持，优化民间资本投资养老服务业的政策环境。通过补助投资、贷款贴息、政府购买服务、协调指导等方式，鼓励社会资本参与居家和社区养老服务，多种模式建设或发展养老机构，重点发展面向失能、失智、高龄老年人的医养结合型机构和养护型、医护型养老床位。针对土地资源紧缺的现实，对闲置、空置、亏损、破旧的公有、私有存量房地产资源进行适老化改造开发，建设规模适度、布局合理的养老城、养老区、养老村、养老院、养老楼、养老房。保障用地需求，落实社会兴办养老机构在土地、资本金、用工、税费减免、水电气热费用的优惠等政策。

第二，推进养老机构社会化发展。稳妥推进公办养老机构改革试点，实行法人治理、绩效考核、全员聘任、入住老人公开轮候等制度，鼓励公办

养老机构在明晰产权和优先保障“三无”老人、低收入老人和经济困难的孤寡、失能、高龄等老年人服务需求的基础上，逐步实现运作机制市场化。积极稳妥将专门面向社会提供经营性服务的公办养老机构转制成为企业或民办非企业单位。推广公建民营、委托管理、合作经营、政府购买服务等方式，逐步实现社会化运营。

第三，引入社会力量参与社区居家养老服务平台的运营管理和服务提供。激发社会参与活力，兴办或运营生活照料、医疗护理、日间托管、送餐配餐等形式多样的养老服务项目，为居家老年人提供一站式或到户式的助餐、助浴等适合老年人身心特点的专业化、标准化、个性化服务。建立养老服务类社会组织承接政府转移职能、购买服务和授权委托事项目录。建立政府购买养老服务目录清单，以居家养老服务项目为购买重点。同时，根据各社区的实际情况，拓宽政府购买居家养老服务范围、项目、形式，提高购买服务标准。同时，加大培育扶持力度，鼓励发展社区居家养老服务中小企业和社会组织。探索养老服务业政府和民间资本合作模式，培育为社区养老服务社会组织和互助性的老年人自治组织。

第四，加强监督管理，提高民间资本投资养老服务业的规范化水平。健全政府领导、民政牵头、相关部门参与的工作机制，形成齐抓共管、合力鼓励民间资本进入养老服务业的治理格局。完善养老机构设立许可办法，健全养老服务的准入、退出、监管制度。制定和完善分类管理等支架性养老服务标准，加强对养老服务业监督管理。

（四）大力加强养老服务队伍建设，为养老服务提供人才保障

第一，完善养老服务人才培训支持政策。对参加养老护理员培训、鉴定的从业人员给予相关补贴。全市建立 10 个以上养老服务人才实训基地。做好职称评定、专业培训和继续教育等方面的制度衔接，对养老机构和医疗卫生机构中的医务人员同等实行薪酬、职称评定等激励政策。将老年医学、康复、护理人才作为急需紧缺人才纳入卫生计生人员培训规划。力争到 2020 年，持有学历或职业资格证书的养老服务从业者达到 30% 以上，不断

提高职业化和专业化水平。

第二，完善养老服务人员就业促进政策。建立养老护理员薪酬指导价定期发布制度、养老服务岗位补贴制度，不断提高养老服务从业人员待遇。对养老机构招用本省户籍就业困难人员、应届高校毕业生并缴纳社会保险费的，给予岗位补贴和社保补贴；对低龄退休人员从事养老服务岗位工作的，实行以奖代补的奖励措施；对中年人员从事养老服务岗位工作的，探索缴纳社会保险费的可能性。加快培育从事养老服务的志愿者队伍和社会工作者队伍。到2020年，基本缓解养老服务人才短缺的局面。

第三，健全养老服务从业人才的教育培训体系。充分发挥高等院校、成人教育、开放大学、职业学校、培训机构的作用，鼓励和支持高等院校和中等职业学校增设相关专业课程，开设老年人口学、老年医学、康复、护理、营养、心理、社会工作等专业，加快培养管理型、技能型、应用型、复合型专门人才。

第四，加强养老政策、养老服务的科研与人才培养。充分发挥高等院校、科研机构、民间智库的作用，加强积极应对老龄化战略研究，重大政策、重大工程、重大项目的前瞻性研究，老龄融资、老年用品、老龄住宅、老龄服务模式研究。“互联网＋养老”创新研究，并加快老龄科研成果的转化应用。

此外，加强对外交流与合作，借鉴国内外老龄事业发展的先进经验，引进外国和香港、澳门、台湾的资金、人才和技术，根据广东省和广州市实际情况，吸收和创新形成具有本地特色的老龄事业发展体系。

（五）加强信息化建设，创新智慧养老服务提供方式

第一，加快构建基于互联网的养老服务。根据广州高龄、独居、空巢老年人特点，推动、支持企业与机构合作，运用互联网、物联网、云计算、大数据等技术手段与养老服务结合。发展老年电子商务，提供紧急呼叫、家政预约、健康咨询、服务缴费等适合老年人的服务项目，并逐步实现市场化、社会化运营。

第二，加快养老服务信息系统建设，促进信息资源共享。积极推进居家和社区养老服务信息网络建设试点，实现以社区居家养老服务为重点的社区信息一体化服务。建立健全特殊困难老年人群体动态管理台账，实现老年人救助服务管理全覆盖。进一步完善公办养老机构轮候平台功能。

第三，建立定期统计评价和信息发布制度。完善老龄信息统计制度，健全老龄事业发展评价与监测指标体系，科学、准确、及时地反映老龄事业发展状况，跟踪掌握行业发展的总体规模、行业结构、经济效益等基础数据。建立省直部门、地方政府、行业组织和社会单位之间的老龄信息共享机制和向社会定期公开发布制度。

（六）建立以政府为主体的多元长效养老服务融资机制

第一，加大财政投入力度，在此基础上通过各种形式撬动民间资本。财政安排支持养老服务事业发展的财政金额增幅原则上不低于财政总收入增幅；福利彩票公益金按不低于 50% 的比例集中使用于养老服务体系建设，并随老年人口的增加逐步提高投入比例。同时，广开社会融资渠道。鼓励基金会、企业等不定向慈善捐款重点投向养老服务体系建设，并建立慈善款投向及使用效能的公开、公正、透明的监督机制，加强资金的使用管理。

第二，创新社会服务购买、评估与支付制度。参照社会医疗保险的服务购买方式，改变当前社会服务购买中的“整体购买、打包支付”为“准入监管、按服务支付”。基于服务购买清单构建精细化的社会服务购买机制。作为购买方，政府主导构建的社会服务需要识别与发现机制，有利于形成精细化、标准化的社会服务购买清单，社会服务购买以购买清单为基准确定费用总额、绩效标准和支付方式等。建立专项社会服务标准，出台社会服务最优路径，以此为基准制定标准化问卷由消费者来评估每次社会服务绩效。建立按服务项目为基准的费用支付方式，根据每次服务绩效和服务次数每月核算并支付社会服务机构服务费用。探索建立社会服务的价格形成机制，由政府与社会服务机构联合会谈判议价确定服务价格和支付标准。

（七）推动医养结合的养老服务发展模式，探索建立长期照护制度

第一，加快医养融合发展。推动医疗卫生机构与社区养老服务平台、养老机构、养老公寓、老年人家庭建立合作关系，根据社区老年人需求链接和共享资源，建成多层次养老服务网络。到2020年，养老机构、日间照料中心的医疗卫生服务覆盖率均达到100%。支持和鼓励养老机构以多种形式设立医疗机构，符合广州市社会保险定点医疗机构资格条件的，依申请优先纳入定点范围。

第二，探索建立养老长期照护制度。在“十三五”期间，逐步建立失能老年人长期照护制度，包括长期照护保险金制度、医疗保险与养老金的制度衔接、医疗系统与护理系统在机构、项目种类上的区分与衔接、护理人员与医疗人员的建设与衔接。同时，探索日本、韩国和德国在家庭成员参与长期照料方面的养老经验及教训，推进有关医养融合、长期照护研究的项目与机构。

（八）活跃老年人精神文化生活

第一，加大老年人文体场所建设力度。现有各级各类公共文化体育设施，要通盘考虑，科学配置，优先对老年人开放，保证老年人文体活动的需要。积极发展老年教育事业，区建立老年大学、老年活动中心，街道建立老年综合活动服务中心。充分利用各种场所，采取各种形式开展老年教育，满足老年人再学习的需求。

第二，开展群众性老年文娱体育活动。组织老年人参加全民健身活动；支持老年群众组织开展老年人运动会、才艺大赛、文艺表演等各类竞赛；鼓励老年题材的戏剧影视文学作品创新和传播；公共传媒应开设老年频道、节目和专栏。

第三，鼓励和支持老年人社会参与。设立老龄人才介绍机构，开发老年人才资源；鼓励老年人从事关心教育下一代工作，参与社会公益事业和社区精神文明建设活动；发挥党支部、基层自治组织和老年群众组织的作用，开展互学、互帮活动；探索建立健康老人参与志愿服务的工作机制。

五、2016年广州养老服务的工作重点

2016年是“十三五”规划的开局之年，也是深化养老服务、优化养老服务体系的关键之年。根据民政部《民政事业发展第十三个五年规划》，广东省民政厅《广东省民政厅关于进一步做好政府购买养老服务工作的通知》（2016年6月），广州市民政局《广州市民政事业发展第十三个五年规划纲要》，《广州市民政局2016年工作安排》，要实现广州市养老服务的“十三五”蓝图，2016年需要落实以下三个方面的工作重点。

（一）不断完善社会养老服务体系

一是优化养老服务设施布局。推动实施《广州市养老服务机构设施布局规划（2013—2020年）》，落实养老机构建设选址地块。制定工作指引，研究闲置物业举办养老机构通道。二是大力加强养老机构建设。加快推进“十二五”期间已动工的养老机构床位建设，加快实现养老机构服务管理的专业化、标准化、精细化和信息化。出台《特殊困难老年人入住养老机构资助管理办法》，巩固公办养老机构评估轮候制度，并建设失智老人护理专区，强化公办养老机构的托底功能。三是发展和完善社区居家养老服务网络。制定实施《关于深化社区居家养老服务改革的意见》等系列文件，对政府购买社区居家养老服务进行提标扩面，建设居家养老综合服务平台，打造“10分钟社区居家养老服务圈”。落实《老年人家庭及居住区公共设施无障碍改造工作意见》，为老年人提供便利的生活环境。四是完善农村养老服务网络。持续推广农村“幸福计划”，逐步实现农村养老服务网络全覆盖。按照《解决农村敬老院历史遗留问题工作指引》，解决农村敬老院历史遗留问题。

（二）推进养老服务社会化发展

一是推行养老服务社会化运营。制定实施《关于全面深化公办养老机

构改革的指导意见》，稳妥推进公办养老机构改革，引入社会力量参与社区居家养老服务设施运营管理和提供服务，激发社会参与活力。二是培育为老服务社会组织。建立养老类社会组织承接政府转移职能、购买服务和授权委托事项目录。促进公益慈善资源与财政、行政资源有机衔接。推行互助养老服务模式，创新设计为老义务（志愿）服务“时间银行”，打造义务（志愿）服务与养老服务相结合的“广州模式”。三是营造良好社会环境。研究修订老年人优待办法，优化具有老年人优待功能的社会保障（市民）卡和长寿保健金管理机制，逐步实现老年人同城优待。加强老年人精神卫生工作，完善基层老年协会运行机制，引导发挥基层老年协会老有所为的积极作用。

（三）提升养老服务专业化水平

一是推动医疗卫生与养老服务融合发展。出台《广州市促进医养融合发展指导意见》，以医养融合为抓手提升养老服务专业化水平。推动医疗卫生机构与养老机构、日间托老机构及老年人家庭建立医疗契约服务关系，促进医疗卫生资源进入养老机构、社区和居民家庭。扩大医养融合网络覆盖面，引导城市中心利用率不高、竞争力不强的医院转型为老年养护院、护理院。试点家庭医生式为老签约服务，健全老年人健康档案。继续推进医联体建设，使优质医疗资源更好的服务老年人。二是加大人才培育和从业支持力度。制定实施《关于加快养老服务业人才队伍建设的行动方案》，创新养老服务人才工作体制机制。重点开展养老护理和医疗职业技能培训。针对养老护理员紧缺的实际情况，研究推行对大中专院校养老服务专业毕业生给予奖励；鼓励和支持市属高校加大养老服务相关专业人才培养力度。三是推进养老信息化标准化建设。做好养老服务和社区服务信息惠民工程试点，更好地满足社区居民尤其是老年人服务需求。出台实施养老机构服务管理标准体系，开展养老相关国家标准宣传和试行活动。

广州儿童福利发展报告

范　昕　周淑妍*

儿童时期是人生发展的关键时期，为儿童提供良好的生存和发展条件是家庭、社会和政府的共同责任。2010年以来，我国儿童福利政策有了巨大的发展，颁布了《中国儿童发展纲要（2011—2020年）》，并确立了逐步建立适度普惠型儿童福利体系的政策目标。为了贯彻《中国儿童发展纲要（2011—2020年）》，切实履行联合国《儿童权利公约》，全面建设与我国经济社会发展状况相符合、与儿童生存和发展需要相适应的适度普惠型儿童福利制度，儿童福利相关部门进行了很多制度创新，我国的儿童福利发展进入了快车道。

在《中国儿童发展纲要（2011—2020年）》和《广东省儿童发展规划（2011—2020年）》的指导下，广州市政府按照本市的经济社会发展目标和要求，结合本市儿童发展的实际与需求，制定了《广州市儿童发展规划（2011—2020年）》。作为东部沿海发达城市和国家中心城市，"十二五"时期广州市的儿童福利持续发展，不管是儿童福利的覆盖面还是供给水平都有所提高，儿童生存、保护和发展的条件得到了明显改善。然而，受制于儿童福利顶层制度设计的缺失和广州市的社会经济环境，广州的儿童福利也

* 范昕，广州市人文社会科学重点研究基地中山大学广州社会保障研究中心研究员，中山大学政务学院全职副研究员；周淑妍，广州市妇联儿童部副主任科员。

存在着一些问题。2016年正值我国“十三五”的开局之年，大力发展儿童福利事业将是“十三五”时期的重要任务之一。因此，本报告将对广州市“十二五”时期儿童福利的发展进行阐述和分析，并就“十三五”广州儿童福利改革蓝图和2016年广州儿童福利的工作重点进行介绍。

一、“十二五”广州儿童福利改革发展的进程与成效

以困境儿童为起点发展儿童福利和服务，不仅是国际社会的普遍经验，也是我国建设适度普惠型儿童福利制度的路径设计。本报告将从困境儿童福利和普通儿童福利两部分，对广州市“十二五”期间儿童福利发展进行梳理。

（一）困境儿童福利

作为儿童群体中最弱势的群体，孤儿、残疾儿童和流浪儿童长期以来都是我国儿童福利的重点关注的对象。“十二五”期间，广州市政府继续加大对这三类困境儿童的救助力度、扩大救助范围、提高救助标准，取得了较大成绩。①

1. 孤儿

（1）逐步提升孤儿福利保障水平。

截至2015年年末，广州市共有孤儿3075人，其中福利机构集中供养2608人，散居孤儿467人，集中供养率为85%。为了提高孤儿福利保障水平，广州市采取了三方面的措施：

一是建立了孤儿养育标准自然增长机制。从2012年起，广州市开始建立孤儿供养标准与城乡低保平均标准同步提高的自然增长机制，并在2015年达到每人每月1547元，始终位居全省前列。和其他一线城市相比，广州

① 本部分数据资料来源于广州市民政局和广州市残联。

市孤儿养育标准的自然增长机制较为完善，增长速度较快（见表1）。此外，广州市加强了儿童福利信息系统管理，确保及时、足额为孤儿和艾滋病儿童发放基本生活费，实现应保尽保。

表1 “十二五”期间北京、上海、广州和深圳孤儿养育标准及增长机制

（单位：元）

	散居孤儿		集中供养孤儿		增长机制
	2011年	**2015年**	**2011年**	**2015年**	
北京	1400	1400	1600	1600	尚未调整
上海	1400	1700	1600	1900	2015年调整
广州	1000	1547	1000	1547	每年调整
深圳	1000	1150（2014年）	1489—1916①	1712—2203（2014年）	每两年调整
民政部标准	600		1000		地方自行制定

资料来源：各市民政局官方网站。

二是提高孤儿医疗保障水平。广州市困难儿童（包括福利机构的政府供养人员）可以直接享受相应的医疗救助待遇，每年度最高可获得35万元的医疗救助；因病致贫家庭的儿童也可获得每年度最高33万元的医疗救助。自2013年至今，广州市共救助未成年人就医近12937人次，救助医疗费用近3598万元。

三是积极做好孤残儿童医疗康复工作，提高孤儿医疗保障水平。广州市将福利机构孤儿全部纳入城乡居民医疗保险和新型农村合作医疗，大力支持本市儿童福利机构实施“残疾孤儿手术康复明天计划”，“十二五”期间共为179名先天性心脏病、脑瘫孤残儿童实施康复手术，帮助术后孤残儿童回归家庭。

（2）完善落实孤残儿童安置工作。

按照国家的相关规定，广州市在孤残儿童安置方面也取得了一些成绩。

① 深圳市集中供养孤儿养育标准分年龄阶段制定。

一是依法做好收养登记。努力促进孤残儿童回归家庭、融入社会，积极开展残疾儿童和弃婴的送养工作，依法办理收养登记。“十二五”期间，全市共办理国内公民收养登记923宗，其中港澳台华侨收养登记27宗，国外送养425人。开展生父母特殊困难无力抚养的子女和社会散居孤儿收养试点工作。

二是创新开展收养评估试点工作。根据广东省民政厅部署，广州市从2013年5月起开展收养评估试点工作，并出台了《广州市民政局关于开展收养评估试点工作的通知》、《广州市收养评估试点工作方案》和《广州市国内收养申请人评估细则》。市、区两级福利机构分别成立由社工、医护和特教人员组成的收养评估专项工作小组。试点三年来，完成收养评估114宗，不仅密切与收养家庭之间的联系，跟踪被收养人的成长发展情况，还为收养家庭提供养育咨询服务，切实维护收养关系双方的合法权益。

三是加快推进儿童福利机构建设。截至2015年年末，广州市共建有5个儿童福利机构（即市福利院和番禺、花都、从化、增城4个区级福利院），共有床位1370张。出台《广州市市级和区级儿童福利院提升改造工作方案》，由市本级福彩公益金投入3000万元，对市、区两级儿童福利院进行提升改造，增强对困境儿童服务保障能力，提升保障水平。

四是制定实施成年孤儿安置政策，制定实施《广州市社会福利机构成年孤儿安置试行办法》，加大福利机构孤残青年回归社会的支持力度。

（3）积极创新孤儿和困境儿童保障工作。

2014年1月到3月，广州市社会福利院开展“婴儿安全岛”试点工作。试点工作开展期间，共接收弃婴262名，存活率达到91%，达到了“保障弃婴生命权”的预期效果。试点结束后，市福利院又展开重病和残疾等困境儿童及其家庭社会救助现状及帮扶调研，研究分析当前困境儿童救助存在的问题，探讨从源头上帮扶重病和残疾儿童及其家庭的方法和路径，提出了相关对策和实施方案，最终形成调研报告并报送中国收养中心和省民政厅。通过购买服务委托专业机构开展帮扶工作，为困境儿童建立广泛的社会支持网络。积极推进“散居孤儿成长支援服务”、“爱蕾行动”等项目，加大福彩公益金对特殊教育、外来务工人员子女困难帮扶项目的支持。通过慈善推介会、社会组织公益创投等活动平台，引导慈善资源重点支持社会组织结对帮扶，并加强项目监督。

2. 流浪儿童

“十二五”期间，广州市对流浪儿童的救助力度进一步加大，举措如下：

第一，加强救助保护机构和能力建设。全市已建有 1 个国家一级流浪未成年人救助保护机构，4 个区级救助站流浪儿童救助保护区，较好地满足全市流浪儿童救助保护的需求。

第二，完善救助保护工作网络机制。建立了以市政府分管领导为组长，民政、公安、城管、卫生等 21 个职能部门为成员单位的救助管理专项工作小组和市、区、街（镇）、居（村）四级联动机制；完善了以救助管理机构为依托、流动救助服务队为骨干、社区基层组织为补充的救助服务工作体系，形成了有效覆盖救助保护网络。制定了《关于加强和改进流浪未成年人救助保护工作的实施意见》、《广州市低温寒冷灾害天气应急救助工作预案》、《关于建立健全流浪乞讨人员服务管理长效工作机制的意见》等政策文件，明确工作目标，细化工作职责，理顺工作关系，形成工作合力。通过 114 求助热线建立全天候救助快速响应和统一调度机制，实现了越秀、天河、荔湾、海珠、白云区等中心城区一小时内到现场提供救助服务的目标。坚持“层级负责、属地管理”原则和“随发现、随举报、随保护、随救助”思路，鼓励引导社会力量参与救助保护工作，形成了“政府主导、民政牵头、部门负责、社会参与”的良好工作格局。

第三，不断强化街头救助保护力度。开展流浪未成年人救助保护专项行动和寒暑假期救助管理专项行动，加强街头流浪未成年人巡查救助工作，发现一个，保护一个。配合公安机关打击拐卖、拐骗未成年人和胁迫、诱骗、利用未成年人乞讨等违法犯罪行为。取得了城市街面基本无流浪未成年人的成效。“十二五”期间，共救助保护未成年人 7971 人次，救助保护量已呈逐年递减趋势，年均递减 7.8%。

此外，按民政部统一部署，广州市确定番禺区作为第二批全国未成年人社会保护试点单位。该区以流浪未成年人救助保护制度为基础，将救助保护对象延伸至困境未成年人，积极拓展流浪未成年人救助保护中心职能，充分发挥其工作载体、协调平台、衔接转介和资源配置等功能，逐步建立未成年人社会保护领导协调与保障、监测预防、调查评估、分类帮扶和危机处理等机制，健全未成年人社会保护体系，加强未成年人社会保护信息化建设。自试点工作开展以来，番禺区共救助保护辖区困境未成年人 891 人次。

3. 残疾儿童

截至 2015 年年底，广州市持证的 0—14 岁残疾儿童有 4181 人。广州市全面落实《残疾人事业“十二五”发展纲要》，大力加强残疾儿童福利建设，残疾儿童康复和教育工作得到有效落实。

（1）残疾儿童康复训练。

广州市出台了《广州市残疾人康复资助管理办法》，对 0—14 岁听力语言障碍、脑瘫、智力残疾、孤独症儿童、肢体残疾儿童康复训练给予资助。康复资助定点服务机构通过招标确定。2012 年以来，全市陆续开展残疾儿童筛查工作，新诊断 0—6 岁残疾儿童 905 人。2010 年至 2015 年，各机构新收训聋儿 279 名，训练聋儿 1257 人次；规范聋儿家长学校，开展家庭训练，共培训聋儿家长 2710 人次；孤独症儿童训练 1942 人次，贫困孤独症儿童康复救助 744 人次；脑瘫儿童康复训练 1842 人次，智力残疾儿童康复 5545 人次。

广州市的孤独症儿童康复训练走在全国前列。目前，全市有 10 所孤独症儿童康复训练机构，建立了全国首家以招收孤独症谱系障碍儿童为主的公立特殊学校——广州市康纳学校（与广州儿童孤独症康复研究中心合署）。该校的主要工作为负责孤独症儿童的早期干预、康复治疗训练、学前教育、特殊教育与义务教育，并负责开展孤独症儿童流行病学调查、病因查找、康复教育方法比较及远期预后跟踪研究。该校是目前国内规模最大的知名孤独症康复机构之一，共有 191 名教师，2015 年为 547 名儿童提供康复服务，其中 189 名为贫困孤独症儿童。

（2）残疾儿童特殊教育。

2014 年，全市共有特殊教育学校 21 所，比 2010 年增加 4 所。特殊教育专任教师有 788 人，特殊教育招生人数 687 人，较 2010 年均有所增加。2014 年，全市义务教育阶段残疾儿童在校学生数为 4054 人，未入学学龄残疾儿童人数为 191 人，比 2010 年减少 121 人，适龄残疾儿童入学率由 2010 年的 93.9% 提高到 2014 年的 96.36%，提高 2.46 个百分点。广州市基本形成了包括学前教育、义务教育、高中阶段教育和高等教育在内的特殊教育体系。

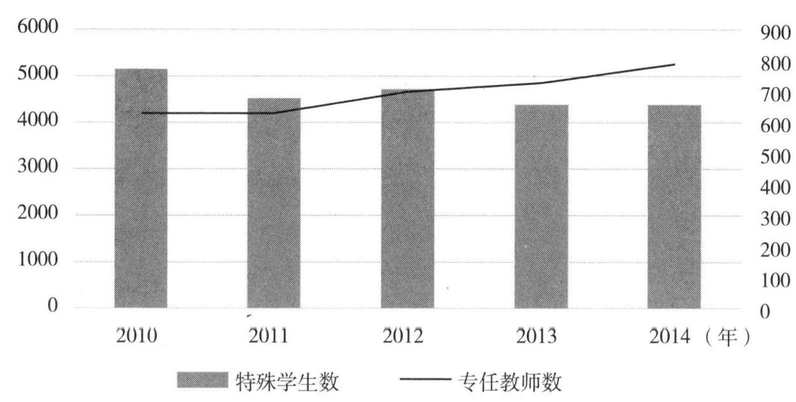

图 1　2010—2014 年广州市特殊教育在校学生数和专任教师数

数据来源：历年《广州市统计年鉴》。

为了进一步普及特殊教育和提高特殊教育质量，广州市 2013 年出台了《关于进一步加强特殊教育发展的实施意见》，2014 年将“特殊教育普及和质量提升计划”列入市政府“十大民生实事”，2015 年出台了《广州市贯彻广东省特殊教育提升计划（2014—2016 年）》，并成立了针对听力言语障碍儿童、智力障碍儿童、孤独症儿童的三个随班就读指导中心。

广州市大力扶助残疾儿童教育，分别于 2012 年和 2014 年出台《广州市扶助残疾人教育管理办法》和《广州市扶助特殊儿童学前教育试行办法》。市残联组织区、县级残联和各层次教育机构办理学生生活补助和教育奖励申请审批工作。政策实施以来，各地积极多渠道争取资金支持，2015 年残疾学生学前教育生活补助资助 661 人，义务教育生活补助 4157 人，人均 500 元。此外，市残联与高校合作开展课题研究，探索和推进“医教结合”的特殊教育新体制。

（二）普通儿童福利

鉴于普通儿童福利涉及领域较多，本报告采用《广州市儿童发展规划(2011—2020 年)》的评估框架，从儿童的健康、教育、保护和环境四个方面对广州市“十二五”期间面向全体儿童的广义福利进行梳理。①

1. 医疗保障

（1）妇幼保健机制不断完善，儿童保健水平继续提高。

广州不断深化医疗改革，促进基本公共服务均等化，覆盖城乡及外来流动人口的基本公共医疗卫生服务体系不断完善。儿童的医疗保健工作尤其得到重视，儿童的生命质量和健康水平持续提高。2014 年，婴儿死亡率为 3.3‰，5 岁以下儿童死亡率为 4.35‰，分别比 2010 年下降 0.74 和 1.11 个千分点，均提前达到 2015 年市规划设定的目标。

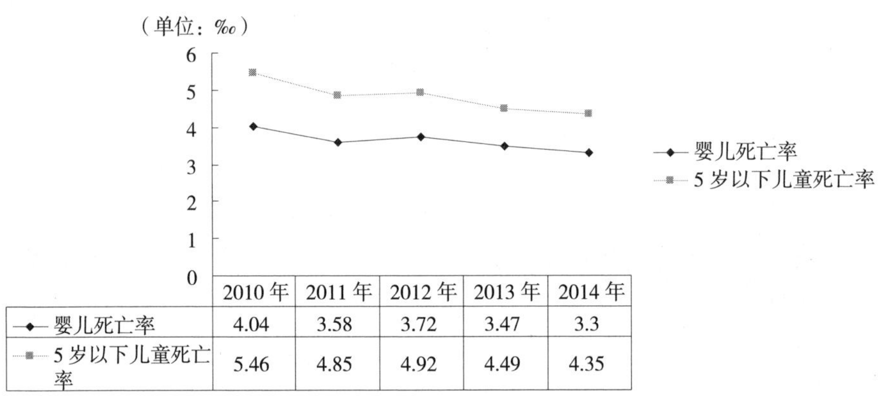

	2010 年	2011 年	2012 年	2013 年	2014 年
婴儿死亡率	4.04	3.58	3.72	3.47	3.3
5 岁以下儿童死亡率	5.46	4.85	4.92	4.49	4.35

图 2　2010—2014 年婴儿及 5 岁以下儿童死亡率情况

（2）儿童疾病防治工作力度加大，疫苗接种率维持在 100%。

广州对儿童疾病预防工作高度重视，儿童免疫工作成效显著。2010 年以来，国家免疫规划疫苗接种率达 95% 以上街（镇）占街（镇）总数的比

① 本部分资料来源为广州市妇儿工委的监测数据。

例均保持在 100%，新生儿破伤风发病率高于 1‰的区（县级市）数为 0。2014 年，孕产妇艾滋病检测率为 99.85%，孕产妇梅毒检测率为 99.91%，分别比 2010 年提高 10.34 个和 10.57 个百分点。

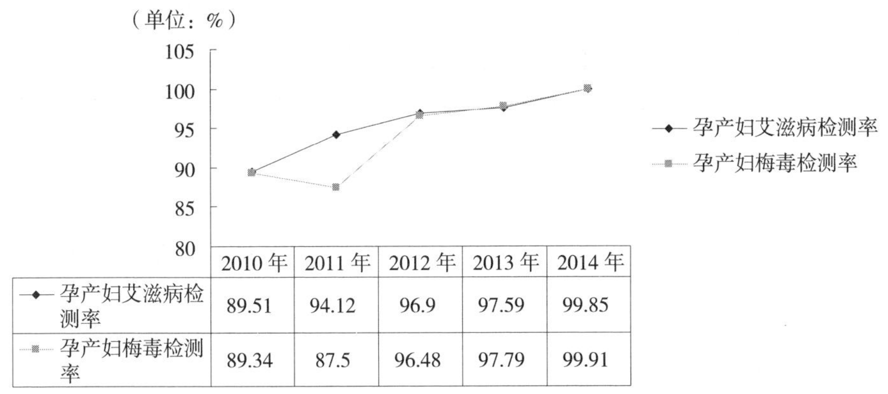

	2010 年	2011 年	2012 年	2013 年	2014 年
孕产妇艾滋病检测率	89.51	94.12	96.9	97.59	99.85
孕产妇梅毒检测率	89.34	87.5	96.48	97.79	99.91

图 3　2010—2014 年孕产妇艾滋病和梅毒检测率情况

（3）营养状况持续改善，母乳喂养得到普遍认可。

2014 年，广州市全面组织开展爱婴医院复评工作，促进母乳喂养，0—6 个月婴儿纯母乳喂养率达 49.87%。同时，儿童健康监测结果显示，儿童体格健康状况明显加强。2014 年，5 岁以下儿童中重度贫血患病率仅为 0.16%。中小学生营养不良发生率为 11.51%，中小学生超重 / 肥胖发生率为 6.71%，分别比 2010 年下降 2.67 个和 2.81 个百分点，均得到有效控制。

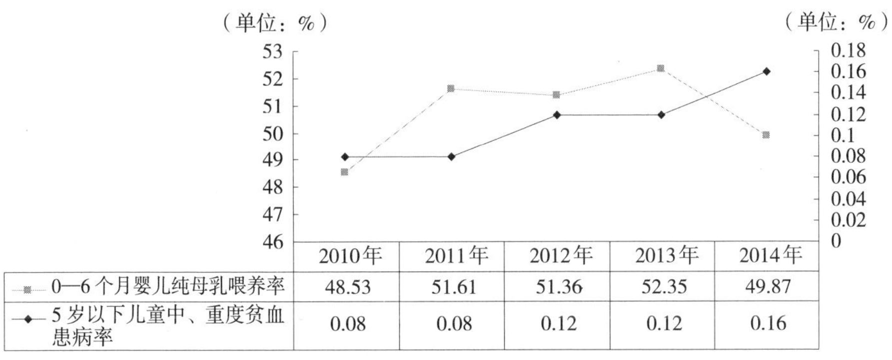

	2010年	2011年	2012年	2013年	2014年
0—6 个月婴儿纯母乳喂养率	48.53	51.61	51.36	52.35	49.87
5 岁以下儿童中、重度贫血患病率	0.08	0.08	0.12	0.12	0.16

图 4　2010—2014 年 0—6 个月婴儿纯母乳喂养率和 5 岁以下儿童中、重度贫血患病率情况

（4）儿童保健服务和管理继续巩固，健康状况持续改善。

2014 年，3 岁以下儿童系统管理率 95.34%，7 岁以下儿童保健管理率 98.91%，均已提前达标。0—6 岁儿童健康档案建档率和使用率分别为 99.58% 和 98.73%，均已提前达标。2014 年 5 岁以下儿童生长迟缓率 1.48%，远低于市规划控制在 7% 以下的目标。

（5）加强新生儿疾病的筛查、诊断、治疗及随访工作，筛查率不断提高。

加强新生儿疾病的筛查、诊断、治疗及随访工作，能够有效提高确诊病例的治疗率和康复率。2014 年，新生儿遗传代谢性疾病筛查率为 99.1%，新生儿听力筛查率为 97.66%，早产儿视网膜病变筛查率为 65.85%，分别比 2010 年提高了 1%、3.61% 和 45.13%，全部提前达标。

2. 教育福利

（1）学前教育全面普及，教育规模不断扩大。

广州建立了政府主导、社会参与、公办民办并举的办园体制，加大公共财政对学前教育的扶持力度，扩大农村学前教育资源，满足适龄儿童多元化入园需求。2014 年，全市共有幼儿园 1628 所，其中公办幼儿园 486 所，分别比 2010 年增加 80 所和 252 所；学前教育（包括幼儿园和学前班）在园幼儿数 40.43 万人，学前教育专任教师 2.82 万人，比 2010 年分别增加 4.54 万人和 0.52 万人。学前三年毛入园率虽由 2010 年的 172.53% 下降到 161.67%，但提前达到市规划设定的目标。至 2013 年年底，全市所有街（镇）均建成了 1 所公办中心幼儿园。

（2）义务教育均衡发展，儿童平等接受教育的权利得到保障。

近年来，广州市建立和完善义务教育均衡发展保障机制，着力推动义务教育规范化学校建设。其中，广州建立了城乡统一的义务教育公共服务制度，鼓励和支持优质教育资源向薄弱地区和薄弱学校延伸，并采取措施保障来穗人员随迁子女接受义务教育的权利。

2014 年，小学学龄儿童净入学率和初中阶段教育毛入学率分别达 100.0% 和 114.78%，超过 100% 的目标。小学五年巩固率达 98.9%，九年义务教育巩固率达 83.42%，初中年辍学率达 0.36%，低于 2015 年控制在 0.6% 以下的规划目标。

（3）高中阶段教育加快发展，普及程度稳定在较高水平。

广州市不断优化布局结构，合理配置资源，扩大优质普通高中的教育资源，全面提高普通高中教育质量，中职教育稳步发展。2014 年，高中阶段教育毛入学率达 105.2%，“十二五”期间均超过 100%，初中毕业生升学率为 95.51%，比 2010 年提高 0.82 个百分点。2014 年，全市中等职业教育专任教师达 7970 人，比 2010 年增加 582 人；中等职业教育在校学生 24.46 万人，比 2010 年下降 0.35 万人。

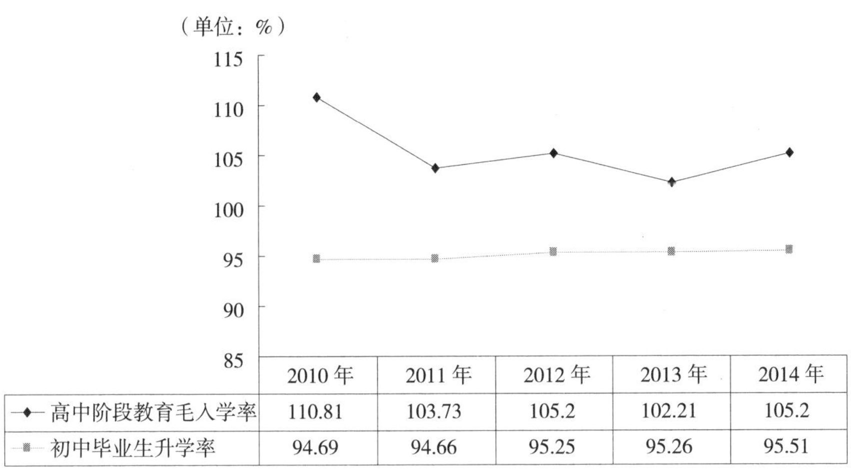

	2010 年	2011 年	2012 年	2013 年	2014 年
高中阶段教育毛入学率	110.81	103.73	105.2	102.21	105.2
初中毕业生升学率	94.69	94.66	95.25	95.26	95.51

图 5　2010—2014 年高中阶段教育毛入学率和初中毕业生升学率情况

3. 儿童保护

（1）严厉打击侵害儿童的各种违法犯罪活动。

广州市坚持预防和打击侵害儿童人身权利的各种违法犯罪行为，加大对拐卖儿童犯罪行为的打击力度。2014 年，全市共破获拐卖儿童案件数 20 起，比 2010 年增加 7 起。刑事犯罪受害人中儿童所占比重（14 岁以下）在“十二五”期间有所下降。

（2）未成年人犯罪率持续下降。

广州市积极开展维护儿童权益法律的宣传教育咨询活动，逐步完善特邀陪审员制度，建立未成年人案件心理干预程序，首创社会观护制度[①]，创新非监禁刑适用机制等特色做法，充分保障儿童的合法权益。2014年，全市两级法院判处刑罚的未成年被告人中判处轻刑的（指判处五年以下有期徒刑、拘役、管制、单处罚金、免予刑事处罚的案件）占到94%，判处非监禁刑的未成年被告人占36%，均少于2011年。未成年人犯罪人数占同期犯罪人数的比例继续下降。

（3）儿童法律援助工作继续深化。

广州各级司法机关十分重视儿童法律援助工作，将儿童法律援助事业纳入国家经济和社会发展规划之中，法律援助经费列入同级政府财政预算，从多方面维护儿童的合法权益。法律援助的覆盖面继续扩大，法律援助尽可能做到应援尽援。2014年，依托共青团设立的法律援助工作站9个，获得法律机构援助的未成年人数比2010年增加了70%。

（4）儿童自觉自主的法律保护认知、意识及行动能力逐步增强。

2014年，全市中小学生《中华人民共和国未成年人保护法》、《中华人民共和国预防未成年人犯罪法》、《广东省未成年人保护条例》、《广东省预防未成年人犯罪条例》的宣传普及率连续4年保持100%。

（5）重视儿童保护和安全教育，儿童伤害死亡率稳定在低水平。

儿童意外伤害指由于意想不到的原因造成的损伤或死亡，被视为儿童时期重要的健康问题，主要有车祸、溺水等。对儿童开展健康教育，培养安全意识，改变成人和儿童的高危行为，将预防伤害常识融入日常教学和生活十分重要。2014年，18岁以下儿童伤害死亡率比2010年下降了2.69个十万分点。“十二五”期间，中小学生安全知识知晓率均保持在100%。

（6）儿童心理健康公共服务网络不断健全，中小学生健康行为形成率不断提高。

---

① 社会观护制度是指在未成年人民事案件中引入社会力量，由社会观护员对民事案件中的未成年人开展审前社会调查，为未成年人民事审判提供了更为客观、全面的参考依据；在调解或判决结案后，由社会观护员进行回访，持续关心及维护未成年人的权益。我国最早将社会观护工作引入未成年人民事审判的是广州市黄埔区人民法院。

广州开展了儿童心理行为问题和儿童精神疾病监测工作，建立健全儿童心理健康公共服务网络。针对儿童特点，开展健康科学的娱乐、体育、科普活动，缓解学习压力；加强青春期心理和情感教育，满足青春期儿童心理需求。2014 年，中小学生健康知识知晓率为 80.8%，健康行为形成率为 94.29%。

4. 社会环境

（1）儿童生存的自然环境和生活环境不断改善。

“十二五”期间，广州城市人均公园绿地面积、建成区绿化覆盖率、污水处理率、生活垃圾无害化处理率均保持在较高水平。同时，农村地区的环境也得到了改善：截至 2014 年，农村卫生厕所普及率达 99.00%，无害化卫生厕所普及率为 97.61%，自来水普及率为 99.99%，生活饮用水水质卫生合格率为 70.36%，均达标并不断提高。上述变化进一步改善了儿童生存的自然环境和生活环境。

（2）有利于儿童成长的社会环境继续优化。

全社会大力营造有利于儿童健康成长的社会环境，在各方面体现儿童优先原则。加快儿童校外活动设施和场所的建设，加强面向儿童及家庭的公共服务。2014 年年末，儿童友好社区（建有儿童之家的城乡社区）个数达 325 个，城乡社区均建有 1 所儿童之家的比例为 14.25%；儿童校外活动场所数达 104 个，比 2010 年增长 7 倍；12 个区（县级市）都建有少年宫，覆盖每个区（县级市）都有 1 家少年宫。规划实施以来，中小学校安全设施达标率均为 100%。

（3）满足儿童精神需要的文化产品日益丰富。

自大力推进公共图书馆、博物馆、文化馆和美术馆免费开放以来，未成年人参观人数逐年增加。2014 年，全市共有公共图书馆 15 个，少儿图书馆 1 个，博物馆、纪念馆及美术馆 33 个，群众艺术馆、文化馆 14 个。此外，2014 年，出版儿童图书、公共图书馆中有少儿文献数、全市少儿广播节目播出时间、少儿电视节目播出时间和动画电视节目播出时间都较 2010 年有所增加。

（4）家长学校数量增加，家长素质不断提高。

广州已基本形成学校、社区为主，家庭教育指导中心、新婚夫妇学校以及孕妇学校相补充的家长学校服务体系。多种形式的家长学校，满足了家长接受培训的需要，提高了家长的素质，促进了家庭教育水平的普遍提高。2014 年，全市妇联系统和教育系统共有各类家长学校 5420 个，接受培训的家长达 28.2 万人次，与 2011 年相比均有大幅增长。

二、广州儿童福利领域存在的问题与挑战

广州儿童的福利状况在“十二五”期间取得了较大的发展，但是受制于我国宏观儿童福利政策体系和广州市的经济社会环境，该领域还存在一些问题和挑战。主要体现在以下几个方面：

（一）儿童福利资源不足

当前，广州市儿童福利资源不足较为突出的有两个领域。

第一，未成年人流浪救助压力较大。2003 年开始，我国全面废止对流浪乞讨人员的收容遣送制度，建立自愿性的救助制度，通过流浪儿童救助保护中心为流浪未成年人提供临时保障性救助。2011 年，国务院办公厅出台《关于加强和改进流浪未成年人救助工作的意见》，提出救助机构在提供保障性救助外，还要提供文化和法制教育、心理辅导、行为矫治、技能培训等服务，为救助保护工作提出了更高的要求。同时，由于经济发展不平衡、人口流动加速、家庭监护缺失和受社会不良因素影响，广州市一直是流浪未成年人流入大市，救助工作压力较大。表现为：滞穗受助未成年人数量逐年增多，托养、安置压力增大，入学、入户、就业等问题尚未从根本上解决①；滞穗受助未成年人回归家庭、融入社会的渠道还需进一步畅通；社会力量参

① 对广州市救助保护流浪未成年人中心 2010 年 1 月至 2012 年 6 月期间的数据分析发现，被送离中心的 1646 名未成年人中，安置人数为 220 人，占 13.5%，安置压力较大。（数据来源：刘日飞：《城市流浪儿童救助保护研究——以广州市为观察对象》，中共广东省委党校硕士论文 2013 年）

与流浪未成年人救助保护有待进一步加强；流浪未成年人救助保护机构转型为未成年人社会保护机构还面临不少问题等。

第二，公办残疾儿童康复和教育机构无法满足社会需求。一方面，公办特殊教育机构的硬件条件仍然有待改善。目前，各区真正达到建设标准的特殊教育学校仅有番禺培智学校和白云飞翔学校两所，其他学校均未达到建设标准。其中，南沙区没有特殊教育学校，从化区启智学校和增城区致明学校占地面积严重不足，黄埔区知明学校的用地面积和建筑面积与国家一级指标还有一定差距。另一方面，公办特殊教育机构服务人数有限，学位紧张。广州市残疾儿童学前教育率偏低，学前特殊教育机构分布不均衡。提供孤独症教育的康纳学校和提供脑瘫儿童教育的康复实验学校也存在学位紧张的情况。

（二）残疾儿童康复和教育的专业人员缺乏

相对于其他儿童服务，针对残疾儿童的康复和教育对人员的专业程度要求较高，广州市残疾儿童康复和教育的专业人员队伍还远远不能满足需求。

第一，广州市残疾儿童康复服务人员队伍有待加强。儿童福利机构康复专业人员严重不足，残疾儿童难以得到全面、系统、专业化的康复训练；康复专业人员队伍整体素质不高且不稳定，严重缺乏高素质康复专业人才，特别是“领军”人才或学科带头人，人才招聘难、留不住等问题突出。

第二，广州市特殊教育学校专业教师不足。广州市特教学校的专业教师数量相对不足。2014 年出台的《广东省特殊教育学校教职员编制标准暂行办法》规定各类特殊教育学校的教职员工与学生的比应为 1∶5—1∶2，原则上专任教师占教职员编制的比例不低于 84%。从 2015 年的数据来看，广州市特殊教育学校在校学生 1540 人，教职工数为 946 人，其中专任教师 802 人（仅有 693 人受过特殊教育专业培训），占比达到了 84.7%。但是，2016 年对广州市 13 所特教学校的调查发现①，被调查学校专职教师占比总体

① 彭琪珺、陈学军、李姿、陈伟：《广州市特殊教育“医教结合”模式实践状况的调查研究》，《广东第二师范学院学报》2016 年第 2 期。

低于省定标准，为76.7%，其中有6所学校绝对低于政策要求的标准线，最低占比仅为43.7%。可见，广州市的专业专任特教教师数量仍然不足。

第三，广州市普通教育机构亟需特教专业人才。特殊儿童接受教育主要通过特殊教育学校就读和随班就读两种方式。为了解决特殊教育资源不能满足特殊教育普及发展要求的现状，1988年我国将在普通教育机构招收特殊学生进行随班就读正式作为发展特殊教育的一项政策。① 随着全纳教育（也称为融合教育）思想和实践在世界范围的兴起，随班就读在我国得到了广泛接受，在保障残疾儿童入学接受教育方面起到了主体作用。2015年，广州市在校接受特殊教育的学生有4874人，其中2334人随班就读，占68.4%。可见，随班就读是广州市特殊儿童入学的主要方式，其比例高于北京、上海和全国平均水平（见表2）。为了保证随班就读政策的顺利开展，2003年以来广州市政府颁布了多个政策，要求特殊教育教师实行持双证（教师资格证、特殊教育培训证）上岗制度。但是，2014年的调查显示②：全市共有随班就读任课老师2317人，其中持有特殊教育教师证的仅为56人，比例为2.42%。可见，普通教育机构亟需特教专业人才，缺乏具备特教专业知识的教师将制约广州市融合教育的质量。

表2 北京、上海和全国随班就读特殊儿童占在读特殊儿童的比例（%）

年份	北京	上海	全国
2010	66.1	42.8	60.1
2011	65.9	40.4	55.6
2012	64.0	42.0	51.9
2013	64.5	41.7	50.9
2014	64.4	41.9	50.1

数据来源：历年《中国教育统计年鉴》、《北京统计年鉴》和《上海统计年鉴》。

① 赵小红：《近25年中国残疾儿童教育安置形式变迁——兼论随班就读政策的发展》，《中国特殊教育》2013年第3期。

② 肖秀平、刘培英、陈志雄、张丹：《特殊儿童随班就读发展现状和政策执行研究——以广州市为例》，《教育导刊》2014年第4期。

（三）缺少对普通儿童和家庭的服务和支持

广州市对普通儿童和家庭的直接补贴和服务还较少，主要表现在两个方面：

第一，对学前教育的财政投入较少。以2012年为例，上海学前教育投入占其财政教育投入的比例为8.59%，而广州的比例为2.12%。① 财政投入少的后果之一，是广州市公办学前教育资源占比较小，公益普惠性学前教育资源相对不足。从表3中可见，虽然广州市民办园数和民办园在园儿童数的占比在“十二五”期间有所降低，但仍然远远高于上海和北京的水平。在现行的学前教育财政体制下，只有公办园和公益普惠性幼儿园能够获得财政支持。因此，绝大多数在民办园就读的儿童的学前教育费用仍然由家庭完全承担。财政投入少的后果之二，是广州市幼儿教师队伍学历偏低。生师比和教师的学历水平是评价学前教育质量的两个重要指标。和北京、上海等发达城市相比，广州市的生师比处于中等水平（见表3）。但是，广州较低的生师比是以大量低素质的幼儿教师作保障的。2012年的数据表明，② 广州市大专以

表3　北京、上海和广州三大城市学前教育发展情况

年份	民办园园所比重（%）			民办园在园儿童比重（%）			生师比		
	北京	上海	广州	北京	上海	广州	北京	上海	广州
2010	35.74	31.63	84.73	30.23	24.76	79.34	7.44	9.80	8.08
2011	38.93	34.33	74.42	32.27	27.12	71.49	7.00	9.70	7.90
2012	35.62	35.69	76.20	31.83	28.37	73.24	6.90	9.80	7.47
2013	37.43	36.24	71.32	34.90	29.40	68.67	6.57	9.82	7.35
2014	37.31	36.39	70.15	34.78	29.84	68.36	6.30	9.43	7.13

数据来源：历年《北京统计年鉴》、《上海统计年鉴》和《广州统计年鉴》。

① 叶平枝、汤建静：《经济发展必然带来学前教育的发展吗——基于对广州学前教育发展现状与问题的分析》，《学前教育研究》2014年第8期。

② 叶平枝、汤建静：《经济发展必然带来学前教育的发展吗——基于对广州学前教育发展现状与问题的分析》，《学前教育研究》2014年第8期。

上学历幼儿教师占 58.85%，而当年全国的平均水平为 65.13%，东部地区的平均水平为 80% 以上。广州市幼儿教师学历水平偏低和民办幼儿教师比重大有很大的关系：由于工资和福利待遇水平较低，广州市民办幼儿园教师的总体学历水平偏低且流动性较大。① 因此，广州市应该进一步增加对学前教育的财政投入，扩大公办和公益普惠性学前教育资源，健全学前教育成本分担机制，提高学前师资队伍的质量。

第二，0—3 岁儿童的早期教育和照顾水平还有待提高。根据《广州市妇女儿童发展规划目标责任分解书（2011—2020 年）》，建立 0—3 岁儿童早期教育指导与服务体系由市妇联牵头，市卫计委和市教育局作为责任单位共同推进。从具体举措来看，“十二五”期间广州市在建立市、区儿童公园、儿童活动中心和“妇女儿童之家”等设施建设上取得了较大进展，但为家庭和儿童提供的教育、卫生、照顾等公共服务还有提升空间。从家庭生命周期的角度来看，有学龄前儿童的家庭面临的风险较大，而家庭在这一阶段抵御风险的能力较低。惠及全体家庭的儿童政策能够避免儿童陷入困境，保障所有儿童身心健康发展。因此，鼓励开展社区服务、社区看护、早期干预项目以及各种家庭支持，是广州市发展普惠型儿童福利的可能途径。

（四）儿童福利政策体系有待整合和完善

2011—2014 年，广州市相继出台了《广州市人口出生缺陷干预工程实施意见》、《广州市进一步整顿医疗秩序打击非法行医专项行动方案》、《广州市关于控制和降低孕产妇、婴儿死亡率工作的意见》、《广州市母婴安康行动计划》、《关于进一步加强和改进基本医疗卫生工作的意见》、《广州市“羊城幸福家庭促进计划”实施方案》、《广州市推进落实计划生育特殊困难家庭扶助工作的实施方案》、《关于完善人民陪审员制度的决定》、《广州市属公办幼儿园管理体制改革实施方案》、《广州职业教育改革提升及广州教育城入驻学

---

① 熊焰：《积极培养学前儿童教育师资，推动全国幼儿教育普及与提升——基于广东几个市、县、区学前教育的调研》，《广东技术师范学院学报》（社会科学版）2012 年第 6 期。

校组团建设方案》、《关于扩大中等职业教育免学费政策范围进一步完善国家助学金制度实施意见》、《加快广州市妇女儿童和残疾人设施建设方案》、《广州市基本公共服务均等化重点工作实施方案（2012—2016年）》、《“广州市青少年法制教育进校园”活动实施方案》、《广州市完善和创新社会救助与社会福利工作方案》、《广州市2013—2016年生态水城建设方案》、《广州市水更清建设方案》等一系列涉及儿童健康、教育、社会福利、环境保护、权益保护等多项具体政策和措施，初步形成了保护儿童生存与发展的政策法规体系。

但是，目前广州市涉及儿童福利的部门较多，面向困境儿童保障政策类别较多，政策呈现碎片化，有待统筹整合。为了解决政策碎片化给儿童福利发展带来的困难，广州市加大了部门间的合作，取得了一定成绩。例如，市妇儿工委通过“提标工程”督办了3项可能存在困难的儿童发展规划指标（降低出生缺陷发生率、婴儿死亡率、低出生体重发生率），到2014年提前实现“降两率”（孕产妇死亡率、婴儿死亡率）的目标，实现特大城市降“两率”的重大突破。然而，“提标工程”并没有从制度上整合现有儿童政策。市妇儿工委作为市政府议事协调机构在指导和统筹各部门工作中也存在一定困难。从长远来看，全面促进广州市儿童福利的发展有赖于儿童福利体系的进一步整合。

2010年以来，我国的儿童福利制度改革理念发生了重要的转变，从补缺型向普惠型儿童福利转变，并提出适度普惠型儿童福利制度建设的目标，广州市番禺区被列为适度普惠型儿童福利制度建设的试点之一。因此，整合现有的儿童福利政策，建构地方工作网络，全面改善困境儿童的福利是广州市儿童福利发展的关键。同时，随着广州经济发展模式的转变，促进普惠型儿童福利不仅是保护儿童权利的要求，也是投资儿童人力资本和促进经济可持续发展的重要一环。因此，在保障困境儿童生存和发展权利的同时，促进普通家庭儿童的发展是广州市儿童福利领域发展的可能方向。

三、“十三五”广州儿童福利改革发展的蓝图

2016年3月，《中华人民共和国国民经济和社会发展第十三个五年规划纲要》发布，为我国“十三五”时期的改革和发展制定了蓝图。作为民生保障的重要内容，“十三五”规划再次强调了儿童优先的基本原则，要求切实加强未成年人权益保护、公平参与、更多分享发展成果。在具体措施方面，将公共教育、困境儿童分类保障、留守儿童关爱保护、未成年人社会保护等列为基本公共服务项目；将关爱儿童健康发展、青少年发展、扶残助残等列为社会关爱行动计划；并且要求继续实施儿童发展纲要。此外，《广东省儿童发展规划（2011—2020年）》和《广州市儿童发展规划（2011—2020年）》是指引广州市儿童事业整体发展的两个重要纲领性文件。“十三五”期间，广州市将进一步在市委、市政府的领导下，在各相关单位和部门的积极工作下，认真贯彻落实科学发展观，坚持政府主导，加强组织领导，进一步促进整体儿童福利发展。

根据国家和广东省“十三五”的要求，广州市政府以及儿童福利相关的各个职能部门先后制定了各自的“十三五”规划，为广州市儿童福利的改革与发展做出以下规划：

（一）完善困境儿童保障工作

广州市民政局将“强化儿童福利保障，建立适度普惠型社会福利保障体系”作为“十三五”期间的发展目标。为了实现这一目标，市民政局计划开展以下几个方面的工作和改革：[①]（1）制定《广州市特困人员供养办法》，拓宽救助范围。（2）提高医疗救助水平，建立困境儿童专项救助制度。

① 参见《广州市民政事业发展第十三个五年规划纲要（2016—2020年）》（穗民〔2016〕159号），2015年5月。

(3) 强化儿童福利工作。推动“1+4”市、区级儿童福利机构提升改造工作，通过增加安置床位、完善设施功能、提升服务水平等措施，建立健全儿童福利机构统筹发展、互联互促的管理机制。市第二福利院被列入民生重点工作。(4) 加强流浪乞讨人员救助体系建设。全面推动困境未成年人社会保护工作，强化救助管理机构配合参与综合治理、反恐禁毒应急等功能。深入开展救助管理机构国家等级达标创建工作，推动全市救助管理机构的合理布局或资源共享，建设流浪乞讨人员安置机构，解决长期滞留人员托养和安置难题。(5) 加强前置救助。会同有关部门开展先天性疾病胎儿干预工作，引导加强婚前、产前以及孕期检查，提高健康婴儿出生率。(6) 开展适度普惠型儿童福利制度建设试点，完善四级儿童服务网络和困境儿童救助保护、服务管理等机制，逐步建立全市困境儿童分类保障制度。

（二）促进残疾儿童福利

作为促进残疾儿童福利的主要人民团体，广州市残联将增强公办机构服务能力和鼓励支持民办机构参与残疾儿童服务作为“十三五”期间的发展改革目标。在增强公办机构服务能力方面，市残联将开展五项工作：(1) 康复实验学校迁建。(2) 安养院扩大服务容量。(3) 康纳学校增强服务能力、扩大服务范围。一方面，争取新校址早日使用，以便更多更好为孤独症儿童服务；另一方面，学校将携手普通幼儿园和小学，为普校老师和家长提供专业培训，为更多的孤独症儿童提供全方位的融合支持。(4) 加强特教师资队伍建设，提升特教专业化水平。包括：积极推动广州大学尽快成立特殊教育系；继续加强特殊教育师资培训；尝试推行特殊教育教师资格证书制度；开展特殊教育教师专业评比等。(5) 广州市残疾人托养中心（星安居）项目建设。在鼓励和支持民办机构参与残疾儿童服务方面，市残联拟编制修订《广州市残疾人基本公共服务目录》(2017 年发布，并将逐年修订)，推动社会组织承接残疾人服务项目；制定民办机构服务标准，规范准入制度和定点程序，加强监管，加大政府购买服务，扶持有资质的民办机构对残疾儿童提供服务。

（三）增进儿童健康和教育福利

为了应对“十三五”时期新的机遇和挑战，广州市“十三五”规划也提出了一些增进普通儿童和家庭福利的措施，散见于以下几个方面：[①]

第一，完善人口战略，促进人口可持续发展。包括：(1) 完善全面两孩政策配套措施。一方面科学评估我市符合“全面两孩”政策人群的生育意愿、生育能力和生育水平，积极应对出生人口增加，科学预测生殖健康、妇幼保健、托管、教育等相关公共服务需求，加强儿科医疗人才储备，相应增加供给保障和提高服务水平；另一方面大力支持家庭服务业发展，探索设立公共育儿设施，鼓励引导社会进入孕产妇护理、婴幼儿托管等相关领域提供公共服务，让政策人群想生、能生、敢生。(2) 切实保障来穗人员随迁子女学前教育、中等职业教育、普通高中教育的招生和教学。

第二，扩大基础教育资源供给。包括：(1) 增加公办和普惠性幼儿园资源。2020 年，全市公办幼儿园和普惠性民办幼儿园办学比例达到 80%。(2) 加强义务教育学校建设和学位供给。(3) 扩大普通高中办学规模。(4) 办好特殊教育。

第三，完善医疗服务体系，建设健康广州。加强妇幼保健，各区完成区妇幼保健院、儿童（妇儿）医院改扩建，孕产妇死亡率控制在 12/100000 人以内，婴儿死亡率控制在 3‰ 以下，出生缺陷干预覆盖目标人群达 80% 以上。

四、2016 年广州儿童福利的工作重点

2016 年，在建设“适度普惠型儿童福利”目标的指导下，广州市儿童福利有关部门将针对不同的儿童群体，提供包括困境儿童保障、医疗、教

① 《广州市国民经济和社会发展第十三个五年规划纲要（2016—2020 年）》（穗府〔2016〕6 号），2016 年 3 月。

育、社会和家庭环境等多方面的福利和服务。

（一）困境儿童保障

第一，不断完善儿童福利政策体系。市民政局印发实施《广州市社会福利机构成年孤儿安置办法》，协助符合安置条件的成年孤儿进行社会安置，持续跟进生活状况。会同相关部门研究制定困境未成年人在社会福利机构进行临时安置的有关政策，维护困境未成年人合法权益。为公安部门处置的涉嫌刑事犯罪、治安违法、强制戒毒人员的未成年子女，打拐解救的未成年人等困境未成年人在社区寄养家庭和福利机构进行临时安置提供政策。利用开展适度普惠型儿童福利制度建设试点和未成年人社会保护试点的契机，对试点区乃至全市的困境未成年人救助、教育、医疗、就业等政策资源进行整合，形成合力，加强保障。建立广州市事实无人抚养儿童基本生活保障制度，为本市户籍事实无人抚养儿童发放基本生活保障金。进一步加大儿童救助的力度，将孤儿列入重点救助对象，与农村五保供养对象、城镇“三无”人员的医疗救助待遇持平，享受普通门诊、门特、门慢、住院、临时医疗救助等待遇；在一般困难群众基本医疗报销比例的基础上，未成年人增加5%的报销比例；对本市户籍新出生婴儿在出生后6个月内取得困难人员身份的，从出生之日起发生的医疗费用给予医疗救助，解决困难家庭新出生人员的医疗费用问题。

第二，加快推动儿童福利基础设施建设。加快推动市级和区级儿童福利院提升改造工作，建立儿童福利机构统筹发展、互联互促的管理机制，形成“1+4”儿童福利机构设施网络，通过增加床位、完善设施功能、提升服务水平，在满足在院儿童养、治、康、教服务需求的同时，将各类专业服务延伸到包括社区散居孤儿、困境家庭儿童等社会困境儿童，强化儿童福利机构兜底保障作用。探索和推动市救助保护流浪少年儿童中心的改造升级，提升服务水平，拓展服务内容。此外，市残联将审报立项广州市残疾人托养中心（星安居）项目建设。

第三，全面提升流浪未成年人保护水平。加强流浪未成年人身份查询和照料安置工作，针对广州市滞留受助人员逐年增多，安置资源有限和安置压力增大的实际，加快推进我市滞留受助人员安置中心建设审批进程，从根本上解决滞留受助人员安置问题，减轻滞留受助人员安置压力，解决将滞留受助人员托养其他社会福利机构带来的责任风险问题。会同人社、公安、卫计、残联等部门努力解决滞留受助未成年人的医疗救治、康复训练、技能培训、入户上学、就业安置等方面的问题，切实维护和保障流浪未成年人合法权益。

（二）医疗服务

在全面二孩的政策背景下，市卫生计生委员会提出要进一步提升妇幼健康服务能力。具体措施包括：(1) 整合妇幼保健和计划生育技术服务资源，着力推动区级妇幼保健院、儿童（妇儿）医院升级改造工作，提升产科、儿科服务能力。(2) 推进妇幼健康服务示范区创建活动，加强产儿科服务质量管理。(3) 整合孕产期保健、儿童保健、预防接种、计划生育等服务内容，按照省的部署开展母子保健手册使用试点。(4) 启动新一轮母婴安康行动计划，修订《广州市高危妊娠管理办法》，优化整合出生缺陷综合防控体系，实施新生儿疾病免费筛查项目，提高妇女儿童健康水平。

为了做好残疾儿童的康复，市残联将：(1) 做好《广州市残疾人康复资助工作管理办法》的实施工作。(2) 继续推进全市社区精神康复综合服务中心三方机构业务督导和服务质量评估工作，开展 2017—2019 年各中心承办机构公开招标遴选工作。(3) 试点开展残疾预防工作。(4) 做好中央福利彩票公益金残疾人辅助器具服务项目适配工作。(5) 做好康复人才培训工作。(6) 做好“爱耳日”、“爱眼日”、“世界自闭症关爱日”、“防治碘缺乏病日”、“世界精神卫生日”的宣传教育活动。(7) 推进全市残疾人社区康复站的服务工作，推进居家康复工作。

（三）教育服务

2016 年广州市促进儿童教育福利的工作重点主要有以下几方面：

第一，推动学前教育公益普惠优质发展。实施第二期学前教育三年行动计划。完善普惠性民办幼儿园认定办法，公办幼儿园和普惠性民办幼儿园占比达到 80%。规范化幼儿园达到 95%。出台《3—6 岁儿童学习与发展指南》实验幼儿园认定标准，建成 100 所实验幼儿园。开展幼儿园保教质量评估监测工作。教育部门办园面向社会招生比例达到 90%，鼓励引导公办民办幼儿园积极提供学前教育公共服务。

第二，推动义务教育均衡优质特色发展。印发《关于进一步推动全市义务教育均衡优质发展的实施意见（2016—2018 年)》系列文件。开展广州市义务教育阶段特色学校认定工作。指导各区教育局完成义务教育招生工作。完善公办小学招生网上报名系统。建立民办小学、民办初中招生网上报名系统，指导和检查各区教育局落实民办初中免试招生工作。印发实施《关于进一步做好来穗人员随迁子女接受义务教育工作的指导意见》，指导各区建立健全“积分入学”制度。

第三，提升特殊教育。进一步落实《广州市贯彻省特殊教育提升计划的意见》，落实 15 年免费特殊教育，以特殊教育学校为骨干，以普通学校附设资源班和随班就读为主体，提升融合教育质量。为更多有特殊教育需要的学生提供适宜的个别化教育，结合 IEP（个别化教育计划）资源库建设，初步形成富有广州特色的 IEP 实施与管理模式。加快市启聪学校、启明学校新校区建设，指导各区新建和改造特殊学校，提升特殊教育学校办学品质。加强工读教育。

（四）社会和家庭环境

为了给儿童提供更好的社会和家庭环境，广州市妇联和其他相关单位将进行以下工作：第一，大力推进儿童校外活动场所建设。包括：(1）积极推动新儿童活动中心建设，着力打造儿童素质教育实践基地和未成年人思想道德教育示范基地；(2）加快推进南沙、黄埔、增城三地乡村儿童活动中心建设。第二，精心策划各类未成年人主题活动。包括：(1）开展“六一”国际儿童节系列活动，促进未成年人思想道德素质不断提高；(2）深入开展家庭家教家风系列行动，整合资源开展“花城爱家”家庭文明建设系列活动，引导广大儿童将社会主义核心价值观内化于心、外化于行。第三，积极推动各种儿童服务品牌建设。包括：(1) 顺应二胎政策调整新需求，做好配套服务工作，推动公共场所母婴室建设，打造妇联‘早教’品牌；(2) 推动广州市妇女儿童之家建设，为更好关爱儿童创造条件；(3) 建设广州市家庭教育公共服务平台，打造家庭教育领域的线上优秀服务平台。

广州残障人士社会福利发展报告

廖慧卿　张伟英*

根据2006年全国第二次残疾人抽样调查，广州市有残障人士52.12万；而据广州市残疾人联合会的数据，截至2016年6月底，在广州市户籍人口中，有残障人士18万左右，① 约占户籍人口的2.3%。其中持二代证残障人口数是14.48万，男性8.32万，女性6.16万左右；持证残障人口中，60岁以上人士约5.4万，即约37.29%的持证残障人士是老龄人口，老龄化比率明显高于非残障人士。② “十二五”期间，广州市残障社会政策经历了急剧的政策扩张，各项相关保障制度得以进一步发展与完善，制度与政策层面也进行了不少的创新。可以说，广州市在残障人士经济保障、医疗、康复、托养、教育、就业等社会保障与社会服务工作实现了跨越式发展。相关的政策法规体系得到完善，相应的社会福利内容进一步丰富，受益对象从特殊困难

---

* 廖慧卿，广州市人文社会科学重点研究基地中山大学广州社会保障研究中心研究员，华南农业大学公共管理学院讲师；张伟英，广州市残疾人联合会办公室副主任。

① 52.12万是抽样调查的数据，18万左右是持证人口数（含一代证）；两个数据的差距在于：一是前者并非精确数，且统计口径包含了非持证残障人士；二在于部分残障人士，如精神障碍，不愿意申请残疾证。

② 西方国家的残障发展领域已经经历了从残障个体模式到社会模式的阶段，残障不再被看做个人悲剧，也不是“病”，因为“残疾”这个词语依然被个体伤残疾病化，明显不符合国际发展趋势，故本文采用“残障”一词替代之，“残”指个体伤残，“障”指社会环境障碍，以回应国内正逐步走向残障社会模式的趋势。但在涉及官方文件和引用官方说法时，仍沿用“残疾”的表述。

残障群体向普通残障群体扩面，社会融合的观念受到重视等，都是这一时期广州市残障社会福利制度发展的主要表现。尽管如此，在残障社会福利方面依然面临不少问题与挑战：社会偏见与排斥依然严重，教育与就业政策社会融合不够，无障碍设施和合理便利供应不足，社会服务内容单薄，社会组织发育不成熟等。“十三五”时期需要通过相关政策和重点工作，有效回应上述问题，从而实现“十三五”残障人士奔小康的目标。

一、“十二五”广州残障福利改革发展的进程与成效

“十二五”期间是广州市残障社会福利急剧扩展的时期，相关社会保障和服务体系进一步法治化和纵深化，涉及的保障和服务对象进一步扩面。2014年，广州市政府出台了《广州市残疾人社会保障和服务体系建设先行工作方案》，全面深化残障社会保障和服务体系建设，把残疾人工作分解为11个门类40项任务推进；市残联修订完善残障人士教育、就业、培训、康复、托养等专项政策，逐步形成通用和专项（特殊）相协调的政策法规体系。受益面也从原来的经济困难群体拓展到普通的残障群体。

（一）残疾人基本社会保障制度进一步完善

以社会救助的方式推动残障人士加入社会保险体系是广州市残障社会福利发展的一个特点。政府的策略是将残障人士的民生福利纳入政府“大社保”统筹。资助生活困难残障群体参加社会保险、实行医疗保险城乡统筹、完善重特大疾病救助成为市政府工作重点之一。这也是政府推进社会保障扩面的重要内容。

第一，提高低保和低收入残障人士的救助标准。广州市的残障人士，只要是低保户或低收入家庭，除了申领普通的低保救助外，还可以领取专项救助金。救助金的高低跟残障程度挂钩。自2013年起，广州市政府提高了本市专项救助金的发放标准，使之高于国家和省级标准。根据2012年11月

30日印发，2013年1月1日执行、由广州市残疾人联合会和广州市财政局联合发布的《广州市扩大困难残疾人专项补助金发放对象提高发放标准实施意见》的规定，（1）低保家庭或成年且本人无经济收入的1、2级重度残障人士每月可领取按250元标准核发的专项救助金。（2）低保家庭的3、4级残疾人和低收入困难家庭的1、2、3、4级残疾人以及成年且本人无经济收入的3、4级精神、智力残疾人，按每人每月150元的标准申领核发。加上其他的救助，“低保”一、二级残疾人每月可以得到资助金额约为1500元，接近最低工资标准。此后，又于2014年印发《广州市财政局、广州市残疾人联合会、广州市民政局转发关于我省残疾人生活津贴和重度残疾人护理补贴资金管理使用有关问题的通知》（穗财保〔2014〕129号）。

第二，帮助低收入残障群体加入社会保障体系，社会救助对象从低保户扩展到低收入残障人士。“十二五”期间，广州市政府提出了残障人士“人人享有社会养老保险”的目标。广州市市委常委会将帮助低收入残障群体参加社会保障作为2015年的工作要点任务，印发了《广州市残联、人社局、财政局、民政局关于资助残疾人参加基本养老保险有关问题的通知》（穗残联〔2015〕151号）。规定，从2015年7月1日起，政府资助无法达到社保规定缴费年限、参与城镇职工养老保险的残障人士进行延缴、趸缴。此外，残障人士参加城乡居民养老保险，其资助标准可以提高。该政策实施后5.48万残障人士直接受益，可以解决本市户籍残障人士“老有所养”的问题。

此外，救助对象从城镇户籍残障人口向农村户籍残障人口扩展。广州市残疾人联合会、广州市卫生局和广州市财政局等相关部门制定了《广州市农村残疾人参加新型农村合作医疗缴费和康复资助试行办法》，资助农村残障人士参加新型农村合作医疗缴费。“十二五”期间全市共资助90477名农村残障人士参加医疗保险，市级投入资金406.77万元。

第三，把残障人士纳入重大疾病商业保险医疗救助的重点实施对象。2013年，广州市民政局等八部门颁布《关于印发〈广州市困难群众重大疾病商业保险医疗救助实施办法〉的通知》，把本市持证重度残障人士、持证

三、四级精神、智力残障人士纳入重大疾病商业保险医疗救助的重点对象，减轻了残障人士在重大疾病前的沉重医疗费用负担，很好地起到托底作用。

（二）推行两津贴制度并提高补助标准

2013年广州市开始在全市全面实行残疾人生活津贴制度和重度残疾人护理制度，前者主要是为贫困残障人士提供额外的生活救助，后者主要是为重度残障人士（一、二级）提供护理津贴。广州市的做法是把两项津贴合并在“困难残疾人专项补助金”中发放，2014年印发《广州市财政局、广州市残疾人联合会、广州市民政局转发关于我省残疾人生活津贴和重度残疾人护理补贴资金管理使用有关问题的通知》（穗财保〔2014〕129号）。相比广东省的标准，广州市残疾人生活津贴和重度残疾人护理补贴的发放标准更高，如2014年广州市重度残障的低保/低收入人士可获得的补助金是250元/月，其中生活津贴150元/月，护理补贴100元/月；而同年广东省提高到600元/年·人，重度残疾人护理补贴1200元/年·人，即一个重度残障的低保人士每月领到的补助金合计150元，低于广州市250元的标准。广州市从2013年到2015年，连续三年提高生活困难残障群体专项补助金标准，到2015年，残疾人生活津贴标准为每年1800元，重残护理补贴为1800元，市标准高于省的标准。广州市残联的数据显示，2015年两项津补贴年度安排资金1.8亿元，受惠残障人士8.3万名。

（三）康复服务工作手法不断创新

第一，为特殊困难残障群体提供康复资助。“十二五”期间，全面落实《广州市残疾人康复经费管理办法》（穗残联〔2010〕257号）、《〈广州市残疾人康复经费管理办法〉实施细则》（穗残联〔2011〕65号）等残疾人康复资助政策，为全市的低保、低收入、重度经济困难家庭中有康复需求的残障人士提供精神病免费门诊、残疾矫治手术、重性精神病人住院治疗、康复训练、辅助器具适配等资助。康复资助由康复资助定点机构提供，确定康复资助定点机构59个。2011年至2015年，63891名精神障碍者获得免费精神病门诊资助，2312名重性精神病人获得住院资助，580名残障者获得残疾矫治手术资助，5194名0—14岁残障儿童获得康复训练资助，5865名全年龄段肢体残障人士获得肢体残疾康复训练，为各类残障类别人士配置辅助器具32681件。市区两级共投入资金17463.93万元。①

第二，建设“一街一康园”，实现社区康复站全覆盖。2012年至2014年，市财政投入资金在全市实现每个街（镇）建立一个残障人士社区康复站，至2014年4月，分三批全市共有182个社区康复站投入使用，实现全市街（镇）社区康复站全“覆盖”，资金保障每个新建站5万元设备购置费和每年5000元/站的设备维护和人员培训费用。

第三，购买社区精神康复社会服务。“十二五”期间，以政府购买服务方式在全国、全省率先开展社区精神康复综合服务中心建设，开展社区精神康复“一站式”综合服务，为辖区内居民和精神残疾人提供更便利及完善的社区支援，服务包括精神健康知识的宣传，受精神健康问题困扰人士的协助及跟进，精神病康复者、家属及照顾者的支援。2012年6月，全国首个社区精神康复综合服务中心在广州市金沙洲新社区建成并投入服务。2013年，市残联、市财政局、市民政局联合出台《市残联、市民政局、市财政局关于印发〈广州市社区精神康复综合服务中心建设方案〉的通知》（市残联〔2013〕201号），明确广州市以区为单位各建立1个社区精神康复综合服务中心。中心通过公开招标遴选运营服务机构，每个中心每年购买服务费用为96万元，市福利彩票公益金提供一次性25万元的服务设施购置和场地必要装修经费，中心场地由区级残联解决。至2015年，全市共建成12个中心投入运营。

第四，创新工作手法，全面开展居家康复。2012年省残联提出广州要稳步将残障人士居家康复服务工作推向深入。2013—2014年，市区两级财政共计投入227.41万居家康复上门服务费，为残障人士提供居家康复服务151606次，2015年投入资金261.72万元，为残疾人提供居家康复服务174480次。相关工作继续走在全省前列。

---

① 资料来源：广州市残疾人联合会办公室提供，2016年6月。

（四）加强残障人士托养服务

“十二五”期间广州市以“财政拨款、购买服务、民办公助”等形式，逐步推进残障人士托养工作网络化，目前已基本形成全市托养服务网络：

第一，建立了安养院、展能、康宁、康园等市级托养机构，不断满足残障人士的托养服务需求。越秀、荔湾、白云、番禺、黄埔、从化等区积极发挥社会资源优势，与社会服务机构合作，创办了一批区级残障人士寄宿托养机构，推动托养服务向纵深发展。“十二五”期间圆满完成阳光家园示范区创建任务，广州市被授予全国首批“阳光家园”示范区称号，广州市残障人士安养院被授予全国首批“阳光家园”示范机构称号。2015 年市政府 14 届 170 次常务会议决定，选址建设广州市残疾人托养中心（星安居）（选址于黄埔区、增城区的交界地带，市第二老人院东南面，占地面积约 70 亩）。

第二，社区安置方面，继续完善康园工疗机构。新建康园工疗站一次性资助 3 万元，康复训练经费每人每月 600 元，职业训练津贴每人每天 15 元。已经形成市、区、街镇三级康园工疗网络（其中 1 个市级康园工疗站服务中心、12 个区县级市康园工疗站服务中心、177 个街镇康园工疗站），5000 余名精神、智力残障人士接受职业康复和工疗训练服务。

第三，引入市场力量提供托养服务。创新公共服务供给方式，出台居家托养资助标准，越秀、天河、花都、南沙、从化等区积极与社会组织合作，推动居家托养工作。《广州市民办残疾人服务机构资助试行办法》从 2012 年 2 月起实施，规定寄宿托养服务每人每月资助 1000 元，日间训练服务每人每月资助 500 元，居家家政服务每人每月资助 400 元，社会工作服务每人每月资助 300 元。目前，已经资助 34 个民办残疾人服务机构，资助 4956 名残障人士、306 张寄宿托养床位。

（五）无障碍设施建设受到重视

广州市是全国无障碍建设示范市。在广州市住房和城乡建设委员会的大力推动下，全市公共场所和主要街道无障碍设施继续保持“亚残运会”和“全国文明城市”的水准。2014 年，联合国亚太经济社会委员会专门在广州召开现场会，向亚太经合组织成员国推荐广州无障碍建设的成就。广州市从2012年开始实施的为期3年的残障人士家庭无障碍改造工程，有效改变残障人士的家庭生活状态。

第一，公交导盲系统建设全面建成。2014年，广州市结合智能公交系统平台，在3000辆公交车安装导盲系统，超过省下达2000辆的任务。至2015年7月，通过与广州市智能公交调度系统等系统、平台对接，整合公交行业基础数据和公交车运行状态等信息资源，建设完善了广州市公共交通导盲系统，实现该系统在全市范围内11000台公交车和7000个公交站点部署电子标签，在全国率先实现公交导盲的全覆盖。

第二，家庭无障碍改造“全覆盖”。2012年启动了家庭无障碍改造工程，2013年纳入省民生实事全面推开，当年接受家庭无障碍改造的肢体残障人士4102户，远超广东省下达的900户的任务。2012—2014年三年内广州市有需求的残障人士家庭无障碍改造实现“全覆盖”。为有需要的视力、听力残障者提供无障碍信息终端11000户。至2015年，残障人士家庭无障碍改造受惠家庭共17862户。

（六）发展性福利项目进一步提升

教育与就业是关系残障人士社会融合的重要内容，也是直接提高、开发其人力资源容量的重要手段，“十二五”期间，“社会融合”的价值理念得到广州市残联、残障人士、相关社会服务机构的重视，相应的，教育提升计划和就业提升计划获得政府和社会的推行与实施。

1. 实施特殊教育普及和质量提升计划

“十二五”期间，广州市初步构建残障人士终身教育体系，各级各类教育机构（含学前教育、义务教育、职业中等教育、高等教育、成人教育等）均能为残障人士提供服务。普通幼儿园和普通学校接纳残障儿童、实施融合教育的能力有所提高。通过加强师资培训，特殊教育学校试行医教结合，基本可以满足各类残障儿童义务教育需求。

（1）特殊教育经费预算逐年提升。市、区对特殊教育的投入（含机构运作经费、学生补助经费）逐年增长。广州市教育局2013—2016年预算统计数据显示，关于特殊教育资金投入方面总体呈逐年上升趋势（见图1）。据统计，2014年执行率① 为97.21%，2015年执行率为94.2%，总体较高。这为随班就读工作开展提供有力的经费保障。

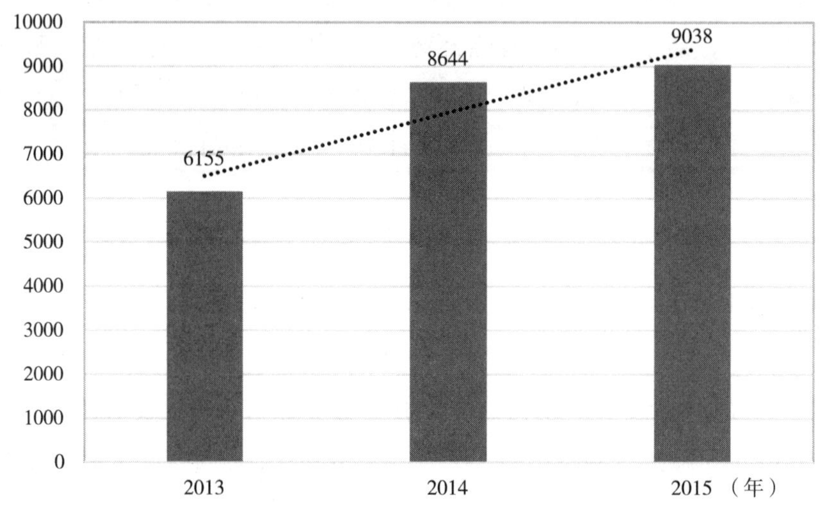

图1　广州市教育局特殊经费预算表（2013—2015）

数据来源：广州市教育局，2013—2016年部门预算公开。

（2）师资数量和专业化程度总体稳步上升。“十二五”期间广州市特殊教育师资建设情况总体良好，专任教师人数和已接受特教培训专任教师人数皆总体呈上升发展趋势。统计数据显示，特殊教育专任教师中已接受特教培训的专任教师占比分别是2011年为77.14%、2012年为66.67%、2013年为88.6%、2014年为91.24%。广州市特殊教育师资数量总体稳步上升，而专任教师专业化水平也越来越高。广州市随班就读政策中师资建设部分落实情况良好，有助于随班就读教育工作规模和质量的进一步发展，

（3）“随班就读”的教育服务体系初步建立。截至2015年，广州市已经

① 执行率是评估财政预算有否贯彻落实的一项重要衡量指标，“执行资金”除以“预算资金”得出“执行率”。

在随班就读学生相对集中的学校建立随班就读资源室累计56间（计划往后每年新建30间）。同时，以市启明学校（原市盲人学校）、市启聪学校（原市聋人学校）、市康纳学校、越秀启智学校、番禺培智学校为随班就读工作区域指导中心，覆盖天河、白云、越秀和番禺四区（见表1）。

表1　广州市随班就读工作指导中心分布

区域	学校	性质
天河区	广州市启明学校	视力障碍儿童少年教育
	广州市启聪学校	听力障碍儿童少年教育
白云区	广州市康纳学校	广州市儿童孤独症康复研究中心
越秀区	越秀启智学校	智力障碍儿童少年教育
番禺区	番禺培智学校	广州市语言障碍治疗教研中心

数据来源：广州市教育局政府信息公开目录《广州市贯彻广东省特殊教育提升计划（2014—2016年）的意见》，2015年2月26日。

得益于政策的大力推动，广州市随班就读资源教室目前已有一定的建设规模，并提出了往后几年高达54%的增长率。

（4）为困难特殊学生提供教育资助。共有4980多人次寄宿残疾学生得到福利彩票公益金资助，25100人次贫困残疾人子女获得生活补助，35200多人次残疾学生获得生活补助，300多人次残疾学生申请获得中等教育奖励、510多人次学生申请获得高等教育奖励，8000多人次残疾成人申请获得文化补习资助。

2. 加强就业政策，促进就业

“十二五”期间，根据国家《就业促进法》、《残疾人就业条例》等法律法规，广州市的策略是坚持实行分散就业与集中就业相结合的方式，促进按比例就业，扶持集中就业和自主创业。目前，全市就业年龄段残疾人6.93万人，已就业残疾人3.18万人（其中按比例分散就业25612人）。

（1）就业政策受到政府部门重视，并进一步法制化。2014年市人大、市政府启动《广州市按比例安排残疾人就业办法》的立法修订工作，《广州市按比例安排残疾人就业办法》于2015年通过。

（2）按比例分散就业的就业单位向公共部门扩展。加大了机关事业单位、市管企业、公立医院、社区服务中心等按比例安排残障人士就业的力度。

（3）进一步发展集中就业。制定出台扶持社会福利企业、残障人士集中就业的政策。扶持了康宁、晶蓝灯饰厂等一批残疾人集中就业基地。开发公益岗位安置残障人士就业，2015 年“12345 政府服务热线”招录残障员工 30 名。试点开展支持性、庇护性就业，177 个康园工疗站，为近 5000 名残障人士就近提供工疗服务。

（4）制定残障人士个体创业政策，促进残障人士就业创业。2015 年市政府研究室牵头调研制定了《广州市关于促进视力残疾人创业就业工作方案》，降低了视力残疾人自主创业的准入门槛，完善了视力残疾人教育、培训和就业支持服务体系，在促进视力残疾人创业就业上有较大突破。

3. 加强培训工作

各级残联结合残障人士特征和需求做了大量的就业服务工作，开展了各种形式的职业技能培训、岗前适应性训练、岗位技能提升培训。强化盲人医疗按摩培训，目前广州市盲人医疗按摩执证人数 156 人。培训残障人士电商、微商人员以及盲人速录员等。举办残障人士就业专场招聘会，组织职业介绍、就业回访等。还进行雇主培训，指导用人单位，克服聘用残障人士的思想顾虑，为其开发合适的工作岗位和工种。

（七）社会服务进一步发展

志愿助残、社会助残范围和影响逐步扩大。自 2011 年起，每年在全市范围内组织开展“爱心满花城”助残服务周（每年 12 月 12—19 日）活动。推进“志愿在康园”助残服务，实现全市康园工疗站助残服务的全覆盖。2015 年 12 月 12 日，推动组建全国首个民间残疾人公益社团组织——广州市残疾人服务协会。“十二五”期间，广州市残疾人福利基金会为残疾人福利事业共筹得人民币 1179 万元（含实物折价）、物资 4.5 万件，用于残疾人康复、教育、宣传、福利等方面共 2088 万元。

二、广州残障社会福利领域存在的问题与挑战

（一）社会偏见与排斥依然严重

政策各相关方对残障的看法至为重要，它深刻影响着政策的方向和效果。虽然随着联合国《残疾人权利公约》的广泛传播，从社会环境来看待残障人士的功能障碍的社会模式① 越来越成为主流，相关政府部门也愈加意识到排除残障人士发展的社会环境障碍的重要性，相关的福利制度安排越来越强调赋能的观点。但客观上，整个社会看待残障人士的态度并没有质的变化，依然从人道主义出发，停留在“关爱”、“慈善”的视角，相关的福利制度安排依然更多地强调“救助”，从“慈善事业”发展的角度对待残障人士的社会福利发展，而非从社会权利的视角着重给予残障人士平等权、消除机会排斥的制度性安排。具体表现在重社会救助的项目而轻社会发展的项目，未能重视残障人士的独立生活问题；教育领域过于强调对特殊学校的投入，更具融合色彩的随班就读未能获得实质发展；就业培训缺乏个性和针对性，融合就业的发展步伐过慢；残障人士的就业积极性受到低保政策的挤兑等现象。

（二）融合教育不够“融合”

广州市仍旧面临其“融合教育”不够融合的问题。国际主流观点主张残障人士应该在主流学校接受教育，而非特殊学校，因为后者某种程度上带有隔离的色彩，特殊儿童在其中缺乏与非残障儿童相处的机会，无法较好习得社会功能。② 虽然广州市在过去 5 年中加强了随班就读的政策执行力度，

---

① Oliver，M. (2004) . The social model in action：If I had a hammer. In Colin Barnes and Geof Mercer eds，Implementing the social model of disability：Theory and research，Leeds：Disability Press，18-31.

② Stainback，W，Stainback，S. (1984) A rationale for the merger of special and regular education. Exceptional Children，51 (2)：102-11.

但遗憾的是，过去 5 年中，相比特殊学校，随班就读的残障儿童数呈明显下降趋势（图 2），广州市随班就读在校生人数从 2010 年的 2694 人降到 2015 年的 1422 人，降幅接近一半；而同期，特教学校与特教班的学生人数整体稳定且略有上升（图 3）。

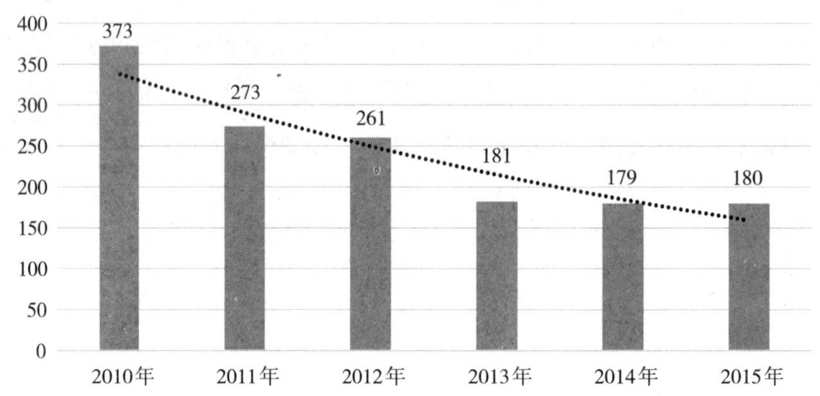

图 2　2010—2015 年广州市随班就读招生人数

数据来源：广州市教育局：特殊教育基本情况统计。

	2010 年	2011 年	2012 年	2013 年	2014 年	2015 年
特殊教育总学生人数	5153	4527	4719	4389	4386	4281
特教学校与特教班学生人数	2459	2410	2923	2828	2899	2859
随班就读学生人数	2694	2117	1796	1561	1487	1422

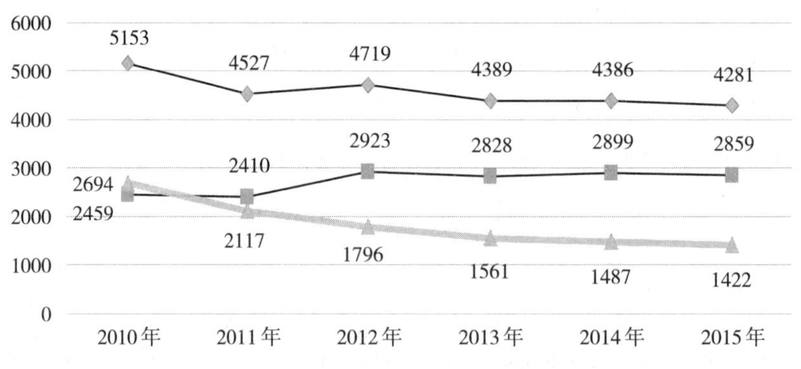

图 3　2010—2015 年广州市特殊教育三种形式入读情况对比

数据来源：广州市教育局：特殊教育基本情况统计。

以上趋势值得有关部门警惕，它可能说明政府针对特殊学校的政策优势压过了随班就读的政策；此外，随班就读宣传普及力度不足，融合教育的理念未被普遍接受，父母怕孩子被标签、被排挤，教师、同学和其他家长对随班就读学生的认受程度不高等，都一定程度上阻碍随班就读工作的规模扩展。

（三）就业排斥依然严重，就业服务的政策思路过窄

随着残保金征收力度的加强，可以预见残障人士有可能获得更多就业机会。但社会排斥依然存在，相关政策主体没有意识就业对残障人士社会融合的重要意义，更加强调他们能够通过低保等社会救助获得基本生活资料就好。① 而企业对雇佣残障人士多有“无能”、“依赖”、“麻烦”等刻板印象，对其人力资源价值缺乏积极认识，一些迫不得已雇佣残障人士的企业主用“挂靠”的方式应对残保金征缴；政府部门和其他公共部门未能履行按比例分散雇佣残障人士，产生了不好的社会示范效应。总体上，社会各层面对残障人士就业依然缺乏友好的态度。

广州市残联等部门向来重视残障人士的就业培训，“十二五”期间还拓展了雇主培训，有一些新的尝试。但问题是公共部门主导的就业培训依然缺乏个性化和针对性，对帮助残障人士提升就业技能，融入主流劳动力市场起效不显著。

广州市在“十二五”期间开始了支持性就业的试点，智力障碍者的就业问题受到重视。但支持性就业的服务范围只局限在智力障碍者，没有把精神障碍者，重度和多重障碍者吸纳进来，显然后者的就业问题也同样重要。事实上，在国内残障人士分散就业很艰难，相当多残障人士由于生命早期受隔离的影响而缺乏社会技能，其就业支持问题同样值得关注。政策制定者应该扩大对支持性就业的理解，给予不同障碍就业困难人士个性化的支持

---

① 廖慧卿、岳经纶：《工作场所无障碍环境、融合就业与残障者就业政策》，《公共行政评论》2015 年第 4 期。

服务。

（四）无障碍设施和合理便利供应不足

公共场所的无障碍设施依然供应不足，如学校、企业、厂房等都普遍存在无障碍设施缺乏的现象。街道已建成的盲道、无障碍坡道等存在破损、被周围商家挤占等导致无法安全使用的情况。公共交通站点、工具等因为缺乏合理便利，导致部分残障人士无法使用。以上因素都直接造成轮椅使用者、盲人等残障人士出行困难甚至难以出行。

（五）现有社会服务满足不了残障人士需求，社会服务体系建设需要深化

目前，残障人士相关的社会服务供给依然不足，如康复、托养、自闭症教育等服务不足，无法满足残障人士日益增长的相关需要。

人才缺乏是另一个问题，如就业辅导员、生活助理等在国内尚未职业化，导致那些能够直接提升残障人士的独立生活能力、增强其社会融合的社会服务项目难以普及。现有的服务项目要么多停留在传统的托养，要不依附于其他社会服务（如家庭综合服务）中，缺乏专业性，更谈不上提供个性化、个案管理式的社会服务。

（六）社会组织发育不成熟

助残社会组织较为活跃，积极参与公共服务，有效拓展了公共服务的能力和容量，但普遍存在场地租金高、承接项目定额低、人员队伍不稳定的情况，生存状况堪忧。能够提供专业化服务的社会组织不足。

三、“十三五”广州残障社会福利改革发展的蓝图

依据广州市残疾人联合会拟定的残疾人事业“十三五”发展目标，广州市未来残障社会福利改革的发展蓝图如下。

（一）发展目标：残障人士奔小康

广州市残联拟定的“十三五”发展目标是要实现残障人士奔小康。即到2018年，残障人士权益保障制度基本健全、基本公共服务体系更加完善，城乡残疾人事业发展差距明显缩小，残疾人小康进程与全面建成小康社会相协调、相适应。到2020年，残障人士收入水平大幅提高、生活质量明显改善、融合发展持续推进，残障人士安居乐业，生活殷实、幸福、更有尊严，在全国、全省率先达到更高质量全面小康水平。

（二）扎实做好残障人士基本民生保障和改善工作

第一，落实残障人士基本生活保障政策，特别是最低生活保障政策。生活困难、靠家庭供养且无法单独立户的成年无业重度残障人士，经个人申请，可按照单人户纳入最低生活保障范围；对一户多残、老残一体以及监护人无经济能力的低保对象及低保家庭中的重度残障人士，逐步提高救助标准。

第二，逐步提高残疾人生活津贴和重度残疾人护理补贴水平，适时适度扩大覆盖范围，上述补助标准继续保持全国、全省领先水平。健全困难残障人士的生活补贴制度。

第三，完善残障人士基本医疗保险和基本养老保险制度。扩大资助范围、提高资助标准，并按规定加入基本医疗保险和养老保险。逐步扩大基本医疗保险支付的医疗康复项目范围。逐步提升残疾人福利待遇。

第四，落实低收入残疾人家庭生活用电、水、气等费用优惠和补贴政策。

（三）促进残障人士就业及家庭增收

第一，依法推进按比例就业。认真落实中共中央组织部等7部门《关于促进残疾人按比例就业的意见》（残联发〔2013〕11号）要求，各级党政机关、事业单位及国有企业要带头招录和招聘残障人士就业，到2020年，市级党政机关、市区残工委主要成员单位至少安排一名残障人士就业；建立和完善按比例就业奖励制度和岗位补贴制度。

第二，促进集中就业。积极培育残障人士集中就业的生产企业和服务企业。到2018年，每区至少建立两个规模化残障人士集中就业基地，政府对其设施设备、无障碍改造等给予支持。规范和支持盲人按摩服务业发展，实行品牌化和规模化经营。

第三，大力发展辅助性就业。建立和完善残障人士辅助性就业制度。发挥政府主导作用，鼓励、吸引和支持社会力量兴办辅助性就业机构；开发公益性岗位范围；进一步完善社区康园网络建设。建立完善残障人士就业创业补贴制度。落实促进残障人士就业和创业的有关税收优惠政策。将残障人士就业创业纳入就业困难人员就业创业补贴范围。

第四，加强就业服务。指导支持残障人士就业服务机构开展就业服务、职业技能鉴定等工作。推进各级残疾人就业服务机构规范化建设，向安置残障人士集中就业的企业或就业基地提供就业服务指导。鼓励和引导社会力量开展残障人士就业服务。大力支持残障人士自主创业和其他形式就业增收。建立残障人士创业孵化机制，残障人士创办的小微企业和社会组织优先享受国家扶持政策。各级政府和有关部门投资或开发的公益性岗位，优先安排就业困难的残障人士。将残障人士专职委员纳入公益性岗位管理。

（四）推行全纳教育，提高残障人士教育水平

落实国家和省、市《特殊教育提升计划（2016—2020年）》，加快推进标准化特殊教育学校和重度残障儿童教养学校建设。推行全纳教育，建立随班就读、送教到门服务支持保障体系。加大残障人士教育资助和奖励力度。加快发展残疾儿童学前教育，完善残疾学生助学政策，实施“南粤扶残助学工程”。

（五）提升残障人士基本公共服务水平

第一，建立残疾报告和信息共享系统。建立完善残疾报告、评定、残障人士服务转介制度和残疾评定征信系统。建立健全残障人士统计调查制度。依托市“五个一”网格化建设，实行残疾人证网上办理，推进残疾人证智能化和电子证照工作，实现残障人士信息与人口、医疗卫生、社会保障、教育培训、就业扶贫等相关信息互联共享。

第二，实施残疾儿童康复救助和重点康复项目。建立残疾儿童康复救助制度，完善残疾儿童康复服务网络和服务体系。逐步提高康复救助补贴标准、提标扩面。建立健全残障人士辅助器具适配保障制度。加大残障人士辅助器具服务机构建设和人才队伍建设力度，逐步实现个性化辅助器具适配服务。开展多层次康复服务。建立医疗机构与残障人士专业康复机构双向转诊制度。推广“家庭病床模式”依托专业康复机构指导社区和家庭为残障人士实施康复训练，将残障人士社区医疗康复纳入城乡基层医疗卫生机构建设考核内容。

第三，加强残障人士服务设施和服务能力建设。加快推进市康宁果园场、广州康复实验学校、市农村特殊教育学校等项目建设，启动辅助器具孵化基地、广州市残疾人康复中心（易地扩建）、广州市康纳学校（迁建）、广州市残疾人托养中心（星安居）项目建设。各区建成一批残障人士体育健身示范点。

（六）全面推进城乡无障碍环境建设

将无障碍环境建设纳入城镇化、信息化和新农村建设规划，加强无障碍设施的建设与管理。发展智能公交，逐步推进政务网站、公共服务网站等无障碍改造工作，建设无障碍环境公共服务平台。

（七）充分发挥社会力量和市场机制作用，大力发展残障人士慈善事业

鼓励、支持以服务残障人士为宗旨的各类公益慈善组织发展、给予扶持。充分发挥福利基金会组织作用，多形式、多方式为残障人士提供慈善帮扶。培育个性化助残项目，落实公益性捐赠税前扣除政策。广泛开展志愿助残服务。健全志愿助残服务体系和工作机制，完善助残志愿者注册登记、招募培训、活动管理、考核激励、资源整合等制度。继续推进“志愿在康园”项目。推动助残志愿者组织与康复中心、特殊教育学校等各类残障人士康复、教育、就业、托养机构全面结对。建立志愿助残信息数据库。加快发展残障人士服务业。发挥市场机制作用，加快形成多元化的残障人士服务供给模式。培育一批残障人士服务龙头企业。建立健全残障人士服务相关职业设置，完善专业技术人才和技能人员职业能力的培训、考试、认证、评价体系，建立残障

人士服务专业人才库。研究制订贯彻落实残障人士服务机构管理办法的政策措施。加大政府购买服务力度。以残障人士康复、托养、护理等服务为重点，建立完善政府购买服务指导目录，加大政府采购力度，到2018年基本建立完善的购买残障人士服务制度，显著提高残障人士公共服务水平和质量。

四、2016年广州残障社会福利的工作重点

依据广州市残疾人联合会在“十三五”期间的工作计划，2016年广州市残障社会福利的工作重点如下。

第一，适时召开主席团全体会议。根据市委、市政府领导工作分工调整，拟提请在2016年第二季度召开市残联主席团会议，按照《中国残联章程》，选举产生市残联主席。

第二，编制广州市残疾人事业“十三五”发展纲要和小康进程实施意见。根据计划，启动“十三五”专项发展纲要编制工作，搭建“一套政策法规制度，两项社会保障，三个动员，四级组织，五个方面保障，六大服务”事业发展框架。贯彻落实《广东省人民政府关于加快推进残疾人小康进程的实施意见》，编制我市的贯彻意见。

第三，提高残障人士社会救济和保障水平。全面落实残障人士社会保障政策，落实残障人士养老保险资助政策，确保困难残障人士生活津贴和重残护理补贴发放到位，协助有关部门实施资助残障人士参加基本医疗保险的政策，推动残障人士分类救济，完成残障人士综合津贴制度调研工作。

第四，增强依法发展残疾人事业能力。完成《广州市无障碍设施建设管理规定》、《广州市残疾人就业保障金征缴实施办法》、《广州市残疾人康复资助管理办法》等法规规章制度的修订工作，建立覆盖残疾人事业各项业务的制度体系。

第五，推进各项业务创新和持续发展。配合市政务办，完成“五个一”和城市网格化服务管理的试点。会同市卫计委等部门开展残疾预防工作，推

进居家康复工作。研究制定扶持残障人士就业政策，推动残障人士分散、集中、支持性就业和创业。提高残障人士托养服务水平和规范化水平。推进无障碍环境建设，完成公交导盲 APP 的上线使用。

第六，提升为残障人士服务的能力和容量。加快市属残障人士服务设施建设，协调市重点办加快推进代建项目进度。贯彻落实中国残联、民政部《关于促进助残社会组织发展的指导意见》，编制《广州市残疾人公共服务目录》，订定额标准和规范流程，推动社会组织承接残障人士服务项目，完善政府购买服务项目程序，启动助残社会组织孵化基地工作，为社会组织提供过渡期间的场地支持，帮助助残社会组织稳定发展。

第七，加强残障人士宣传文化体育工作。充分利用广州地区主流媒体资源，广泛宣传报道我市残疾人事业的新政策、新发展。营造社会扶残助残的良好氛围。为残疾人进入公共文化体育机构活动提供支持性服务，为视力、听力等残疾人群提供特需文化服务。推进残疾人事业公益宣传片制作展播工作。推进残疾人文化进社区项目，加强特殊艺术人才的培养和选拔工作，积极开展适合残疾人身心特性的文化体育活动，举办残疾人体育赛事、文化艺术节和“全国助残日”等主题活动。组团参加第 25 届穗港澳台轮椅运动会，做好 2016 年全国残疾人羽毛球锦标赛办赛工作以及里约残奥会中国代表团在广州集训项目的保障任务。完善 12 个“全民助残健身工程”示范点，开发和推广群众性残疾人体育健身项目，推进“自强健身工程”和残疾人群众体育“一区一特色”建设。

第八，保障残障人士合法权益。配合上级残联和市信访局，搭建残障人士信访信息化工作平台，进一步完善信访机构，畅通信访渠道。加强信访信息研判，针对敏感问题做好预判、制定预案，维护残障人士的合法权益。主动协调政府及相关职能部门，按照“从实际出发，区别对待，规范管理、逐步淘汰”的原则，妥善处理机动轮椅车营运问题。

广州住房保障发展报告

朱亚鹏　高玲玲　郑梓锋*

住房相关的各种问题已经成为中国经济社会发展的重大挑战，住房政策也成为各方普遍关注的最重要的政策领域之一。① 作为社会保障体系的重要组成部分，住房保障关乎最根本的民生问题。“努力使全体人民住有所居”更是中国政府对居民住房保障的庄严承诺。对政府而言，住房保障工作是强化政府公共服务职能的重要体现，其目标是要形成面向高中低不同收入群体的多层次、差异化住房政策体系，做到“低端有保障，中端有支持，高端有市场”。相较于高收入群体，中低收入者（低端和中端）的住房保障需求更为迫切，也是各级政府迫切关心并解决的重要议题。作为中国经济发展的先驱城市，广州市的住房保障工作一直走在全国前列，在取得较大成就的同时，也引领着新时期的住房保障改革发展方向。

* 朱亚鹏，广州市人文社会科学重点研究基地中山大学广州社会保障研究中心研究员，中山大学政务学院教授，博士生导师；高玲玲，河北省邢台县人力资源和社会保障局工作人员，中山大学政务学院研究生；郑梓锋，广州市住房保障办公室工作人员。

① 张清勇：《中国住房保障百年：回顾与展望》，《财贸经济》2014 年第 4 期。

一、“十二五”广州住房保障改革发展的进程与成效

“十二五”时期，广州市住房保障工作紧紧围绕市委、市政府经济社会发展战略和工作部署，着力改善民生，进入筹建保障性住房规模大、住房保障用地和资金投入多、发展成效显著时期。

（一）从“底线型”保障到“发展型”保障：住房保障覆盖范围逐步扩大

“十二五”之前，住房保障的对象主要局限于低收入家庭，这体现了存在于住房保障和整个社会保障领域的一种“底线型”思维。住房保障工作进程是缓慢而略显被动的。住房保障仅仅与公民基本的生存权联系在一起，通过建构住房安全网络，防止低收入家庭陷入过度边缘化的境况。

“十二五”期间，广州住房保障改革调整了“底线型”保障思维，把住房保障改革与社会发展、城市发展和人的发展结合起来，为整个住房工作重新注入了活力。在“发展型”保障思维的影响下，广州市“十二五”期间的住房政策不再是一项社会管理的任务，而是宏大的发展议题，成为引导城市发展和城市治理走向良好局面的重要手段和途径。

1. 保障对象向中等偏下收入住房困难家庭扩展

“十二五”期间，广州市动态调整收入线准入标准，城镇户籍家庭住房保障覆盖面逐步扩大。住房保障收入线准入标准稳步提高，家庭年人均可支配收入由 2010 年的 9600 元 / 人 · 年提高到 2012 年的 15600 元 / 人 · 年、2013 年的 20663 元 / 人 · 年和 2015 年的 29434 元 / 人 · 年，累计提幅达到 206.6%，为中等偏下收入家庭打开住房保障之门。2015 年 2 月，广州市政府出台《关于进一步完善住房保障体系的指导意见》，明确将户籍家庭住房保障覆盖面从低收入家庭扩大至中等偏下收入家庭，公共租赁住房保障收入线准入标准调整为 2013 年城镇居民家庭年人均可支配收入的 70%。“十二五”期间，广州市新增保障城镇低收入住房困难家庭 62292 户、18.6 万人。其中，

实物保障44826户（含配租28871，配售15955户），发放租赁补贴17466户。

广州市住房保障对象的扩大意味着，住房保障权利不再仅仅是对贫困户的“雪中送炭”，还有对中等偏下收入家庭的“同舟共济”。通过提高收入线准入标准、扩大住房保障对象范围，有助于市民分享经济社会发展的成果，也推动了广州建立成为广东省建立现代产业体系和建设宜居城市的“首善之区”的进程。

2. 兼顾外来人口等住房需求

城市发展与城市活力不仅来源于拥有本市户籍的市民，同时也得益于外来务工人员的积极贡献。“十二五”期间，广州市的住房保障改革体现出了较高程度的开放性与包容性，住房保障的政策拟定思路从户籍家庭逐步向来穗务工人员和夹心阶层特定群体延伸。

一是针对来穗务工人员，2015年，相继印发实施《关于进一步完善住房保障体系的指导意见》、《来穗务工人员申请承租市本级公共租赁住房实施细则（试行）》。一方面，将住房保障公共服务向来穗时间长、稳定就业的中低收入来穗务工人员和高级技能人才或受表彰、获荣誉称号的来穗务工人员延伸；另一方面，提出通过由市、区两级政府和用人单位共同负责，以用人单位为主，鼓励其他社会力量参与，多渠道解决其居住困难问题。

二是针对夹心阶层群体，从2014年10月，广州市住房保障办公室牵头，联合市委政法委、市教育局等单位开展夹心阶层特定群体住房保障需求调查，统计中小学及幼儿园教师、医护人员、公交司机、地铁职工、环卫工人、养老机构护工、政法干警、科研技术人员、高校教职工、新入职无房公务员等十类群体的住房保障需求量，分析需求情况，提出分类解决策略，形成了《广州市夹心阶层特定群体住房保障需求调查报告》。

在公共政策的支持下，广州市将本市无房的城市发展急需人才及特定城市公共服务行业从业人员等夹心阶层特定群体，来穗时间长、稳定就业、对广州贡献大的来穗务工人员及高技能人才等逐步纳入住房保障范围，并研究将住房保障政策向城市发展急需人才和特定城市公共服务行业从业人员延伸。可以说，这是增强城市包容性和城市吸引力、治疗城市病的根本重要举措。

（二）加强“供给侧”改革：资金、土地与空间要素的优化

与其他重要城市相比，广州市非常重视住房问题中的政府责任，大大增加了政府“供给”的力度，力求提供充足的住房保障房源。“十二五”期间，广州市从多个关键要素入手加强了住房保障体系建设。

1. 保障资金安排到位

在住房保障工作中，资金的筹集对于项目的开展至关重要。为了提供充足的建设资金，广州市积极探索，建立了多元化筹建模式。在政府主导、市区联动建设保障性住房的同时，鼓励企事业单位等社会力量建设保障性住房，创新性地采取“限地价、竞配建”方式在普通商品房项目中配建保障性住房，积极探索 BT（建设—移交）、合作建设、项目法人招标建设等模式。“十二五”期间，广州市共安排住房保障资金约 360 亿元，其中建设资金约 354.5 亿元，租赁补贴资金约 5.5 亿元，充分保障资金供给到位。

2. 确保土地供应充足

土地供应情况直接决定了保障性住房的建设规模与区域位置。广州市在“十二五”期间完成保障性安居工程建设用地储备逾 900 公顷，其中已用于保障性安居工程建设的用地比例逾 80%。

3. 扩大筹建规模

“十二五”期间，广州市新建和筹集各类保障性安居工程住房建筑面积 1112 万平方米，16.68 万套，计划完成率达 111.2%，其中，含公共租赁住房（含廉租住房）约 10 万套、经济适用住房约 0.8 万套、限价商品住房约 0.8 万套、各类棚户区改造约 5 万套。全市基本建成各类保障性安居工程住房 9.80 万套。保障性安居工程筹建规模的扩大为中低收入群体提供了较为充足的房源供给，多类型的保障性住房也满足了不同收入阶层的住房需求。

4. 推进空间分布合理化

对于保障性安居工程住房这一特殊空间问题来说，住房保障建设实际上是对自然形成的住房空间格局进行矫正。

“十二五”期间广州市保障性安居工程项目的分布也至少从两个方面体现出空间分布合理化的趋势。首先，保障性安居工程项目在各区布局较均衡，有助于打破居住空间原有的“中心—边缘”结构。按照市场运作的逻辑，城市中心区集中了优质基础设施和大量工作机会，也相应孕育了高房价，因此其居住者主要以高收入家庭和个人为主。低收入家庭、外来人口和“夹心阶层”由于在身份、收入和社会地位上表现出边缘性，其住址也主要集中在城市边缘地带。这样一来，城市居住格局将配合市民收入格局，体现出“中心—边缘”结构。这种结构是经济社会分化的自然结果，但不利于社会公平和社会包容。“十二五”期间，广州市住房保障项目在各区布局较均

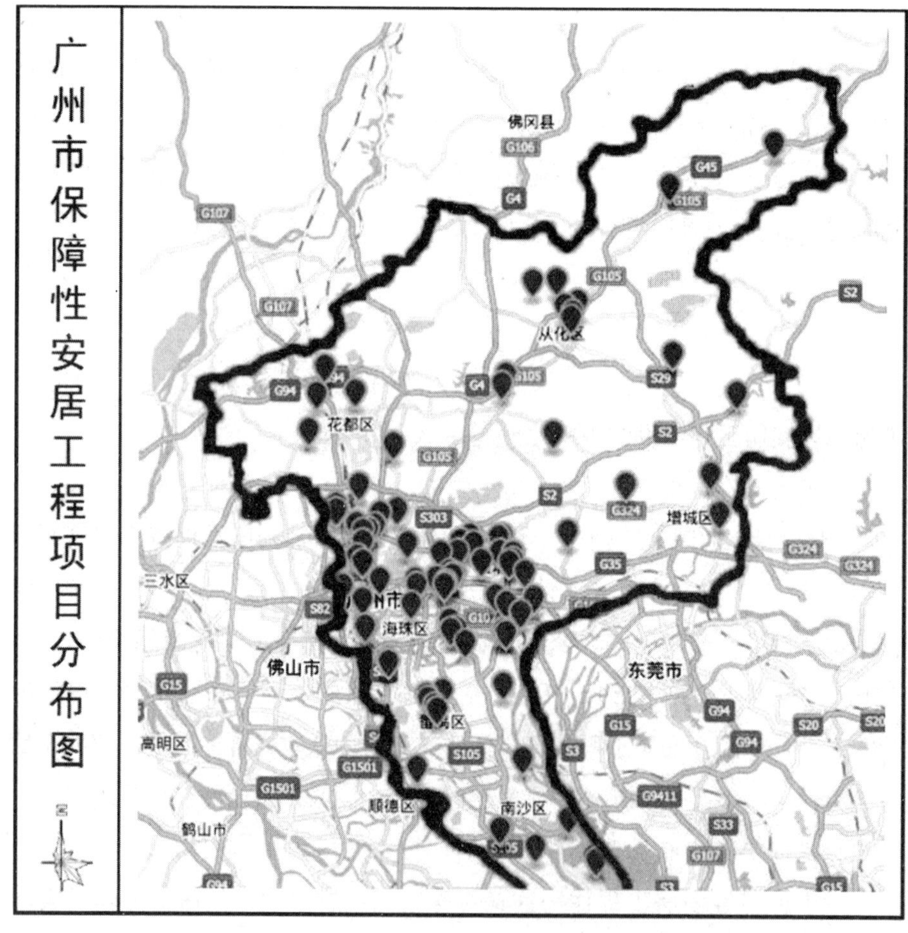

图1 “十二五”期间广州市保障性安居工程新开工建设项目空间布局

衡，实际上是针对居住空间展开了一次再平衡活动，有利于提升中低收入者的生活质量，减小社会分化。

其次，依据新型城镇化发展需要，在战略性新兴产业聚集区布局。如果说在城市中心区布局保障性住房项目有助于把住房保障与个人的发展联系起来，那么，注重战略性新兴产业聚集区的项目布局，则有助于把城市发展和个人发展结合在一起。这是因为新兴产业区同时也是城市高速发展的地区，并且有可能成为未来城市的次级中心。“十二五”期间，全市保障性安居工程项目新开工建设项目围绕这些区域展开，不仅推动了城市建设，也为入住者提供了潜在的区位优势。

（三）从“建设”到“治理”：住房保障工作的规范化与公正化

事实上，城市住房保障问题可能不仅仅是一个“建设”的问题。住房保障体系的建设与改革不仅需要在“建设”和“供给”上下工夫，但也要重视“分配”与“治理”两个议题。广州市在“十二五”期间十分重视住房保障改革的制度化、精细化、规范性、公正性，从程序和制度上拓宽了改革的内涵，使改革达到了前所未有的力度和广度。

1. 住房保障准入审核制度不断完善，后续管理不断强化

广州不断完善审核和退出机制，保障性住房公平善用程度不断提高。“十二五”期间，广州市约 9.3 万户家庭申请住房保障，其中 1.55 万户审核不通过，审核筛出率约 16.7%。截至 2015 年年底，通过年审复核、巡查监管和畅通投诉举报渠道等多种方式，取消住房保障资格 4389 户，调整住房保障租赁补贴标准 10948 户，调整退出率约 34.7%，收回保障性住房 61 套。2013 年年底全面启动各区居民经济状况核对中心对公共租赁住房申请家庭进行收入资产审核，实现房管、公安、人社、工商、税务、金融等部门信息共享，进一步提高资格审核的效率和准确性。

2. 坚持阳光分配，确保分配过程“信息七公开”

为确保分配工作的公开、公正、公平，广州市主要采取：(1) 保障性住房分配环节严格执行“信息七公开”，对住房政策信息、分配房源信息、分

配对象信息、分配程序、分配过程、配租配售结果、退出保障信息7个环节进行信息公开，过程中共进行9次公示（告）；(2) 保障性住房的分配，坚持公开举行摇号分配的方式，邀请人大代表、政协委员、各大媒体和申请家庭代表全程参与、监督，并由公证员进行公证。

3. 创新社区管理，保障对象居住环境和服务方式不断改善

为了更好地管理保障房社区，广州市加大了对违规使用保障性住房整治力度，在保障房小区实施扣分管理制度，效果良好。“十二五”期间，广州市共查处各类违规使用保障性住房行为625宗。住房保障主管部门创新对外窗口服务方式，在芳和花园、棠德花苑、同德小区、金沙洲花园、聚德花苑共5个大型保障性住房小区设立服务窗口，就近为保障对象提供续签合同、办理退房手续、申请房屋维修及调换等相关业务。

（四）从“粗放”到“精细”：住房保障政策与建设工程的质量提升

与养老、医疗等社会保障性项目不同，住房保障涉及政府具体的建设与管理工作，并非简单的资金划拨。“十二五”期间，广州市将保障性住房项目工作逐渐精细化，从政策调整、住房工程、住房管理等多方面保证项目按计划顺利推进。

1. 精细化的住房保障政策

在经过多种类型的保障性住房项目实践之后，广州市逐步建立了以公共租赁住房为主的保障性住房供应体系。2011年，广州市在全省开展保障性住房制度创新试点工作，明确除已批准立项的保障性住房项目外，暂停新建经济适用住房。2013年，广州市公布《广州市公共租赁住房保障制度实施办法（试行）》，将廉租住房与公共租赁住房并轨管理，建立了以公共租赁住房为主的住房保障政策体系。

与此同时，保障性住房的各项配套政策进一步健全。在工程建设方面，制定出台系列管理制度50余项，修订完善《广州市保障性住房设计指引（2013年）》，不断提升保障性住房建设管理水平，并制定保障性住房材料品牌库管理办法、建设工程招标管理办法等，进一步规范保障性住房建设管

理。在准入轮候方面，修订出台《广州市公共租赁住房保障申请审查实施细则》、《广州市公共租赁住房轮候配租实施细则》，不断规范住房保障审核准入和分配管理。在社区管理方面，制定出台《关于加强保障性住房小区管理工作的实施意见》和《广州市保障性住房小区管理扣分办法》，理顺小区管理体制机制，提高小区管理制度化、规范化水平，不断强化住房保障服务管理机制。

2. 精细化的住房建设工程

广州市主要从筹建和建设管理两个方面精细化住房保障工程。

一方面，建立多元化筹建模式，建设规模创历史新高。在政府主导、市区联动建设保障性住房的同时，鼓励企事业单位等社会力量建设保障性住房，创新采取"限地价、竞配建"方式在普通商品房项目中配建保障性住房，积极探索 BT、合作建设、项目法人招标建设等模式。"十二五"期间，广州市新建和筹集各类保障性安居工程住房建筑面积 1112 万平方米、16.68 万套，建设规模相当于"十一五"建设规模的两倍，占全省建设筹集保障性安居工程住房总量 1/4 强。

另一方面，实现精细化、标准化、信息化管理，保障性住房建设管理水平不断提高。在精细化管理方面，主要强调细化量化资源投入、质量控制、进度控制、安全控制、成本控制等 7 方面。在标准化管理方面，明确各阶段、各专业、各系统、各环节设计标准；全面推行样板引路施工，规范保障性住房工程常用的施工工艺，制定施工作业动作标准。在信息化管理方面，实时动态采集监管混凝土生产数据，应用 RFID 芯片技术监管混凝土试件质量，利用二维码对常规材料见证检测过程监管，开发应用保障性安居工程综合督查监管平台，实现工程建设过程实时信息化管理，保障性住房工程质量安全全面创优。"十二五"期间，在广州市本级负责建设的保障性住房项目中，44 个项目（标段）获得省示范或市"双优"工地奖，23 个项目（标段）获得省、市优良样板工程奖，6 个项目（标段）获得省建设工程"金匠奖"，1 个项目获得省土木工程詹天佑故乡杯奖，1 个项目（标段）获得国家 AAA 级安全文明标准化诚信工地奖，1 个项目（标段）荣获全国建筑工程质量最高奖项——“鲁班奖”。

3. 精细化的住房管理

首先，建立健全市区街三级工作机制。广州成立市保障性住房建设管理领导小组，加强全市住房保障工作组织领导和统筹协调。市住房城乡建设、发展改革、国土规划、财政等部门密切配合，在土地供应、规划布局、资金保障、项目推进等方面加强协作，形成工作合力。各区通过增设机构或加挂牌子等形式成立住房保障机构，认真落实住房保障工作任务。各街道（镇政府）切实承担起本区域住房保障申请、初审、公示等工作职责。

其次，建立健全住房保障工作目标责任完成情况考核和效能监察机制。广州市政府将住房保障工作目标责任完成情况纳入全市推进新型城镇化发展考核体系，市住房保障办每年牵头对市政府下达的各区政府住房保障目标责任完成情况进行全面考核。为确保全市住房保障目标任务完成，广州建立健全了住房保障工作效能监察机制，建立了督查检查小组，跟进项目进度、质量、安全和资金使用管理工作，对目标责任完成情况实施定期和不定期督查督办，及时通报目标任务进展情况。同时，加强住房保障廉政风险防控工作，把廉政风险防控融入到住房保障建设管理的全过程，全面梳理规范工作流程，有针对性地制定防控措施，建立健全住房保障廉政风险防范考核机制。

二、广州住房保障领域存在的问题与挑战

广州市的住房保障工作在“十二五”期间取得了较大成就，从增加住房供给、扩大保障范围、精细化住房管理等方面，切实解决广州市民和外地务工人员的住房问题。然而，随着经济社会的不断发展，广州市的住房保障工作也面临着一些问题与挑战。

（一）住房保障需求的多元化与不确定性

住房关乎最基本的民生问题，尤其是在当今高房价的压力之下，住房

保障工作显得更为迫切。广州市的住房保障工作虽然取得了很大成绩，但是面对群众日益增长的住房需求，住房保障整体需求呈现出一种多元化与不确定性，为住房保障进一步施加了压力。

1. 住房保障需求群体呈现多元化状态，覆盖面有待进一步扩大

虽然广州市当前已对户籍低收入住房困难家庭实现“应保尽保”，将户籍家庭住房保障范围扩大至中等偏下收入家庭，逐步为来穗务工人员提供住房保障途径，但在政策实践中，新就业无房职工等住房利益仍处于住房保障的边缘地带，“政府引导—用人单位负责—社会力量参与”等多渠道解决其居住困难的工作模式仍处于探索实践阶段。

2. 保障方式有限，有待进一步优化

住房保障方式的有效性并不仅仅取决于“住房”，还受到需求群体的生活空间、工作地域、保障性住房的空间分布等因素的影响。在这种情况下，新增城镇户籍住房困难家庭的“住房需求”与“保障方式”之间很难完全匹配，具有不确定性。尤其是随着保障范围的分散化与单批住房建设空间的集中化，保障性住房需求者较难兼顾住房与工作之间的协同性。

（二）住房保障工作的新难题

从整体来看，保障性住房的供给是改善住房保障工作的基础和动力。如果供给不足，供需之间的缺口将转化为制度排斥，将大量外来人口排斥于保障范围之外，并造成政策执行中的其他不良后果。事实上，广州住房保障领域仍然存在供不应求的现象，这对于改善住房保障工作来说无疑是一个巨大的障碍。

1. 资金保障压力大

作为广州市重要且主要的住房保障产品，且作为一种公共性较强的公共产品或者工程建设，公共租赁住房在操作中投资回报周期较长、收益低，因此必须得到充足的资金支持才能够维持良性发展的模式。另外，多元化筹措住房保障资金的局面在实际工作中尚未形成。这导致保障性住房建设的资金压力越来越大，不利于住房保障体系的稳定与可持续发展。

2. 土地征收储备难度加大

土地是住房最基本的物质基础。土地具有公共产品的属性，政府获得土地来服务于保障性住房建设具有不可辩驳的正义性。但是，与此同时，土地又具备商业性和增值性，除了作为公共产品而存在，还在政府财政收入、企业发展和居民日常生活中发挥重要作用。也正是由于其双重属性的存在，公共领域和私人领域都展开了对土地使用权的争夺。受到“经济中心”的发展模式的刺激，土地的经济属性逐渐凸显出来，随着近年来各区经营性土地连片储备力度加大，保障性住房用地选址空间明显缩减，红线储备难度大增。一方面，城市中心土地紧缺，仅有的空闲或未开发的土地放在市场中价格高昂；另一方面，偏远的地区自然地理条件差，既不适合居住，也不能兼顾居住地与工作区域的协调。

三、“十三五”广州住房保障改革发展的蓝图

“十二五”期间，广州市住房保障改革取得了长足的发展，基本形成了全面有效的住房保障体系的框架。“十三五”期间的住房保障规划既要建立在“十二五”已经形成的图谱上，又要仔仔细细查缺补漏、弥补短板；既要借鉴既有的工作经验、方法与原则，又要敢于突破、敢于调整，确保住房保障工作顺利开展。新的住房保障改革发展蓝图应当与广州市“十三五”总体发展规划相一致，着眼于人本广州、幸福广州的核心价值观，使住房保障制度改革成为促进公共服务均等化，解决“半城市化”问题的有力工具，共同促进广州“一江两岸三带”战略目标的实现。总体来看，“十三五”期间广州住房保障改革发展至少应当包括三个主要方面。

（一）强化顶层设计，突出“人本”价值，扩大住房保障范围

建设更具包容性、开放性、国际性的城市，提升城市居民幸福感、宜居感，其本质就是以人为本，提高人的生活水平；住房作为生活质量的重要

组成部分，必须得到充足的关注。实际上，在人本价值的指导下扩大住房保障范围，本质上也就是调整原有的发展方式，把社会建设和社会发展放在重要的位置，促进经济发展成果转化为社会发展成果的过程。

总体来看，未来城市发展越来越依赖于“人”的发展，而“人”的发展却日益与住房联系起来。可以说，城市发展的动力、活力，将更加取决于城市住房保障的水平。“十三五”期间，应当结合广州市经济社会的实际发展水平和人民群众的实际需求，适时适度进一步扩大住房保障范围，逐步解决来穗务工人员、符合条件的新就业无房职工及城市发展急需人才等群体的住房困难。“十三五”期间，广州计划筹建公共租赁住房约 2 万套，每年新增租赁补贴 1600 户，棚户区改造约 2.95 万套。住房保障工作将与精准扶贫、人才强市战略密切结合，共同致力于城市发展与城市稳定目标的实现。

（二）提高保障体系“稳定”性，做好保障性住房供应

如果说扩大住房保障对象为新时期的住房保障工作确立了宏伟的目标，那么保障性住房供应则就是实现这一目标的关键条件。如果住房供应的充足性不能得到保障，任何改革发展的目标都无法转化为实实在在的改革成果，而只能停留在虚幻的观念层面，城市居民也无法从中得到实惠。进一步地，一旦保障性住房供应的稳定性受到威胁，住房保障将演变为一项“资源竞争”工作，可能引起分配不公平、群体性事件等社会问题。“十三五”期间，广州市应当完善以公共租赁住房为主要内容的住房保障政策体系，不断健全住房保障准入、分配、管理等制度，探索研究住房保障用地、资金等支持性政策，推进住房保障法制建设，使住房保障工作进一步规范化、法制化。

一方面，落实资金来源，严格按照规定的资金来源渠道落实住房保障资金。首先，确保资金来源落实到位，逐步加大区级财政的投入力度。在确保资金安全的前提下，将本地区部分住房公积金闲置资金补充用于公共租赁住房等住房建设。政府可以把每年住房公积金增值收益中提取贷款风险准备金和管理费用之后剩余部分，用于公共租赁住房建设。其次，探索和创新住房保障投融资体制机制，鼓励社会力量参与住房保障工作，多方面筹集住房

保障资金。广州市政府可以借鉴国外经验，适度鼓励开发商参与保障性住房融资，允许开发商在保障性住房社区建立相关产业，既能够为住房建设提供资金，又能够有效改善保障性住房社区的基础设施建设状况。

另一方面，确保土地供应，保障性住房用地优先纳入每年土地供应计划。首先，城市发展规划与保障性住房规划应同步进行，将保障性住房用地作为土地使用的重要对象加以保证。住房建设要符合城市空间结构的调整方向，中心城和新城住房建设用地供应的规模、结构、时序以及规划控制指标应科学落实、彼此关联。其次，拓宽土地供应渠道，通过划拨、出让、租赁和作价入股等方式保证保障性住房建设用地的供给。最后，优先供应土地。涉及新增建设用地的，优先安排用地计划指标，加快办理用地报批手续，优先保证公共租赁住房和旧住宅区（危旧住房）改造以及“城中村”改造等各类保障性安居工程建设用地的供给。

（三）高效、公正、公开，提高保障性住房管理水平

住房保障管理是开展住房保障工作的后勤保障，也是合理配置资源、实现物有所用的基础。“十三五”期间，广州市需要从“人”和“管理制度”入手，深化改革发展工作。

首先，打破住房保障管理过程中权责统一、权责集中的现象，促进保障性住房工作发挥“社会治理”的功能，基层住房保障工作人员可以由市、区政府相关部门的工作人员兼任，改变基层工作人员工作任务与工作回报不相匹配的局面。通过优化基层住房保障管理结构，纠正基层工作中的“角色偏差”。

其次，公开公平公正分配保障性住房，科学制订保障性住房分配计划，公开信息，全程接受社会监督。加大住用管理，杜绝转租、空置等违规使用的行为，确保住房保障资源公平善用。能够获取保障性住房应当唯一地取决于申请者的经济条件，避免与“关系”挂钩，进而避免在住房领域出现马太效应。优化和拓展住房保障信息化管理平台，实现住房保障规划、计划、建设、申请、审核、轮候、分配、退出、租赁补贴等相关内容的互联互通、信

息化管理，提高住房保障管理效率。通过信息公开，实现保障住房分配的公开、公平。

四、2016年广州市住房保障工作重点

作为中国对外开放的窗口之一，广州市同时也是崇尚包容、重视居民幸福感提升的代表性城市。2016年住房保障工作规划应当与广州市总体发展目标相匹配，既保证住房数量、质量，又提高管理、分配水平；既保障人有所居，又尽力改善居住环境。总体来说，2016年是挑战与机遇并存的一年，做好住房保障工作，对广州市进一步加快国家中心城市建设具有重要意义。2016年的总体工作思路是：紧紧围绕市委市政府中心工作，研究住房保障政策，扎实推进保障性住房建设，公平公正实施保障性住房分配，着力加强和规范内部管理，使住房保障工作再上新台阶，围绕“建设、分配、管理”这三个工作重心，做好住房保障工作。

（一）强化多元住房体系建设，“房、补”结合提升住房保障格局

2016年广州市应全面落实住房保障目标责任，确保如期完成新开工筹建棚户区改造住房22508套，基本建成公共租赁住房、棚户区改造住房6460套，新增发放租赁补贴1600户，建立多元的住房保障体系，满足多元化的住房需求。虽然共同属于住房保障的需求者，实际上低保家庭、中等偏下收入住房困难家庭、外来民工以及科研人员和大学毕业生，他们的住房需求存在着很大的差异。需求的多样性决定了住房保障的方式和模式也需要多元化。

其一，通过棚户区住房改造解决城中村、城郊人口的住房问题。棚户区改造与城镇化或再城市化的进程相吻合，本质上是将农村用地改造为城市用地，将平面用地改造为立体空间用地。棚户区改造一方面能够扩大建筑用地空间，另一方面能够改善原居住群体的生活环境。当然，棚户区改造和旧

村改造必须重视让利于民而不是与民争利，住房改造的目的是彻底实现生活方式的转变，如果地方政府过于压低补偿金额，尽管能够解决住房问题，却会造成新的生存问题，从而将住房保障问题转化为其他社会保障问题，甚至是社会稳定问题。

其二，通过公共租赁房建设解决中低收入群体的住房问题。与棚户区居民和农村居民不同，外来人口以及城镇户籍中等偏下收入住房困难家庭很难获得固定的住房使用权，受到收入的限制，因此只能通过租赁解决住房问题。对于这一部分人来说，公共租赁住房建设将会是至关重要的。充足的公共租赁房能够为这部分群体提供安身立命之所，每月以最少的成本获得最基本的住宿条件。这不仅有利于形成包容、开放的城市文化，也有助于改变受保障群体的生活状况。当然，与旧村改造相比，公共租赁住房建设不能够“创造”土地财政，因此更加需要得到国土规划等多方面的关注。

其三，住房实物申请与住房补贴相结合，配合解决中等偏下收入群体的住房问题。对于北京、上海、深圳、广州等城市来说，可能最为稀缺的并不是资金，而是土地资源；而对于低收入和一部分中等收入群体来说，他们的经济能力恰恰达到了“生存”与“住房”之间的临界点，所缺少的也正是经济补助。因此，为了缓解政府土地压力，可以针对中等收入群体发放住房补贴，通过个人支付与政府补贴结合的方式获得住房。当然，在确定新增受助群体时必须遵循公正公开原则，杜绝暗箱操作，并依政府财政情况逐步扩大受助群体规模。

（二）加强土地征收储备工作，“红线储备”与存量储备相结合

一是认真谋划，稳步推进土地红线储备。根据已印发实施的2016年全市土地储备计划要求，加快推进2016年保障性住房土地红线储备有关工作，争取年底前落实部分红线选址地块。土地红线储备是开展住房保障工作的基础，“红线”界限的确定一方面要与社会调查工作同步开展，估算一个周期内住房保障对象数量及其住房面积需求；另一方面要与城市发展规划相结合，相互包容、互留余地，商业用地、工业用地、一般居住用地和保障性住

房建设用地应当综合权衡，均衡考虑。

二是突出重点，继续推进土地实物储备。按照先易后难、分批实施的原则，继续推进条件较成熟的约 36 公顷市本级保障房用地实物储备工作。在结合城市发展规划的基础上，有步骤、有规划地确立保障性住房建设方位和时段，从城市中心区向偏远郊区逐步推进。

三是规范管理，促进土地储备创新发展。健全优化广州市保障性住房土地储备 GIS 系统，强化内部应用，并逐步实现平台联网，达到信息共享，落实保障性住房土地储备工作动态、精细管理，促进可持续发展。提高城市土地供给容量的数据库建设水平，及时准确确定土地流向、使用方式，动态管理、精细管理。

（三）加快在建工程管理，工程进度与质量相结合

保障性住房建设同时是公共工程，应强化管理，实现及时迅速、安全优质的综合性目标。在这一过程中重视资源节约和高效利用，防止滥用职权、浪费公共资源。

第一，加快进度。加强 16 个在建项目的进度管理，加快推进基本建成项目尤其是 2016 年需交付使用项目的竣工验收工作。制订年度倒排工期计划、周期控制标准、同步应急预案和工期纠偏计划，保证项目建设按计划有序推进。

第二，提高质量、控制成本。扣紧项目成本管控、概预算管理、招标控制价管理、工程结算、设计变更、签证等关键环节，加强工程全过程造价管理。

第三，规范管理。强化招投标管理，推行预选承包商和业主履约评价制度；深入开展保障性住房工程建设廉政风险点排查，抓好工程建设安全、质量监管。积极探索工业化建造模式，打造优质工程。将招投标环节作为保障性住房建设的“风险项”认真对待，防范可能的风险。

（四）确保住房保障分配公平，供给与分配相结合

一是做好保障性住房分配工作。根据保障性住房建设情况，积极做好

城镇户籍中等偏下收入家庭、来穗务工人员等保障性住房分配工作，并积极指导各区做好区辖保障性住房分配工作；做好 2016 年广州市首次推出供应来穗务工人员公共租赁住房 600 套房源的分配工作。二是继续做好公共租赁住房租赁补贴发放工作，完成新增发放住房租赁补贴目标任务。

分配工作采取“申请—审核—复核监督”的模式。公开发布住房申请信息，明确申请起始时间、申请人条件、申请者数量限制；在保护隐私的基础上，尽可能公布申请者必要的信息，方便社会监督，未能申请成功的申请者如果对申请结果存在疑问，可以对任何受助者信息申请复核。

（五）加强保障性住房小区管理，公共服务和社会秩序相结合

保障性住房一方面作为生存工具而存在，另一方面又作为生活场所而存在。保障性住房社区作为一个特定的生活区域，也存在特定的公共服务和社会治理问题。

一方面，推广大型保障性住房小区“三个一”工程，完善物业服务管理机制，尽快在新交付使用的小区推广实施保障性住房小区管理扣分办法。贯彻落实加强保障性住房小区管理工作的实施意见。加强日常巡查、入户调查，畅通投诉举报渠道，严肃查处违规使用保障性住房行为，强化退出机制。

另一方面，督促保障性住房小区物业服务企业，从清洁卫生、电梯管理、车辆管理、绿化养护、治安管理等五方面入手，切实加强小区管理，营造“干净、整洁、平安、有序”的保障性住房小区环境。

总体而言，“十二五”期间广州市在住房保障领域取得了辉煌的成就；我们也要看到，住房保障改革是一个社会保障的问题，但同时又是一个社会治理改革和发展思路调整的问题，也是一个新时期的重要的政治、社会问题。这一问题又与土地工作、城市规划工作、经济发展工作互相渗透，互相联系，从而具有更大的复杂性和系统性。然而，只要我们能够坚持“十三五”规划的宏大蓝图，坚持以创新、共享、开放、包容的价值观指导工作，住房问题便有望得到缓解，并转化为推动城市发展进步、居民生活水平提高的巨大动力。

三、研究论文

广州城乡居民养老保险适度性研究

岳经纶　黄远飞*

党的十八大提出了“统筹推进城乡社会保障体系建设。社会保障是保障人民生活、调节社会分配的一项基本制度。要坚持全覆盖、保基本、多层次、可持续方针，以增强公平性、适应流动性、保证可持续性为重点，全面建成覆盖城乡居民的社会保障体系”的目标。随着人口老龄化的加速，养老保险制度是否可持续成为各界人士关注的焦点。截至2014年12月，广州市60岁以上的老年人口已达129万，占户籍人口的15.6%，显示广州已全面进入老龄化城市。2008年10月和2010年11月，广州市先后启动了城镇老年居民养老保险（以下称城居保）和农村社会养老保险制度（以下称新农保），实现了社会养老保险制度城乡全覆盖，到2015年12月参保人群已达129万人，有45万人享受按月领取养老金待遇。2012年8月，在总结完善城居保和新农保制度运行的基础上，广州市将城居保和新农保整合，出台《广州市城乡居民养老保险试行办法》（以下称城乡居保），并于2014年正式出台《广州市城乡居民基本养老保险实施办法》，第一次在社会养老保险制度上，突破了城乡二元制结构，实现了城乡的一体化。那么，广州市城乡居民养老保险适度性水平如何，能否满足参保人的需求、社会基准面的稳定和

* 岳经纶，中山大学中国公共管理研究中心 / 政治与公共事务管理学院教授、博导，广州市人文社会科学重点研究基地中山大学广州社会保障研究中心主任；黄远飞，广州市人力资源和社会保障局巡视员、高级经济师。

制度的可持续发展？为此，在广泛收集有关资料和数据的基础上，本文尝试从“质”和“量”两个维度来研究广州城乡居保的适度性水平，同时对该项政策进行评估，最后得出相关结论，并提出政策建议。

一、文献综述及研究方法

（一）养老金水平适度性相关研究

养老金水平适度性，是养老保险领域中的一个重点和难点，具有很强的理论性。同时，养老金水平的高低直接影响到参保人达到退休年龄后的基本生活状况和国民经济运行。因此，确定适度的养老金水平是一个重大的政治、经济、社会问题，具有很强的实践性。国内外学者对这一问题的经验研究并不多见。国外经济学界对养老保险进而对社会保险乃至整个社会保障制度的研究，大多是从宏观经济理论的角度进行的，主要方向有养老保险基金对消费、资本形成、经济增长等的影响；养老保险和代际关系；养老保险基金运作管理；养老保险和道德风险、逆选择等。国内学者对这一问题的研究也并不多，注重于一般性的介绍，做专门性研究的少，大多数人都是在认定政府规定的养老金待遇基础上进行研究的。贾洪波、李国柱（2005）的研究认为，养老金水平是一个质与量相统一的概念，从量上讲，养老金水平有“高”、“低”之分，具体衡量方法是养老金支出总额占国内生产总值（GDP）的比重。从质上讲，养老金水平有“适度”与“不适度”之分，具体测定标准是养老金支出要与国家生产力发展水平及各方面承受能力相适应，它应该在保障老年人基本经济生活的同时促进国民经济的健康发展。从本质上说，适度养老金水平要与养老保险的基本功能相适应，而养老保险的基本功能是：既保持社会稳定，又促进经济发展；既有利于社会公平，又有利于提高效率；既保障退休者基本经济生活，又激励在职者的劳动积极性。

（二）养老金替代率水平相关研究

由于受通货膨胀、社会平均收入水平以及社会发展状况等因素的影响，养老金的绝对数额不能准确反映不同历史时期真实的养老保障程度。而替代率这一相对指标却能够比较客观地反映参保人的养老保障水平。由此替代率成为制定养老保险政策必须考虑的关键指标，发挥着举足轻重的作用。它不仅影响退休后生活水平的高低，缴费负担大小以及代际之间、高低收入之间资金的转移支付，而且关系到养老保险体系的运行，对国民储蓄、社会福利、社会资本形成、劳动产出都产生巨大的影响。替代率的研究引起了政府决策部门和学术界的广泛关注。许多学者应用不同的研究方法，从不同角度做了大量理论分析和实证研究，取得了一系列丰硕的成果：徐颖、李晓林（2009）从替代率的理论范畴和统计口径、分析框架与计量技术、主要研究内容等方面对现有成果进行归纳梳理并进行简要评述，他们认为从理论范畴和统计口径来看，目前主要有三种统计方法：王清（2000）提出的目标替代率，高建伟、程永宏（2004）提出的平均替代率，褚福灵（2004）提出的交叉替代率。目标替代率是个人退休金与个人工资相比；平均替代率是平均养老金与社会平均工资相比；而交叉替代率则是个人养老金与社会平均工资相比。其他的替代率范畴还有：一是缴费替代率、待遇替代率制度设计的缴费替代率，这一组概念主要研究是现行制度的缴费高低与待遇享受在计算方法和数值上存在的差异（褚福灵，2004）。二是合意替代率、潜在替代率与实际替代率，这一组概念主要从理论（供给和需求两个方面）及实践两个角度研究替代率的水平（贾洪波，2005）。

自新农保制度推出以后，学术界已有学者对新农保养老金替代率进行了研究。其中，邓大松、薛惠元（2010）通过将参保者划分为“新人”、“中人”和“老人”，并对其养老金替代率进行测算，得到后两者替代率较低，而前者可通过长期参保获得较高的替代率，贾宁、袁建华（2010）基于精算模型对个人账户替代率的研究表明，参保年龄、缴费档次、收入增长率和缴费方式等都对个人账户替代率有较大影响，应通过建立缴费和补贴的自动调节机制，维持一定的替代率水平。杨翠迎，郭光芝（2012）通过将新农保参保者进行分类，针对性地构建了养老金替代率的测算模型，并分析影响替代率的不同因素，将 20% 作为新农保养老金替代率的下限，并据此标准寻求基础养老金和缴费档次及补贴的合意增长组合。

（三）研究方法

把适度性水平作为一个质与量相统一的概念，本文在以往研究的基础上，试图从“质”和“量”两大维度，多方面研究广州市城乡居保水平适度性。在“质”这个维度，主要从养老保险的覆盖面、制度衔接性、激励力度、政府资助、待遇范围等方面进行研究；在“量”这个维度，主要从养老金替代率、养老金水平比较和养老保险的财政支出等方面进行研究。最后，结合“质”和“量”两个维度的分析结果，共同评估广州市城乡居保水平的适度性。

二、广州市城乡居民社会养老保险水平适度性：“质”的维度

第一，制度覆盖面：真正实现全民社保。广州市城乡居保将覆盖范围由原来的城镇居民、农村居民扩大至具有本市户籍、年满 16 周岁以上、不符合城镇企业职工基本养老保险参保条件、未享受城镇企业职工基本养老保险待遇以及国家规定的其他养老待遇的所有非从业城乡居民，真正实现了社会养老保险制度覆盖全体城乡居民的目标。该政策将使广州市 236 万城乡居民受惠，为此，政府每年需投入财政资金 22 亿元。

第二，制度衔接性：新旧制度实现平稳衔接。在制度设计方面，以统筹城乡发展、制度平稳过渡为原则，以新农保制度为政策框架，采取“新人新制度、老人老办法”的方式，将广州市参加原城镇老年居民养老保险的参保人、参加原新农保的参保人统一并入城乡居民社会养老保险制度。对于原已在领取养老金的城镇老年居民，按照自愿选择的原则，可以选择按原标准继续缴费、领取待遇，也可以选择按新制度的办法缴费、领取待遇；对于广州

市原城镇老年居民养老保险办法与城乡居保办法中女性参保人享受待遇年龄差异的问题，在城乡居保办法中对临近55周岁的女性参保人设置了5年的过渡期，从而实现了新旧两个制度的平稳过渡。

第三，激励力度：参保激励力度加大。在待遇计发环节，进一步加大了参保人缴费累计超过15年后的激励力度，规定参保人缴费累计年限超过15年的，每超1年，加发的基础养老金由新农保政策规定的1.56元提高至6元，希望以此可以引导年轻人早参保、多缴费，以获得更高水平的养老金。

第四，政府资助：扩大特殊群体资助范围。将政府资助参保的特困群体范围扩大至具有本市户籍的“五保”对象、重度残疾人、精神和智力残疾人、在享受最低生活保障或低收入困难待遇期间的人员，体现了政府对困难群体的关怀。

第五，待遇范围：新增丧葬抚恤费制度。在城乡居保办法中建立了丧葬抚恤费制度，规定参保人死亡后，可获得丧葬抚恤费，标准为2600元。

通过上述分析可见，从质上讲，广州2012年GDP1.35万亿元、地方公共财政收入1091亿元，2013年GDP1.54万亿元、地方公共财政收入1141亿元，2014年GDP1.67万亿元、地方公共财政收入1161亿元，广州市城乡居保水平覆盖面全、制度衔接顺畅、激励力度不断提高、资助范围不断扩大，并建立了丧葬抚恤费制度，与广州生产力发展水平及各方面承受能力相适应，它能在保障老年人基本经济生活的同时，促进国民经济的健康发展，相对比较“适度”。

三、广州市城乡居民社会养老保险水平适度性：“量”的维度

（一）替代率水平

平均替代率水平有下降趋势。对于替代率确定的总体原则，学术界基本已经形成共识：保持退休后生活水平与退休前大致相当，即退休金的平均发放水平与城镇居民人均生活费收入持平，体现公平与效率。公平就是要体现

每个公民的基本生存权和享受社会发展成果的权利；效率就是要使对社会贡献大者得到相对多的养老金。与经济承受能力和生产力发展水平相适应，既要能保障退休者的基本生活，又不能影响到国民经济发展（刘贵平，1995）。

对于替代率的统计方法，前文提到有三种，本文选择平均替代率的统计方法进行研究，即：年平均养老金与农民年人均纯收入之比。2009 年到 2014 年，广州市城乡居保养老金水平在该期间从 3852 元 / 年增加到 6888 元 / 年，增长了 1.79 倍；而广州市农民人均纯收入从 11067 元增长至 21814 元，增长了 1.97 倍，养老金的增幅低于农民人均纯收入的增幅，替代率从 2009 年的 35% 降到 2014 年的 32%，下降了 3 个百分点（见图 1）。该制度养老金的替代率相对偏低，而且随着农民人均纯收入进一步增长，城乡居保养老金若维持目前低增长速度，未来替代率水平将会进一步下降。

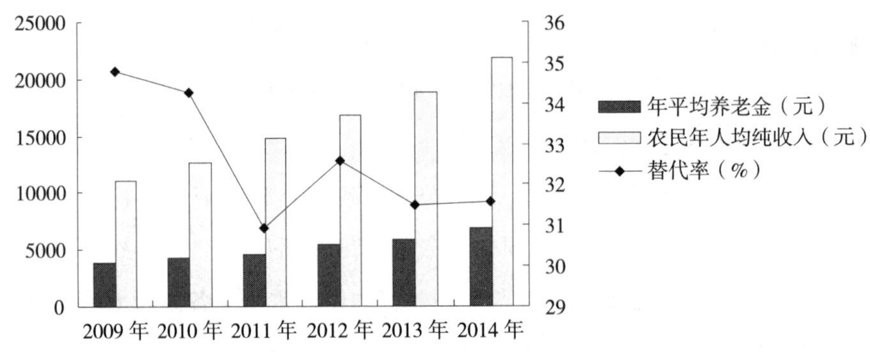

图 1　广州市城乡居保养老金平均替代率（2009—2014 年）

数据来源：《广州统计年鉴》2009—2015 年的相关数据。

（二）财政支出水平

初期波动后趋于平稳。2010 年和 2011 年城乡居保财政支出的大规模增长（见表 1）。主要原因是广州市城乡居保政策在 2009 年提出“2009—2011 年三年城乡居保制度全覆盖”的扩面工作任务，特别在 2011 年大量应参保人员参保缴费，领取政府补贴和养老金待遇，造成财政在短时间内大批投入，比较 2010 年基本翻倍增长。但是，随着 2011 年扩面任务完成后，参保人员和领取待遇人数逐步稳定，甚至在 2012 年出现了负增长，之后城乡居保的当期财政支出也趋于平稳。

表 1 广州市城乡居保财政支出增长速度

年份	城乡居保财政支出（万元）	城乡居保财政支出增长速度（%）
2009	99492	—
2010	102100	2.62%
2011	245617	140.57%
2012	194580	−20.78%
2013	206946	6.36%
2014	281527	36.04%

注：以上数据为城乡居保市级财政和县级财政支出总计。

（三）与全国部分主要城市城乡居保政府补贴比较

城乡居保制度设计，由个人和政府共同出资建立个人账户，同时在基础养老金方面政府全额资助。由于全国各地财政投入数据难以获得，我们将以政府对单个参保人获得的 1 年政府补贴为例进行比较，其中个人补贴等于政府缴费补贴和基础养老金之和。广州市城乡居保总补贴低于北京、上海、珠海、深圳，财政投入仍显差距（见图 2）。

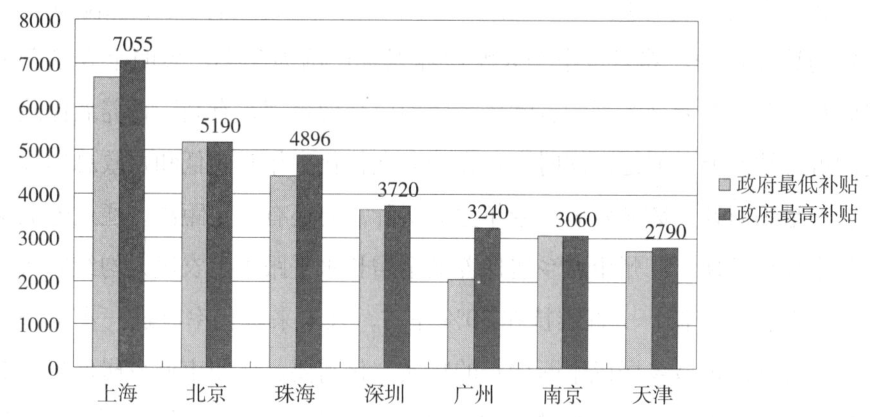

图 2 各城市城乡居保政府补贴比较

数据来源：各地人力资源和社会保障信息网。

（四）广州市城乡居保养老金与主要城市的比较

广州城乡居保养老金水平相对较高，不仅远高于国家和省的水平，也一定程度上高于北京、天津、深圳、南京、珠海等城市，仅低于上海。但从养老金构成结构来看，广州市基础养老金占总体养老金的比例 26.83% 水平最低，其他城市则相反（见表 2）。

表 2　各城市城乡居保养老金比较表

单位：元 / 月

城市	养老金	个人账户养老金	基础养老金	基础养老金占总体养老金比例
上海	615	75	540	87.80%
广州	559	409	150	26.83%
北京	540	110	430	79.63%
珠海	516	186	330	63.95%
深圳	353	53	300	84.99%
南京	291	46	245	84.19%
天津	290	70	220	75.86%
广东省	96	16	80	83.33%
国家	90	35	55	61.12%

数据来源：各地人力资源和社会保障信息网。

通过上述分析可见，从“量”上讲，广州市城乡居民养老保险制度有一定的比较优势，养老金中个人账户养老金比例为 73%，表明个人缴费和财政补助对于养老金水平的贡献率大，构成结构合理，有利于该养老保险制度的可持续发展。但是，同时也存在养老金替代率相对较低和财政总体投入不够充足等问题，离城乡居民老年生活实际需要还有一定距离。通过养老金替代率分析发现，广州市城乡居保养老金增长水平跟不上农民人均纯收入的增幅，替代率较低，一直维持在 30% 左右，且未来替代率有进一步下降的趋势，难以满足城乡居民不断增长的物质文化需要。广州市城乡居保虽然财政投入较大，但与其他国家中心城市相比，仍有距离，远低于北京、上海，也低于深圳和珠海市。总体来看，适度性水平有待进一步提高。

当然，需要指出的是，本文采取的对比方式是“以政府对单个参保人获得的一年政府补贴为例进行比较”。由于该对比方式没有考虑到不同城市参保人选择参保档次的分布问题，不能完整反映政府资助情况。考虑到自2014年起广州实施缴费激励机制后，大部分参保人群选择最高档参保缴费，并享受政府补贴，因此，广州政府补贴的总体水平有了明显的提高。此外，本文中选取一年的数据，单独对比基础养老金占总体养老金比例，这种比较方式也存在一定的局限性，不一定能完全反映养老金替代率及政府资助投入情况。

四、结论与政策建议

本文广泛收集有关资料和数据，从“质”和“量”维度来研究广州市城乡居民养老保险适度性水平、评估该项政策。从质的维度讲，广州市城乡居保水平与国家生产力发展水平及各方面承受能力相适应，它能在保障老年人基本经济生活的同时促进国民经济的健康发展，比较“适度”；从“量”的维度讲，广州市城乡居保与其他主要城市对比，更具备制度的可持续性，但同时也存在养老金替代率相对较低和财政总体投入不够充足等问题，离城乡居民老年生活实际需要还有一定距离，适度性水平有待进一步提高。为使广州市城乡居保能够满足参保人的需求、社会基准面的稳定和制度的可持续发展，体现公平与效率，本文提出以下政策建议：

一是加大“三农”扶持力度，进一步提高农村居民缴费能力。根据广州城乡居民养老保险制度设计，主要是个人、集体和政府三方筹资，最重要的是个人要尽到缴费义务。可以说，从制度设计的角度看，要提高养老金水平，提高替代率，缴费是硬道理。为此，需要提高农村农民的收入以增加缴费能力。在政策制定上加大“三农”扶持力度，广州中心区域经济发展对于周边农村区域吸附性大，在充分挖掘农业内部就业增收潜力的同时，应加大农村劳动力向第二、第三产业转移，加大创业带动就业的力度，促进农民收入快速增长。

二是建立城乡居保缴费激励机制，鼓励参保人早参保、多缴费。现行的城乡居民基本养老保险，保障水平虽在不断上升之中，但要满足人们对晚年生活质量越来越高的期待，无疑还有很大提升空间。要解决这一问题，作为政府统筹下的社会保险这一社会政策，应建立起财政投入的正常增长机制，使农村居民能及时分享经济社会发展的成果，尤其应当参考物价等实际情况建立缴费增长机制和激励机制，通盘考虑各档缴费标准、建立政府补贴力度的动态调整机制，最大可能地鼓励参保人早参保、多缴费，使得个人账户养老金也能实现倍增效应，不断接近居民需求的期望值。

三是建立广州市城乡居保基础养老金正常调整增加制度，适度提高财政投入。总体来说，城乡居保制度属于近年来国家实施的一项重大民生工程，将所有未就业的城乡居民统一纳入到社会养老保险保障范畴，本身就需要政府适度的财政投入。广州市城乡居保基础养老金投入的水平与国家其他中心城市相比还有距离，可以在财力可承受的范围内建立起基础养老金定期调整增加的制度，综合考虑物价指数、城乡居民收入增长和经济发展水平，定期调整增加标准，逐步实现基础养老金的倍增计划。

四是提高城乡居保个人养老保险账户基金投资回报，实现保值增值目标。广州市城乡居保个人养老保险账户基金积累占整体基金比例较大，应千方百计地增加个人账户基金收益，从而提高整体养老金替代率。目前，广州市城乡居保基金仍然存入银行计息，收益较低，可将城乡居保个人账户基金进行市场化投资运营，如参照城镇职工养老保险投资运营做法，将基金委托给全国社会保障基金理事会运营的方式，实现基金保值增值目标，从而实现大幅度提升城乡居民养老保险金水平，客观上实现城乡居民养老保险制度的可持续发展，确保制度的公平性和稳定性。

参考文献

[1] 贾洪波、温源：《基本养老金替代率优化分析》，《中国人口科学》2005年第1期。

[2] 徐颖、李晓林：《中国社会养老保险替代率水平研究述评》，《求索》2009年第

9 期。

[3] 王清：《有关基本养老金替代率需澄清的几个问题》，《天津商学院学报》2000 年第 5 期。

[4] 高建伟、丁克诠：《中国城镇职工养老保险替代率的精算模型及其实证分析》，《华北电力大学学报》(社会科学版) 2004 年第 4 期。

[5] 褚福灵：《论养老保险的缴费替代率与待遇替代率》，《北京市计划劳动管理干部学院学报》2006 年第 1 期。

[6] 邓大松、薛惠元：《新型农村社会养老保险替代率的测算与分析》，《山西财政大学学报》2010 年第 4 期。

[7] 贾宁、袁建华：《基于精算模型的新农保个人账户替代率研究》，《中国人口科学》2010 年第 3 期。

[8] 杨翠迎、郭光芝：《各地新农保养老金及补贴标准合意增长水平研究》，《西北农林科技大学学报》2012 年第 5 期。

[9] 刘贵平：《关于我国未来退休职工工资替代率水平的初步研究》，《辽宁大学学报》1995 年第 5 期。

广州最低生活保障制度研究

刘　璐　骆欧忆*

最低生活保障制度（简称“低保”），是指国家对家庭人均收入低于当地政府制定的最低生活标准的人口给予一定现金资助，以保证该家庭成员基本生活所需的社会救助制度。低保费用完全由政府支出，不需要个人承担任何的缴费义务，体现了公民基本的生存权利和国家的责任。自 20 世纪 90 年代末以来，历经近二十年的发展，城乡低保制度已经成为我国社会救助体系的重要组成部分，为保障和改善民生发挥了不可替代的重要作用。但是，低保制度在制度理念、政策设计、资金保障和执行环节等仍然存在很多的问题，而且各地发展非常不均衡。对特定地方的低保制度进行案例研究，有助于充分了解低保制度在运行过程中存在的问题，从而有针对性地提出改进建议，使低保制度真正起到保障最低收入群体，促进社会和谐发展的作用。

作为广东的省会城市，广州是全省的政治、经济和文化中心，虽然其经济发达，但同样面临着贫困问题。广州市于 1995 年建立起城市最低生活保障制度，是继上海之后第二批最早建立城市低保制度的城市之一。作为政府的一项民心工程，广州市最低生活保障制度在解决广州市贫困居民的生活困难，促进经济发展和维护社会稳定上发挥了重要作用。近年来，广州市

* 刘璐、骆欧忆，广州市人文社会科学重点研究基地中山大学广州社会保障研究中心研究助理，中山大学政务学院研究生。

的低保政策经历了一系列的变化，这些变化影响着低保覆盖范围和保障水平。本文将对“十二五”以来广州市的低保政策在保障水平、覆盖人群、财政支出等方面的变化进行分析，并与国内其他发达城市进行比较；接着，本文对广州市的低保制度的成效和问题进行了总结；最后，文章进行了总结和展望。

一、文献综述

从 1993 年城市低保制度建立以来，学术界对其进行了广泛的研究，并主要呈现出以下几个特点：一是研究的热点问题比较集中于对制度运行过程中存在问题的探讨；二是政府的政策导向指引着研究方向；三是多学科研究的特点；四是体现了很强的制度实践和政策研究的特点（韩克庆，2008）。关于低保制度的研究问题，学者的讨论集中在以下三个方面：低保制度的制度设计、低保制度存在的问题以及低保制度的影响。本文分别对这三个方面进行综述，并且对文献进行评述。

（一）低保制度的现状和变迁

曹艳春（2007）对全国 36 个城市的低保数据进行分析，发现低保制度自实施以来，低保标准呈现上升趋势；从地区差异来看，东部城市的“低保”标准平均值始终高于中部地区城市和西部地区城市，且差异呈扩大趋势。尽管中部城市和西部城市的最低生活保障标准增长比率较快，但由于基数较低，“低保”标准仍远远地落后于东部城市；在保障方式上，一些城市也实现了从一元保障标准向多元化保障标准的转变。从保障对象数量的变化上来看，从 1998 年到现在正在不断增长中，这表明越来越多的贫困人口得到了有效保障，低保制度取得了一定的成功（梅建明、秦颖等，2005；洪大用，2002）。从资金数量，2000 年之前各级政府用于低保资金的支出数量有限，这与低保人数少有关，近年来，政府用于低保资金的支出快速增长。从资金构成上来看，中央的负担比例不断提高，已经超过地方的出资比例，这表明中央在低保制度中承担主要责任（梅建明、秦颖等，2005）。

哪些因素影响着低保制度的变迁？首先，国家政策是影响低保制度的最直接的因素（曹艳春，2007）。国务院于1999年颁布了《城市居民最低生活保障条例》，该条例在社会救助法律出台之前都是“低保”工作的重要法律依据。1999年，国务院要求全国各地对原有“低保”标准提高大约30%，全国各地都对原有“低保”标准进行了调整，增长幅度达到30%左右。其次，执政理念的转变也是影响低保保障标准的重要因素。曹艳春（2007）发现，从中央来看，自从2003年以来，国家开始注重缩小贫富差距，促进社会和谐，指导思想的转变也是推动低保制度变迁的重要原因。从地方来看，上海市每年召开政府工作会议都会探讨贫困问题，并提高低保救助标准。陈水生（2014）提出，对传统福利理论的转变也是低保制度发展的重要背景。在反思传统福利制度的基础上，很多学者提出了发展型社会政策，这推动社会救助的重点转向贫困群体的发展能力、投资人力资本、促进弱势群体的社会融合等，以实现个体和社会的持续发展。同样的，民众社会权利意识的进步也在推动着社会救助和福利项目在广度、深度和质量上满足民众的需求，并且为受助群体提供权利救济和发展机会（陈水生，2014）。

（二）低保制度保障标准

在低保标准上，大多数学者都认为，各地公布标准整体偏低，大多数地区的公布标准低于实际贫困线（杨立雄，2011；吴碧英，2001）。实证调查表明，最低生活保障标准仅只能满足基本需求的一半（王留豹、董栓成，2006）；对36个大中城市的最低生活保障标准的分析表明，最低生活保障标准只能保障受助者的基本食品支出（曹艳春，2007）。一项对37个城市的调查表明，绝大多数受调查者认为最低生活保障标准不够用或完全不够用；少数家庭感觉生活没有变化，甚至还有少部分人感觉比以前生活更糟（林莉红、李傲、孔繁华，2002），对上海、天津、武汉、兰州和重庆的调查也证实了这种结论（郑功成等，2002）。林志伟（2003）认为，现行城市居民最低生活保障标准仅能满足低保户的生存需要，保障范围过于狭窄；与职工平均工资的比例相对偏低，反映了我国劳动者较大的贫富差距。而且，很少地区能够考虑不同家庭情况执行多元化的保障标准（梅建明等，2005）。洪大用（2003）指出，由于城市低保标准制定比较随意并且偏低，定期调整缺乏统一规范；公布标准没有考虑到家庭规模与结构的影响，缺乏弹性；在计算补差标准方面，各地对于家庭收入的计算缺乏统一规范；纯粹收入标准在执行过程中面临困难；部分地区还有不能按时足额发放低保金的现象；由于各地优惠政策的差异，导致实际福利标准相差悬殊。杨立雄（2012）从消费者视角出发对低保制度的适度性进行了判断：多数城镇地区最低生活保障标准没有达到全国城镇平均食品支出水平，但多数省份的农村最低生活保障标准超过全国农村平均食品支出水平；发达地区的消费替代率并不高于不发达地区。

如何科学设定和调整低保标准是广受关注的问题之一（唐钧、沙琳等，2003；童星、刘松涛，2002）。唐钧（1997）指出，中国的特殊国情不适用于国际上通用的测量贫困线的常用方法，他综合四种通用方法提出了“综合法”，即（1）用“生活形态法”来确定“贫困人群”；(2）用“市场菜篮法”来确定生活必需品的清单和贫困线；(3）求出收入比例和恩格尔系数作为将来调整的依据。刘喜堂（2006）认为有必要对城市低保标准的制定程序和方法作出规定，城市低保标准的制定应以市场菜篮法和恩格尔系数法为基本方法。洪大用（2003）提出从基本食物需求、非食物需求、家庭状况、经济发展状况四个层次确定指标体系，遵循八个基本步骤测算各地城市居民最低生活保障标准。林志伟（2003）认为，在调整城市居民最低生活保障标准时，应考虑的主要因素是人均消费支出、职工平均工资和最低工资标准。杨立雄（2012）指出，在判断最低生活保障标准的适度性时更多地参照了收入变量（杨立雄，2010、2011），甚至以收入作为唯一变量（林志伟，2006），这种判断标准具有滞后性，而且收入测算往往存在偏差，应当从消费者视角出发对保障标准进行判断，因而，他提出了总消费替代率和食品替代率两个判断依据。

（三）低保制度的管理情况

第一，关于低保对象的审核问题。低保实施过程中最大的问题在于如何计算申请者的家庭收入，非正规就业、隐形就业的情况使得申请者的收入核查难度加大（梅建明等，2005）。陈水生（2014）发现，城市低保制度在实践中容易发生功能异化，救助对象错位导致功能虚置，需要救助的穷人没有得到满足，不符合低保标准的人却在享受福利。“骗保”的情况也普遍存在（文慧等，2004）。

第二，在管理体制上，李学斌和王原（2003）认为，低保制度存在的问题有低保金筹措、管理中的问题，低保标准测定和保障金发放中的问题，低保申请对象资格审查与审批中的问题，低保工作人员素质及管理水平的问题，宣传力度不足与相关部门协调难的问题等。陈水生（2014）指出，我国低保制度管理过程中基层民政官员的自由裁量权过大；其次，低保制度运作中存在信息不对称问题；再次，低保制度的执行程序不规范。刘文继（2003）认为，当前城市低保工作存在的几个主要问题：一是编制、人员、经费和办公场所、办公设施的问题；二是对申请者的从业情况、家庭收入、家庭经济基础等综合情况的评定缺乏科学的依据；三是保障资金没有形成有效的运作机制；四是退出机制反应慢；五是对被保者的经济收入动态情况缺乏有效的监督机制。

第三，在资金筹措方面。低保制度的财政责任也是学者讨论的问题之一。唐钧（2000）等人认为，城市低保制度存在的主要问题是制度的实际覆盖范围仍然有限，传统救济思想影响仍然强大，各级财政分担比例极不合理，最低生活保障对象生活仍有困难。洪大用、刘仲翔（2002）认为，从制度实施的具体情况看，突出的问题体现在以下几个方面：一是一些地区对于最低生活保障制度的理解不够，以为只是传统社会救济制度的延续。二是一些地区的民政部门缺乏大局意识，单纯强调自身的困难，不能积极争取和推动低保工作的落实。三是很多地区的低保资金不能保证，限制着“扩面”工作的开展。四是现有低保对象的医疗需求非常突出。五是对于最低生活保障制度的宣传不够，特别是对于与之相应的公民权利强调不够。陈水生

(2014) 指出，城市低保制度救助责任不明晰，城市低保救助在中央和地方政府间的责任也没有完全理顺，特别是财政分担比例，中央政府需要承担更多责任以进一步为地方政府减负，地方政府才能将精力放在提高低保管理效能上。

（四）低保制度的成效与不足

低保制度的设计初衷在于保障居民最低生活需求，促进低保受助者提高发展能力，加强社会融合，缩小贫富差距等。很多研究者从这几个维度出发，对低保制度的效应进行了分析。曹艳春（2014）对 36 个城市的面板数据进行分析后发现，城市居民最低生活保障制度是最低生活保障而非基本生活保障；“低保”标准并未有效地缩小贫富差距；“低保”标准对贫困者就业意愿具有较弱的负效应。李实（2009）等利用住户调查数据来估计低保收入对整体收入差距的影响，发现低保政策对降低收入不平等的作用非常有限，低保收入能够缩小地区间收入差距，但是对缩小地区内部收入差距的作用更大。

城市低保制度带来了救助的负面效应，一方面低保制度并不能给受助对象带来富有尊严和体面的生活，反而给他们贴上“污名化”标签，给低保对象带来消极的心理影响，不利于他们融入社会并激发其进入就业市场的动力。低保制度更多考虑贫困者的权利而较少考虑贫困者的义务，更多考虑社会稳定和社会控制却较少考虑社会公平和社会融合，不利于救助对象的健康发展。再次，救助理念引发的功能落伍，呈现出重保障轻发展的倾向。陈世伟（2008）指出，低保制度存在比较严重的社会排斥问题，主要原因在于对贫困及致贫原因认识的偏差、社会救济理念认识的滞后、识别低保户的困难、低保资金支出压力大等。王锦花（2016）通过对广州市低保制度研究发现，近年来中国政府逐步加大了城市反贫困力度，密集出台各种社会救助政策，改善了受助者的生存处境；但另一方面，申请低保的苛刻条件和管理设置伤害了低保领取者的自尊心，导致他们被污名化，从而被社会主流群体所排斥，而且，社会保护福利政策不仅不能减贫，还有可能引发“负激励”，尤其是对就业激励带来很强的副作用。彭宅文（2009）认为，低保制度所致的“福利依赖”是低保障水平下居民为提高收入水平而弱化“正规就业”的权宜之计，而并不是慷慨的福利给付而致低保对象策略性地降低劳动激励的一种生存策略。

对个体自发脱贫的积极性而言，韩克庆、郭瑜（2012）发现，低保户具有较强的求职意愿，低保金目前起到了重要的救助作用，被访者也显示出了较强的就业与改善生活的意愿，基于定量与定性研究结果，本文认为目前城市低保制度尚不存在“福利依赖”效应。但刘璐婵和林闽钢（2015）却认为受助者劳动力市场参与率低，“养懒汉”问题已普遍存在；受助家庭受助时间长，“养懒汉”问题已长期存在；救助项目叠加造成受助者不愿意退保，“养懒汉”问题还将继续存在。黄晨熹（2007）认为，影响低保对象求职行为的因素极其复杂，制度安排是通过影响主观心理和认知从而影响低保对象的求职行为和决策，并针对上海市的低保制度存在的问题提出了相应的对策建议。慈勤英和王卓祺（2006）发现，社会救助对失业者再就业行为的影响是不确定的，个人背景、反福利价值观、福利依赖等因素都会对低保受助者的就业行为产生影响；另一方面，鼓励再就业的制度设计更能有效帮助失业者再就业。

（五）对低保制度的评论与建议

一些学者认为首选需要更新低保制度的救助理念。陈水生（2014）认为，我国城市低保制度政策设计中的缺陷主要体现为维生型救助理念、低保标准的制定问题和救助责任不明晰。20 世纪 90 年代所设计的社会救助制度体现的是维生型救助理念，而目前的救助环境和形势已经今非昔比，因此，首先需要转变低保救助的理念。

关于改进低保政策的制度设计。第一，要改进低保标准制定方式，统一计算方法，建立最低生活保障标准正常调整机制（杨立雄，2012）。分类救助是未来城市低保制度的发展方向，城市低保制度发展中的诸多社会政策问题需要从理论和实践两个层面综合考虑（刘喜堂等，2006）。第二，关于管理体制的构建，唐钧、沙琳和任振兴（2003）认为，现行低保制度实行

“政府领导、民政主管、部门协助”的管理体制，在机构设置上应按照“政事分开”的原则，分成决定政策的政府部门和执行政策的事业机构两大系列。李艺和刘文海指出，应该成立统一的“社会保障管理服务中心”，负责失业人员的接收、再就业安置到低保政策咨询、申请审核、动态管理等“一条龙”服务。第三，建立合理的财政分配机制，提高中央在财政上的支持力度（杨立雄，2012）。第四，充分发挥社会力量筹措资金（梅建明，2005）。第五，在基层培养专门的人才制定最低生活保障标准。

综上所述，已有文献较为全面地对低保制度进行了介绍，研究了低保制度对于社会公平与个人发展带来的影响，指出了低保制度设计中存在的主要问题，并提出了制度完善的相关建议。本文认为，因为大多数研究都是针对全国的研究，忽视了地方的特殊性，实际上，低保制度的设计和运行体现了地方的历史遗产、经济水平、财政能力、行政能力等，在不同的城市呈现不同的特点。目前，已有一些研究从以地域为单位对低保制度进行有针对性的研究，例如岳经纶、翁慧怡（2009）对广东省的最低生活保障制度的研究，刘君、黄崇山（2011）对广州市城镇低保的执行过程研究，谭磊、余冰（2008）对广州市低保运行状况调查。其他地方的研究包括韩华为、徐月宾（2014）对中西部的农村低保的反贫困效应研究，黄晨熹（2007）对上海市低保对求职行为的影响，李春根（2010）对江西省低保对象的研究以及对辽宁省的个案研究，等等。因而，以市（区）作为研究单位，能够更加充分地描绘出该行政区域内的低保制度运行情况，总结低保对于当地受助者的影响，从而提出更具有针对性的意见。因而，本文将以广州市作为案例进行研究来探究中国的社会救助政策对社会发展带来的影响，以补充地方视角的不足。

二、“十二五”以来广州市低保政策的变化

本文将对“十二五”以来广州市低保政策的基本情况进行介绍，再对广州市低保支出、保障标准和覆盖范围进行分析和比较，从而准确定位广州

市的低保发展状况。

（一）广州市低保政策的发展历程

下面简单回顾一下广州市低保制度的发展历程。1995 年，广州市民政局连同其他部门组成联合调查组，对全市 8 个区和部分县级市的城镇困难户进行了入户调查，在此基础上向市政府提出了广州市实行最低生活保障线的标准和执行办法的意见。1995 年 7 月，广州市政府发出了《关于广州市实行最低生活保障线的通知》，自此广州市正式建立城镇居民最低生活保障制度，并在 1997 年开始普及。1999 年，广州市政府根据《关于减轻我市低收入困难家庭消费性开支负担的通知》对低收入困难家庭予以减免部分消费性收费。2000 年，广州市政府根据民政厅、财政厅、社会保险管理局《关于建立城镇特困人员基本医疗保障制度的紧急通知》，建立和落实了城镇社会救济对象的基本医疗保障制度。2006 年广州市政府根据《我市特困人员实行分类救济的通知》，进一步帮助解决城镇居民生活困难的问题。2015 年最新出台了《广东省民政厅关于印发 2015 年全省城乡低保最低标准的通知》，广州正式步入了城乡低保一体化的时代。截至 2015 年，广州、深圳、东莞、中山、佛山、珠海均建立了城镇和农村低保统一制度，不再区别城市和农村两个区域。2015 年《广州市最低生活保障办法》（以下简称《办法》）有了一些新的特点。其一，强化了工作福利（workfare）的理念。针对低保制度存在着福利保障与“贫困依赖”之间的矛盾，《办法》多措并举促进在法定就业年龄内且有劳动能力的低保对象就业。力促低保、低收入群体再就业，避免出钱“养懒人”。《办法》对重新就业人员给予一定额度的收入减免计算，并要求未就业人员参加就业培训和社会公益服务。其中，达到法定就业年龄且具有劳动能力但未就业的最低生活保障对象，应当参加社会公益服务，每人每月累计不得少于 60 小时，否则将停止低保待遇。其二，增加了获取低保的条件性（conditionality）。如拒绝核对经济状况视为放弃，低保期限最长不超过 12 个月。

总的来说，自 1995 年开始实施以来，广州市城镇居民低保制度不断完善，保障范围进一步扩大，救济对象人数明显增加。截至2015年，全市享受低保救济的困难群众达5.70万人，其中，城镇2.40万人，农村3.30万人。[①] 随着经济的发展，低保标准也随之进行调整。1995年制度初建时，低保标准为每人每月200元，1999年调整到300元，经过连续13年提高城乡低保标准，目前广州市低保标准为每人每月650元，比刚建立时提高了225%。同时，对低收入家庭的认定标准也进行了相应的调整。广州市从2015年1月1日起提高最低生活保障标准，从7月1日起提高低收入困难家庭认定标准、城镇“三无人员”供养标准、孤儿供养标准和福利机构政府供养人员供养标准。“十二五”期间，广州市城镇平均低保标准提高63%，农村平均低保标准提高114%。[②] 据广州市民政局有关负责人透露，广州2016年将有望实现低保标准和低收入困难家庭认定标准的城乡并轨。这两个标准都将实行全市统一划线，不再区分城乡差别，推进城乡低保标准一体化，这一调整将使更多的贫困人口进入保障范围。

过去，广州市对困难群众的救助主要通过两个途径：一是最低生活保障，即对家庭人均月收入低于最低生活保障标准的困难群众给予救济，使其达到最低生活保障标准，并享受政府配套的一系列减免优惠政策；二是低收入困难家庭救济，即对家庭人均月收入高于最低生活保障标准的低收入困难家庭，政府虽不给予低保救济，但在住房、医疗、教育、部分消费性开支等基本生活支出方面给予减免优惠。未来的政策趋势是实现最低生活保障和低收入困难家庭救济的城乡并轨，全市统一划线。

（二）广州市低保覆盖面

根据广州市的有关规定，最低生活保障制度的保障对象为本辖区内具有常住户口、家庭人均收入低于当地最低生活保障标准的居民，主要分为四类人员：第一类是无劳动能力，无生活来源，无法定赡养、抚养义务人活

---

① 数据来源：《2015年广州市国民经济和社会发展统计公报》。

② 数据来源：广州市民政局。

着，法定赡养、抚养义务人是没有赡养、抚养能力的老年人、残疾人、未成年人（简称“三无”人员）的居民；第二类是领取失业救济期间或失业救济期满仍未能重新就业，家庭人均收入低于当地最低生活保障标准的居民；第三类是在职人员在领取工资，退休人员在领取养老金后，其家庭人均收入仍低于当地最低生活保障标准的居民；第四类是其他家庭人均月收入低于当地最低生活保障标准的城镇居民（广州市民政局，2009）。

根据广州市民政局官方公布的2014年低保情况统计表，广州市2014年最低生活保障人数共有72518人，占2014年末广州市常住人口（1308.05万人）的0.55%。其中城市居民最低生活保障人数29297人，占城镇人口（1117.46万人）的0.26%，农村居民最低生活保障人数43221人，占农村人口（190.59万人）的2.27%。广州市最低生活保障家庭共35332户，占全市人口家庭户（43684370户）① 的0.08%。其中城市居民最低生活保障家庭数17029户，农村居民最低生活保障家庭数18303户。表1显示了“十二五”以来广州市低保覆盖情况。除了对最低生活保障的家庭进行救助之外，目前广州市对城乡低收入困难家庭认定标准则是每人每月975元。低收入家庭持有广州市低收入困难家庭证，虽然不享受低保金，但根据《关于减轻广州市低收入困难家庭消费性开支的负担的通知》（穗府〔1999〕63号），可以享受六项消费性支出的减免。除此之外，低收入家庭还享受城镇特困人员重大疾病医疗资助，而在子女读书和司法援助方面，低收入困难家庭也可享受资助。

表1 “十二五”以来广州市低保情况统计表

	2011	2012	2013	2014
最低生活保障人数（人）	107076	94339	86807	72518
最低生活保障人数 / 当年常住人口（%）	0.84	0.73	0.37	0.55
最低生活保障家庭数（户）	46596	42459	40292	35332
城市居民最低生活保障人数（人）	41548	37682	34523	29297
城市居民最低生活保障家庭数（户）	20703	19815	18946	17029

① 数据来源：广州市第六次全国人口普查主要数据公报。

	2011	2012	2013	2014
农村居民最低生活保障人数（人）	65528	56657	52284	43221
农村居民最低生活保障家庭数（户）	25893	22644	21346	18303

数据来源：广州市民政局官方网站、广州市统计年鉴。

城市中存在的低收入困难人群，其人均收入比低保对象要求的人均收入稍高，但是由于他们享受不到低保对象能够享受的一系列优惠政策，没有补差，得不到教育、医疗、住房等方面的救助，缺乏相关就业指导，所以他们的实际生活比低保户还要困难。这类人群通常被称作“低保边缘户”。低保线一经确立，低保边缘户不可避免地存在。尽管广州低保线经历了13次提高，但是提高低保标准和当地的物价水平及生活水平相关，也和政府的财政能力相挂钩，低保线不可能无限地提高，所以提高低保标准并不是解决问题的关键所在。

（三）“十二五”以来广州市低保标准及其变化

根据《城市居民最低生活保障条例》（国务院令〔1999〕第271号），城市居民生活保障标准，按照当地维持城市居民基本生活所必需的衣、食住费用，并应适当考虑水电燃煤（燃气）费用以及未成年人的义务教育费用制定，由市人民政府、民政部门会同财政、统计、物价等部门制定。根据《广东省城乡居（乡）民最低生活保障制度实施办法》（粤府令〔1999〕第52号），最低生活保障标准应结合人均实际生活水平、维持最低生活水平所必需的费用、物价指数、经济发展水平、财政状况和与其他各项社会保障标准相衔接，并根据当地生活必需品的价格变化和人民生活水平的提高适时调整。

1. 广州市低保标准

广州与深圳、东莞同处于珠三角发达地区，广州与北京、上海作为全国一线城市的代表，它们的经济发展水平相近，在低保标准上具有可比性。上海市是最早进行城市居民最低生活保障制度试点的城市，在1993年进行试行，广州比深圳、东莞早两年建立城市居民最低生活保障制度，北京于

1997年开始实施。从表2中可以看到，“十二五”以来，广州市低保标准一共提高了四次，现行标准比“十二五”第一年时的标准提高了33.5%，年平均增长率为5.9%；深圳市的低保标准提高了3次，比2011年的标准提高了56.9%，年平均增长率为9.4%；东莞市的低保标准提高了2次，比2011年的标准提高了52.5%，年平均增长率为8.8%；北京市的低保标准提高了4次，比2011年的标准提高了47.9%，年平均增长率为8.16%；上海市的低保标准提高了3次，比2011年的标准提高了56.4%，年平均增长率为9.3%。虽然广州比深圳、东莞、北京更早实行城市居民最低生活保障制度，但是“十二五”以来广州调整的幅度在这些城市中是最低的。在2015年，五地的低保标准中，最高的是深圳市有800元，其次是上海790元、北京710元，广州靠后，标准为650元，最低的是东莞610元。

表2　广州市、深圳市、东莞市、北京市、上海市“十二五”以来低保标准及其增长率

		2011	2012	2013	2014	2015
低保标准（元）	广州	487	530	540	600	650
	深圳	510	560	560	620	800
	东莞	400	440	510	510	610
	北京	480	500	520	650	710
	上海	505	570	570	710	790
低保增长率（%）	广州	22.1	8.8	1.9	11.1	8.3
	深圳	13.3	9.8	0	10.7	29
	东莞	0	10	15.9	0	19.6
	北京	17	4.2	4	25	9.2
	上海	12.2	12.9	0	24.6	11.3

数据来源：广州、深圳、东莞、北京、上海各地民政局网站。

2. 低保标准的替代率

为了更好地讨论低保标准，学界常用的一个概念是替代率，指的是当地最低生活保障标准与当地家庭人均收入之比。

替代率＝低保标准 / 家庭人均收入（以一年总和为计数单位）

从图 1 可以看到，“十二五”以来广州市低保替代率总体上是呈下降趋势的。虽然自 1995 年广州建立城市居民最低生活保障制度以来，低保标准进行了 13 次调整。虽然低保标准不断提高，但是替代率不但没有提高反而在下降。从这个方面来看，广州市的低保制度是退步的，尤其是 2015 年低保标准的替代率已下降至 16.7%（详见表 3）。

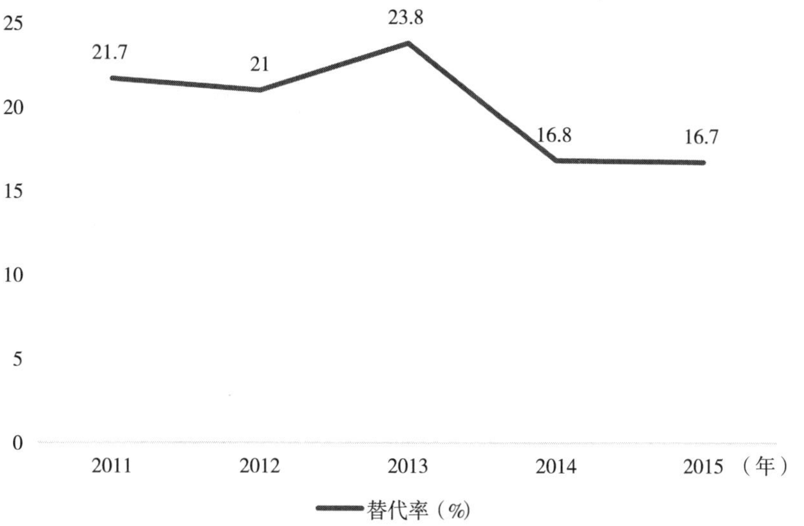

图 1 “十二五”以来广州市低保替代率的变化情况

数据来源：广州市历年国民经济和社会发展统计公报。

表 3 广州市低保标准、年人均收入、替代率的变化（2011—2015 年）

（单位：元）

年份	低保标准	年低保标准	年人均收入	替代率（%）
2011	487	5844	26897.5	21.7
2012	530	6360	30266.7	21.0
2013	540	6480	27245	23.8
2014	600	7200	42955	16.8
2015	650	7800	46734.6	16.7

数据来源：广州市历年国民经济和社会发展统计公报。

从图 2 中我们可以比较五地低保标准替代率，按从高到低的顺序分别是深圳、上海、东莞、北京、广州。从变化趋势上来看，深圳、东莞、北京、上海的低保标准替代率都是向上趋势，只有广州是向下趋势，除了 2013 年有向上的趋势。2014 年，国家民政部对各地社会保障水平进行考评，广东被评为救助保障能力不足，全国低保救助率约为 6.2%，广东省低保救助率约为 2.2%，广州低保救助率约为 1%。

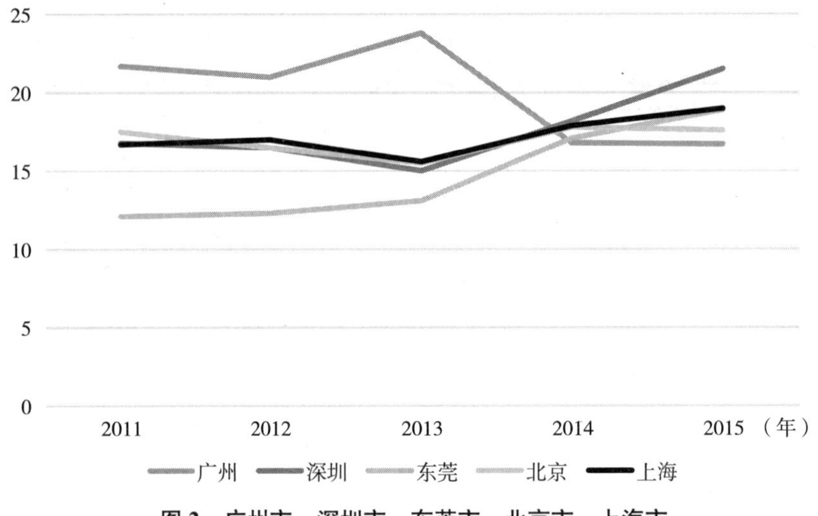

图 2　广州市、深圳市、东莞市、北京市、上海市“十二五”以来低保标准替代率的比较（%）

资料来源：广州、深圳、东莞、北京、上海历年《国民经济和社会发展统计公报》。

3. 低保水平与最低工资、社会平均工资的比较

将广州市“十二五”以来的低保标准的月最低工资、月社会平均工资替代率进行比较，2011 年低保标准的月最低工资替代率为 37.5%，2015 年反而下降为 34.3%（详见表 4）。如果和欧洲的情况进行比较，当前我国城市低保标准的月最低工资替代率明显偏低。从欧洲七国（丹麦、芬兰、法国、德国、英国、荷兰、瑞典）社会救助制度的实际收入替代率情况来看：1994 年，低收入单身汉失业时收入替代率最高的瑞典为 81%，最低的英国是 34%，平均为 54.5%。从欧洲七国的社会救助的收入替代率来看，其标准远高于我国现有的低保标准。广州市“十二五”以来，低保标准的月社会平均工资替代率也基本在 10% 以下。

表 4 广州市“十二五”以来低保标准的最低工资、社会平均工资替代率

年份	低保标准（元）	月最低工资（元）	月社会平均工资（元）	低保标准 / 月最低工资（%）	低保标准 / 月社会平均工资（%）
2011	487	1300	4789	37.5	10.2
2012	530	1300	5313	40.8	9.98
2013	540	1550	5808	34.8	9.3
2014	600	1550	6187	38.7	9.7
2015	650	1895	—	34.3	—

注：月社会平均工资为广州市城镇单位职工月平均工资。
数据来源：由广州市统计局公布。

（四）低保支出占财政支出的比重

根据广州市民政局官方网站公布的数据（详见表 5），“十二五”以来广州社会救助领域的财政性资金支出占一般公共预算支出、当年 GDP 以及社会保障和就业支出的比例呈现上升的趋势，说明一定程度上广州社会救助的财政力度是在提升的。其中，最低生活保障支出（低保支出）占社会保障和就业支出的比重在 36% 左右。

表 5 “十二五”以来广州市最低生活保障支出占 GDP、一般公共预算支出及社会保障和就业支出的比例

（单位：亿元）

年份	最低生活保障支出	占地区生产总值的比重	占一般公共预算支出的比重	占社会保障和就业支出的比重
2011	3.8	0.03% (12423*)	0.32% (1185.73*)	36.22% (10.49)
2012	4.22	0.03% (13551)	0.31% (1343.76)	38.97% (10.83)
2013	4.16	0.03% (15497)	0.3% (1384.72)	22.29% (18.66)
2014	4.39	0.02% (16707)	0.3% (1434.26)	36.58% (12)

注：低保支出 = 城市居民最低生活保障金 + 农村居民最低生活保障金。* 历年广州市国民经济和社会发展统计公报。
数据来源：广州市民政局部门决算。

横向将广州市与广东省内已经实现低保城乡标准一体化的其他城市（深圳、佛山、东莞、中山）以及其他一线城市进行比较（见表6），2014年广州低保支出占地方GDP和公共预算支出的比重在这些城市中处于高位，说明广州在低保支出方面的投入在横向上是处于较高水平。

表6 2014年广东省及全国一线城市最低生活保障支出占财政支出及GDP的比例

（单位：亿元，%）

	最低生活保障支出	占地方GDP的比重	占地方一般公共预算支出的比重	占地方社会保障和就业支出的比重
广州	4.39	0.02%（16707）	0.3%（1434.26）	36.58%（12）
深圳	0.37	0.002%（16001.82）	0.017%（2166.18）	0.5%（73.9）
佛山	1.53	0.02%（7603.28）	0.29%（529.94）	3.97%（38.56）
东莞	1.04	0.018%（5881.18）	0.20%（525.4）	—
中山	0.44	0.012%（2823）	0.13%（261.3）	—
北京	10.02	0.047%（21330.8）	0.24%（4119.6）	7.48%（20.99）
上海	15.05	0.064%（23560.94）	0.31%（4923.44）	—

注：低保支出=城市居民最低生活保障金+农村居民最低生活保障金。*2015年各市国民经济和社会发展统计公报。

数据来源：各市2015年预算执行情况、2015年各市民政局部门预算。

三、广州市低保政策的成效与不足

自20世纪90年代中后期以来，中国各级政府，无论是中央政府，还是广东这样的省级政府，抑或是广州这样的市级政府，都把最低生活保障制度作为一种行之有效的扶贫政策，对这一制度的完善和制度化给予了高度的重视。广州市低保制度实施20多年来，取得了一定的成效，也存在一些发展障碍。

（一）广州市低保政策的成效

1.促进贫困群众“三座大山”问题的缓解

群众在医疗、住房和教育这三个问题上承受的压力被称为新的“三座大山”。广州低保政策对于广州家庭经济困难的贫困群众来说，缓解了“三座大山”对生活的压力，提高了这一群体的生活质量。对于困难群众来说，低保金是最后一道安全网，可以说是“保命钱”。

广州低保政策的实施使得广州困难人口数量逐年收窄，由民政局提供的数据显示，目前广州城乡低保低收入人口约有10万人。广州市从1995年开始实施城镇居民低保，1997年开始实施农村居民低保，城市低保至今实施22年，农村低保实施20年。在这20年间，广州城乡低保、低收入人口成抛物线发展，2010年后，广州城乡困难人口逐年缩窄。由广州市民政局提供的数据显示，截至2015年7月底，低保（含城乡）人员36447户、75497人，低收入人员（含城乡）7170户、19915人，加上孤儿（3000人）、政府供养人员（900人）及城镇三无人员，约为10万人。而2006—2007年间，社会救助人口数量达到12万多人，是广州开展社会救助以来的峰值。

在医疗救助方面，2014年广州全面实施商业保险医疗救助，制定实施艾滋病医疗救助专项救助方案，将1400多名因病致贫的市民纳入医疗救助范围，形成了资助参保、基本和特殊门诊救助、住院救助、商业保险医疗救助、慈善医疗救助、临时救助、重大疾病专项救助等立体式医疗救助体系，每人每年最高可获医疗救助33万元，标准为全国最高。通过完善医疗救助管理系统，联网实现贫困人员的门特、门慢、住院、商业保险医疗救助等全部直接在医疗机构一站式减免。全年开展医疗救助58万人次，资助医疗费用2.25亿元。

在住房救助方面，根据《广州市公共租赁住房保障制度实施办法（试行)》(穗府办〔2013〕3号）规定，民政部门认定的低保、低收入或市总工会认定的特困职工住房困难家庭，或政府已有文件明确可享受租金优惠政策的对象按优惠租金计租，优惠租金标准按照每月每平方米建筑面积1元计收，公房成本租金标准按照每月每平方米建筑面积13.5元计收。2015年广州市筹集保障性住房（含住房租赁补贴）1.7万套[①]，为低收入群体的住房问题提供了缓解的办法。

在教育方面，低保政策的设计也在向这一方面进行倾斜和体现，从而为低保家庭和低收入家庭的子女提供教育方面的扶助措施。如越秀区2013年共为44名本区户籍低保低收入特困家庭的幼儿安排了幼儿园学位，区财政2013年资助的保教费达34.67万元。

2. 促进城乡低保标准一体化

根据2015年7月29日《广州市民政局　广州市财政局关于提高我市低保及相关社会救助标准的通知》(穗民〔2015〕216号)，广州市从2015年1月1日起提高城乡低保标准，并全面实现了城乡低保标准一体化。全市低保标准统一提高到月人均650元；低收入困难家庭认定标准提高到月人均975元。另外，从2015年5月1日起，全市城镇“三无人员”供养标准和福利机构供养人员供养标准提高到每人每月1177元；孤儿养育标准提高到每人每月1547元。提高后的新标准自《通知》印发之日起执行，各区对未达标月份，按新旧标准的差额予以补发。《通知》的出台标志着目前广州市已经实现了城乡低保标准一体化。可以说，广州市城乡困难人口逐年收窄，与广州经济的蓬勃发展，城乡一体化大力推进有着密不可分的关系。

（二）广州低保政策存在的问题

1. 财政支出水平偏低

在社会救助制度的财政体制安排上，从中央、省、市三级形成了一种梯次转移支付的工作架构和分级体系，集中体现为：中央财政要向省级财政

---

① 数据来源：关于广州市2015年预算执行情况和2016年预算草案的报告。

转移部分财力，省级财政再向市县级转移部分财力以弥补财政支付能力不足，地方实施相关社会救助制度。自从20世纪90年代初，分税制改革后，总体呈现出的是"财权上收，事权下放"的态势。财权、财力逐渐向中央集中，财权上交中央，而事权向地方下沉。低保的资金直接来源于财政一般预算支出，但在转移支付方面，发达地区的低保资金由地方筹集，而中西部地区的低保由中央拨款。这一情况在公共服务领域更为突出，尤其是在沿海省份，"低保"这类纯支出的公共服务几乎都完全由地方政府埋单。即使在富裕的地区，地方政府也倾向于缩减低保开支，不愿意把更多的资源投入到社会救助中。由于得不到中央财政的转移支付，这很大程度上造成了这种现状：经济越发达地区，财政压力越大，低保覆盖面越低。

从广州的数据来看，自"十二五"以来，虽然广州市的低保支出的绝对值在增长，但其占一般预算支出的比重呈现出下降的趋势，从2011年的0.32%到2014年的0.3%。从横向对比来看，与其他一线城市相比，广州市的低保支出远远落后于其他一线城市和其他珠三角城市。因此，低保制度财政责任的地方化成为其扩大保障范围、提高保障水平的主要阻碍。

2. 保障水平偏低

低保是对人均收入低于当地生活标准的贫困家庭提供现金援助，家庭获得的补助金额与贫困线的确定和家庭总收入的计算方式直接相关。由于地方政府拥有决定最低生活标准及其计算方法的自由裁量权，因此地方政府对"最低生活标准"可以有不同的理解，它们往往倾向于划定一条较低的贫困线（岳经纶，翁慧怡，2009）。这种倾向的形成有多种原因：第一，中央政府没有规定国家贫困线。在1999年国务院发布的《城市居民最低生活保障条例》中，中央政府只是强调低保金额应当满足受益者的当地最低生活标准，但是没有说明最低生活标准如何计算的具体方法。第二，低保财政责任的地方化使得地方政府只是依据其财政能力来设定贫困线。由于很多地方政策面临财政缺口，它们倾向于压缩低保开支。第三，中央政府的政策倾向更多地关注贫困家庭的数量而非每个家庭所获的实质低保水平。

通过前文对相关数据的分析，可以了解到广州市"十二五"以来低保替代率总体趋势是向下的，2015年的低保替代率是16.7%。替代率不但没有提高反而下降，从这个方面来看，广州市低保制度是呈现退步的状态。另外，广州市的低保标准变化跟不上当地经济发展水平。最后，和同处于珠三角地区，社会各项政策也相对发达完善的深圳、东莞相比，广州最低生活保障线调整的幅度都略低。总体来说，广州市低保制度的福利水平偏低，无法满足广州市贫困人口的实质生活需求。

3.“工作福利”色彩突出

“工作福利”的概念来源于美国，指的是有就业能力的福利接受者在享受援助时，应当提供服务劳动，以这一要求为条件的福利项目，曾被称为“工作救济”，现称为“工作福利”。从上述对广州低保的介绍和分析，可以看到，“十二五”期间，广州市的城镇最低生活保障制度提高了低保的条件性，强化了低保的“工作福利”色彩。从理论上来看，工作福利政策能够带来减少福利依赖现象、增加受助者的就业率、减少政府财政支出等积极效果，官方也表示广州要求低保者参与公益劳动是突出权利和义务的对等，并给予低保人员一种精神慰藉，使其产生社会价值感，促其社会融合。但低保是为了保障居民基本生活需求，在低保项目中强化低保者的义务，无疑是弱化了政府的责任。这反映出政府对待穷人的观念依旧未发生转变，认为贫困的致因是个体的努力和能力等个人因素，而忽视经济社会转型中社会问题导致贫困。这种个体主义贫困观念导致政府将救助穷人视为一种道德救助、“施舍”和“恩赐”，而非政府的法定责任。

从另一个方面来看，工作福利的初衷在于解决福利依赖问题，但是在中国是否存在福利依赖仍然广受争议。尽管近几年广州不断提高低保标准，但相比于人均可支配收入而言，低保的保障水平依旧很低，低保标准的替代率远远低于国际的贫困标准，而且替代率也不断下降。在这种情况下，几乎不存在养懒人的机会。彭宅文（2009）认为，存在一种特殊的“中国式福利依赖”，低收入群体一方面需要领取低保来改善生活，但另一方面也通过隐形就业来贴补家用，并不存在高低保金导致低保者失去劳动动机而偷懒。低保者的隐性就业现象恰恰反映出低保制度的缺陷，无法保障低保户的正常生活水平。而强制要求低保者花费时间参与公益劳动，意味着迫使低保者减少非正式就业时间，从而减少其生活收入，这将导致低保者生活水平的下降。因此，在不存在普遍福利依赖现象的中国情境下，以减少福利依赖作为强制要求低保者参与公益劳动的理由不成立。

4. 低保覆盖范围缩小

2015 年是广州市自 1995 年建立最低生活保障制度以来第 13 次调整城乡低保标准，调标之后，市属各区低保家庭认定标准调整为人均月收入 650 元，低收入困难家庭为 975 元。但是，随着低保标准的提升，广州市的低保受助者却越来越少，从表 4 中也可以看出，2011 年广州市低保标准是 487 元，有 107076 人拿到低保，到 2014 年低保标准调整到 600 元，而拿到低保的人数只有 72518 人。通常贫困线越高，掉到贫困线里的人越多。因而，目前广州市低保制度的调整不仅没有惠及更多贫困人群，反而将部分贫困人群排斥在政策之外。

另外，广州市低保政策忽视了一部分低保边缘人群。城市中存在的低收入困难人群，其人均收入比低保对象要求的人均收入稍高，但是由于他们享受不到低保对象能够享受的一系列优惠政策，没有补差，得不到教育、医疗、住房等方面的救助，缺乏相关就业指导，所以他们的实际生活比低保户还要困难。这类人群通常被称作“低保边缘户”。低保线一经确立，低保边缘户不可避免地存在。尽管广州低保线经历了 13 次提高，但是提高低保标准和当地的物价水平及生活水平相关，也和政府的财政能力相挂钩，低保线不可能无限提高，所以提高低保标准并不是解决问题的关键所在。相比之下，辽宁沈阳和广东东莞均有针对边缘困难户的救助政策，专门的救助政策扩大了救助范围，边缘困难户还享有助学和医疗救助。

四、总　结

综上所述，从 20 世纪 90 年代后期开始，中国政府开始着力建立以最低生活保障制度为基础的社会救助体系，这不仅表明中国政府愿意保障国民取得国家援助来维持基本生活的宪政权利，也是国家参与社会福利提供的强有力证据。以低保制度为基础的社会救助体系，是中国以就业为基础的社会保险体制的重要补充，它具有较为显著的扶贫效果，也对保持社会稳定作出了贡献。

然而，正如本文对于广州市的低保制度的介绍，广州市的社会救助体系仍然不够完善，主要体现在财政支出、保障标准、政策覆盖等方面仍然处于较低的水平，并且与其他发达城市相比仍然有一定的差距。低保制度的政策设计也存在一些明显的不足，主要表现在其政策目标只是满足贫困家庭的最基本生存，低保制度在计算最低生活标准时没有把医疗、教育和住房等基本需要考虑在内。地方政府在低保制度筹资和监管方面的主导地位，不仅导致了低保制度的地方分割，而且也不利于低保福利水平的提升，从而不能很好地满足城乡贫困人口的需要。而且，广州市的低保制度体现出了比较深的工作福利色彩，强调低保受助者的义务，淡化了政府提供社会救助的责任。另外，广州市的低保制度忽视了对边缘贫困户的救助；而以户籍制度为基础的低保制度使得流入地政府可以合法地忽视流动贫困人口的社会权利，将外来人口排斥在低保制度之外。

参考文献

[1] Leung，J. The emergence of social assistance in China. *International Journal of Social Welfare*，2006，15：188-198.

[2] Midgley，J. *Social Development*：*Developmental Perspective in Social Welfare*，London：Sage Publications，1995.

[3] 陈世伟：《论城市低保中的社会排斥及解决路径》，《特区经济》2008 年第 11 期。

[4] 陈水生：《中国城市低保制度的发展困境与转型研究》，《社会科学》2014 年第 10 期。

[5] 韩华为、徐月宾：《中国农村低保制度的反贫困效应研究——来自中西部五省的经验证据》，《经济评论》2014 年第 6 期。

[6] 韩克庆、郭瑜：《“福利依赖”是否存在？——中国城市低保制度的一个实证研究》，《社会学研究》2012 年第 2 期。

[7] 韩克庆、刘喜堂：《城市低保制度的研究现状、问题与对策》，《社会科学》2008 年第 11 期。

[8] 洪大用、刘仲翔：《我国城市居民最低生活保障制度的实践与反思》，《社会科学研究》2002 年第 2 期。

[9] 洪大用：《如何规范城市居民最低生活保障标准的测算》，《学海》2003 年第 2 期。

[10] 洪大用：《试论中国城市低保制度实践的延伸效果及其演进方向》，《社会》2005 年第 3 期。

[11] 洪大用：《中国城市居民最低生活保障标准的相关分析》，《北京行政学院学报》2003 年第 3 期。

[12] 黄晨熹：《城市低保对象求职行为的影响因素及相关制度安排研究——以上海为例》，《社会学研究》2007 年第 1 期。

[13] 李春根：《农村低保制度的调研和思考——基于江西省农村低保对象的数据》，《江西财经大学学报》2010 年第 3 期。

[14] 李实、杨穗：《中国城市低保政策对收入分配和贫困的影响作用》，《中国人口科学》2009 年第 5 期。

[15] 李学斌、王原：《城市居民最低生活保障制度实施中存在的问题》，《社会福利》2003 年第 11 期。

[16] 李艺、刘文海：《城镇低保：问题与建议》，《中国社会保障》2003 年第 5 期。

[17] 刘君、黄崇山：《政策执行效果与官僚自由裁量权——对广州市城市居民最低生活保障制度的研究》，《中山大学研究生学刊》（社会科学版）2011 年第 3 期。

[18] 刘璐婵、林闽钢：《“养懒汉”是否存在？——城市低保制度中“福利依赖”问题研究》，《东岳论丛》2015 年第 10 期。

[19] 刘文继：《城市低保工作应当注意的几个问题》，《社会福利》2003 年第 7 期。

[20] 彭宅文：《最低生活保障制度与救助对象的劳动激励：“中国式福利依赖”及其调整》，《社会保障研究》2009 年第 2 期。

[21] 谭磊、余冰：《广州市最低生活保障制度微观运行状态调查——对老城区低保

居民的个案访谈及反思》，《社会工作》（理论）2008 年第 10 期。

[22] 唐钧、沙琳、任振兴：《中国城市贫困与反贫困报告》，华夏出版社 2003 年版。

[23] 唐钧：《城乡低保制度：历史、现状与前瞻》，《红旗文稿》2005 年第 18 期。

[24] 唐钧：《最后的安全网——中国城市居民最低生活保障制度的框架》，《中国社会科学》1998 年第 1 期。

[25] 童星、刘松涛：《城市居民最低生活保障线的测定》，《社会学研究》2002 年第 4 期。

[26] 王锦花：《福利悖论：中国社会保护中的社会排斥——基于广州市的实证研究》，《武汉大学学报》（哲学社会科学版）2016 年第 2 期。

[27] 印子：《治理消解行政：对国家政策执行偏差的一种解释——基于豫南 G 镇低保政策的实践分析》，《南京农业大学学报》（社会科学版）2014 年第 3 期。

[28] 岳经纶、翁慧怡：《地方最低生活保障制度研究：广东的案例》，《社会保障研究》2009 年第 2 期。

[29] 中国城市居民最低生活保障政策研究课题组：《中国城市低保政策评析——以辽宁省的个案研究为例》，《东岳论丛》2005 年第 5 期。

广州市城镇职工基本养老保险基金收支平衡研究

黄远飞　石宇弘*

随着老龄化的到来，世界各国纷纷探索养老保险制度的可持续性，寻找长效机制的实现途径（郑秉文，2005）。自1997年我国开始城镇职工基本养老保险制度改革以来，确保制度的可持续运行成为改革的首要目标，而保持基金收支平衡是实现制度可持续运行的基础。"统账结合"的城镇基本养老保险制度建立后，虽然基金的累积结余逐年增长，但基金的年增长率却呈加速下降趋势（图1），基金平衡仍面临着诸多问题与挑战。因此，亟须寻找维持基金收支平衡的有效途径。

广州市因其复杂的劳动力结构、流动性强的人口特征、发展水平较高的经济环境和规模巨大的基金累计结余量，一直作为国家养老保险制度改革的试点地区。因此，将基金收支平衡的研究聚焦到广州市，对全国和其他统筹地区更具有借鉴性和前瞻性。本文依托广州市制度运行政策文件、基金运行宏观数据和广州市信息中心参保微观数据，采用定性与定量结合方法，从回顾过去、认清现在与预测未来三个维度，研究广州市城镇职工基本养老保险基金收支平衡的现状、问题、影响因素与未来趋势，进而对广州市、广东

* 黄远飞，广州市人力资源和社会保障局巡视员、高级经济师；石宇弘，广州市人文社会科学重点研究基地中山大学广州社会保障研究中心研究助理，中山大学政务学院研究生。

省和全国层面提出保持基金收支平衡的对策建议。

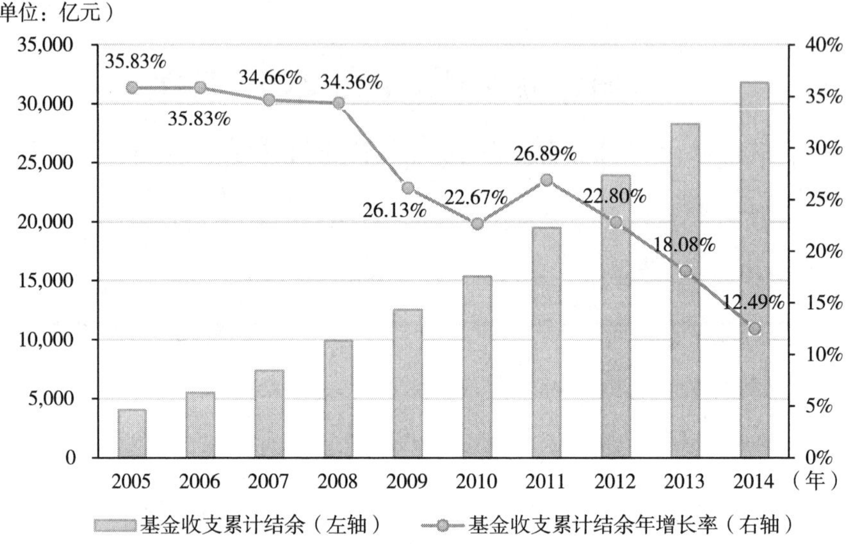

图 1　我国城镇职工基本养老保险基金收支累计结余情况

资料来源：根据《中国统计年鉴 2013》、《中国社会保险发展年度报告 2014》整理。

一、文献综述

本文从养老保险基金筹集与支付、债务与缺口、投资与收益以及影响收支平衡的因素四个方面对已有研究进行归纳总结，并且进行适当评述。

（一）对养老保险基金筹集与支出的研究

关于基金筹集的研究。各国的养老保险制度根据筹资方式的不同，可以分为现收现付制、基金积累制和混合积累制三种（何丰，2003）。我国自 1997 年改革以来采用的“统账结合”，即是混合式的部分基金积累制。在改革之初，国外就有学者指出，虽然这项改革能够降低企业缴费率，但同时也会使个人账户出现缺口（Feldstein，1997）。基金的筹集总额与缴费率以及参保人数相关，同时与取决于工资水平的缴费基数相关（熊俊顺，2001），筹集资金的增加还与人口年龄结构年轻化和劳动生产率的提高相关（袁志刚，2001）。

关于基金支出的研究。影响我国城镇职工基本养老保险金支付需求的因素，主要包括9个主要参数，如退休年龄、社会平均工资增长率、养老金调整率、个人账户记账利率等，通常根据这些参数构建基金支付需求预测模型（张思锋等，2006）、基金支付能力预警模型（熊俊顺，2001）等。预期寿命的增加和生育率的下降，随着人口老龄化程度的加深，将带来全球范围内养老金支付压力的增大（James，1997）。我国另外还有制度“碎片化”现象的存在，地区间发展不平衡，各地区待遇水平参差不齐，但是普遍追随高水平，支付压力随之而来（郑秉文，2009）。

（二）对养老保险基金债务与缺口的研究

关于债务分类与影响因素。隐性债务分为三类，分别是：计划终止时的债务、封闭人群债务以及开放系统债务，其中封闭人群包括在职职工和退休人员，开放系统则考虑新加入者（Holzmann，1998）。覆盖面、退休人数、年龄结构、养老金给付水平、退休年龄以及预定利率等因素影响着基金隐性债务的大小（高建伟等，2006）。

关于债务与缺口的测算。我国较早的研究主要集中计划终止时的债务和封闭人群债务：王鉴岗（2000）较早基于人口模型测算养老保险基金平衡；王晓军（2002）较早利用精算方法，设置固定的缴费率、替代率等参数，估计我国2000—2050年制度转轨的债务水平，率先提出要进一步改革养老金制度；近年来，彭浩然、申曙光等（2009）率先开始对开放系统的债务水平进行测算，创新性地对当前参保人口债务和开放系统债务规模进行科学、精确的测算。

关于债务与缺口的解决。普遍观点认为，政府是保障制度可持续运行的首要责任承担者（Barr，2002），由政府负担转轨为成本，实现个人账户做实（孙祁祥，2001），应加大各级政府财政对基本养老保险补助支出力度（贾康、王瑞、杨良初，2000）。但郑功成（2000）则认为不能仅由政府负责，应当细分责任主体，由政府、企业与劳动者共同承担补偿责任。边恕、穆怀中（2005）认为对养老保险系统内因素进行调整可以解决隐性债务问题。何平（1998）提出对制度参数进行调整、丰富养老保险基金的筹资渠道、完善经济运行环境等，从整体上实现增收减支，填补缺口。

（三）对养老保险基金投资与收益的研究

在基金投资渠道方面，学者有不同看法。郑秉文（2005）不支持养老保险基金入市，他主要考虑了我国股市的成熟程度以及我国社保基金所处的地位、属性。胡继晔（2003）从分散风险的角度，支持基金“入市”运作。彭浩然、岳经纶（2013）主张在基金运作过程中，控制管理成本，将投资主体和治理主体进行分离，从而有效降低债务风险。刘世锦、李绍光等（1997）认为基金入市工作宜采取“稳中求进”方针。未来中国的养老金投资需要进行系统的战略分析，通过分步渐进的实施方法保障我国养老金投资的健康有序发展。

（四）对养老保险基金收支平衡的相关研究

1. 基金收支平衡影响因素的研究

单个因素的影响。大多数文献首先将人口和人口老龄化作为首要影响因素，同时也涉及利率、工资增长率等因素的影响。在人口因素方面，李珍（1999）、骆正清等（2010）综合运用人口预测模型和基金收支预测模型，得到提高生育率可能抑制基金缺口；延迟职工的工作年龄和退休年龄，通过起到增收减支效果，减少缺口；但是逐渐降低的死亡率，会增加个人账户缺口的规模。除此之外，利率因素也会通过对基金收入和基金支出的双向作用影响基金平衡（王鉴岗，2005）。

多种因素的影响。关于此类研究我国现有的文献数量相对较多，但研究思路重合性较高，多为定性分析各指标对基金收支的影响。路和平、杜志农（2000）通过构建预测模型，设置相关参数进行相关预测，得出转轨成本、工资增长率与投资回报率、目标替代率、赡养率、收缴率、覆盖范围和统筹层次等影响基金收支平衡的因素。陈淑娟（2015）、郑哲（2010）分别研究了海南省、四川省的基本养老保险基金的收支平衡问题，并通过回归分析得出了类似的结论，二人均发现抚养比、缴费率等因素是影响基金收支平衡的显著变量。

2. 保持养老保险基金收支平衡的建议方面

为了保持基金收支平衡，首先应重视制度内的参数设置，主张应当根据制度运行情况科学调整制度参数（James，2001），通过参量式的改革缓解我国养老保险基金的支付问题。在我国老龄化的具体背景下，对参数的改革方向主要为：提高缴费率、降低替代率以及延长退休年龄（Feldstein，2006；袁志刚、葛劲峰，2004），通过这些手段可以维持今后一段时间内的基金均衡运行。除此之外，还有提高基金统筹层次、促进基金保值增值（路和平等，2000）；加强扩面征缴力度，保证征缴基金平稳增长；抑制我国当前的提前退休行为，减少领取养老金退休人员的非正常增加，从而控制当期支出；完善灵活就业人员参保政策，保证外来务工人员参保权益；完善基金资本市场运作，实现基金保值增值；隐性债务的解决与做实个人账户等（赵应文，2013）。

（五）对现有文献的总结与评析

本节对养老保险基金的筹集与支付、债务与缺口、投资与受益、影响基金收支平衡的因素、基金收支模型构建以及保持基金收支平衡的途径等方面，对现有文献进行梳理，总结学者们对养老保险基金收支平衡问题的研究成果。已有研究的不足之处在于：

首先，基金收支平衡的研究，可能涉及制度背景、基金运行情况、基金的整体和结构平衡情况、收支平衡的影响因素、存在的问题、基金未来的走势如何，是否存在失衡风险等。目前都已有研究，主要是从以上某一环节或者某几个环节入手，利用定性或者定量方法进行分析，缺乏较为系统全面的整体研究。

其次，当前维持基金收支平衡的责任更多由市级统筹单位承担，各统筹地区均具有一定的地方性特点，是在国家标准下的地方性政策调整，现有研究较少考虑地方的实际政策调整因素，因此所得结论适用性有限。本文将在系统梳理广州市城镇职工养老保险制度改革历程、了解其制度背景的基础上，有针对性地进行研究。

最后，目前研究所用数据多为宏观数据，缺少对所研究地区微观数据的应用。在当前实质上还是市级统筹的背景下，基于广州市的制度背景、基金运行宏观和微观数据，进行系统全面研究，可为全国其他特大型城市乃至整个国家的社会养老保险制度的完善与发展提供经验和借鉴。

二、概念界定与制度现状

（一）养老保险基金收支平衡概念的界定

本文所讨论的是我国基本养老保险制度中成立最早、基金规模最大的制度类型——城镇职工基本养老保险。作为制度运行物质基础的城镇职工基本养老保险基金，是由国家规定的、为确保企业职工离退休后生活有基本保障而建立的专项基金，此基金由企业和职工个人共同负担。目前，我国采用“统账结合”的筹资模式，个人缴费全部进入个人账户，实行积累制，作为养老金发放的基础；企业缴费全部进入统筹账户，实行现收现付制，满足当期养老金支付需求（图 2）。

养老保险基金的收支平衡有狭义和广义两种定义（彭碧荣，2015）。狭义平衡是指采用精算技术，计算养老基金的财务收支平衡，预测基金的未来运行状况；广义平衡需要综合考虑制度的经济效应，研究养老金系统和经济体系之间的互动关系。本文研究的是广州市城镇职工基本养老保险基金的狭义平衡，并且强调基金的长期收支平衡（图 3）。

（二）我国城镇职工基本养老保险基金平衡的现状与问题

我国“统账结合”的城镇职工基本养老保险制度已经走过了近二十个年头。从 1997 年至 2014 年，随着“扩面政策”的日渐深入，全国基本养老基

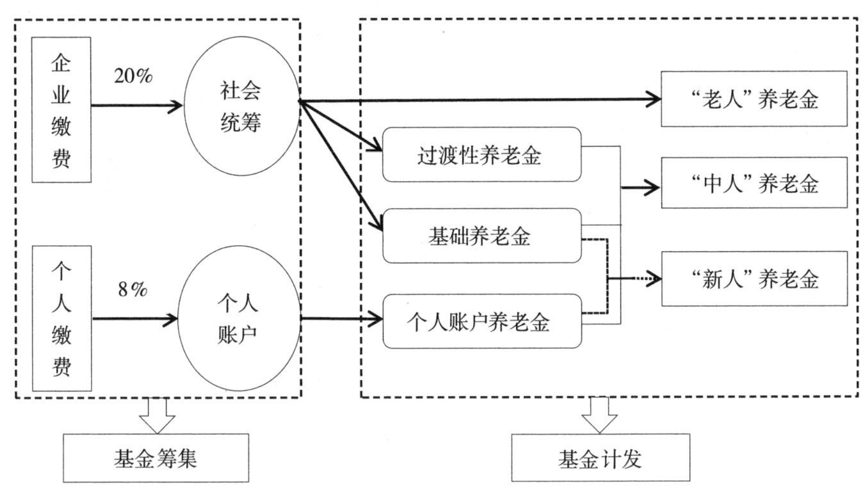

图 2　我国现行城镇职工基本养老保险基金收支示意图

资料来源：根据我国现行制度规定整理（国发 38〔2008〕号文）。

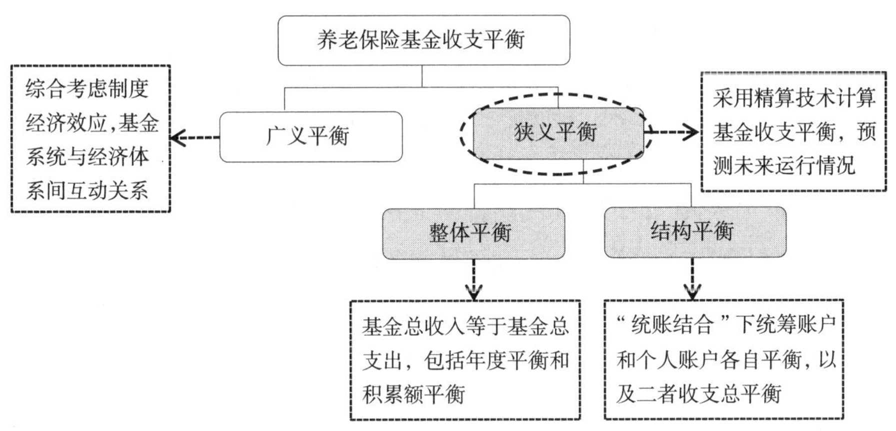

图 3　养老保险基金收支平衡概念的界定

金收入和支出均呈现逐年增长的趋势，但是总支出的平均增速略高于总收入的平均增速（图 4）。尽管基金的累积结余逐年增长，但是近十年来累计结余的年增长率却呈现加速下降趋势，基金平衡仍面临着巨大的问题与挑战。

一是老龄化挑战。以我国第六次人口普查为时间节点，全国 60 岁及以上老人所占比重约为 13.6%，65 岁及以上老人约占 8.87%①，人口结构的变

① 第六次全国人口普查汇编报告。

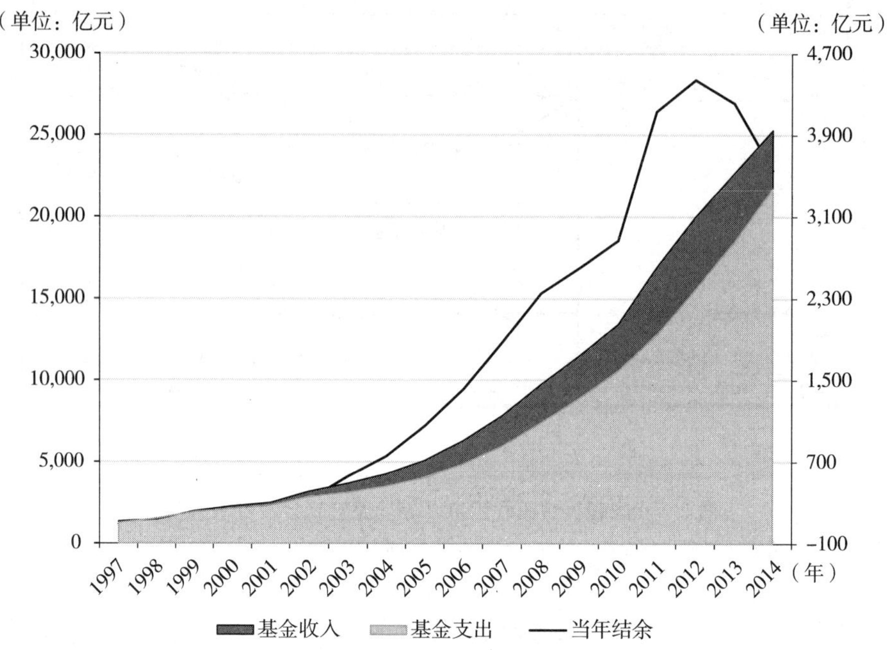

图 4　1997—2014 年全国城镇职工基本养老保险基金运行情况

资料来源：《中国统计年鉴 2013》、《中国社会保险发展年度报告 2014》。

化，可能带来缴费人群的降低和统筹基金收入的减少，从而带来基金失衡压力。二是个人账户“空账”运行和隐性债务风险。我国现行的基本养老保险制度在实践中一直都是在用“新人”和“中人”的缴费支付“老人”的养老金，因此造成这两类人群的个人账户“空账”运行，使基本养老保险制度面临财政危机（王绍光，2000）。三是城镇职工基本养老保险地区间发展不平衡。目前我国城镇职工基本养老保险，实质上还是以地级市为单位进行统筹，而各市级统筹地区间的基金结余不平衡。四是地方社会保障和财政部门填补缺口、提供财政补贴缺乏科学性。目前填补养老保险基金缺口的任务由我国各级财政承担，虽然每年拨出大量款项填补养老保险支付亏空，但是缺乏对养老保险基金收支的精算测算和评估，地方社会保障部门和财政部门对当前和未来的基金平衡状况缺乏足够认识，面对实际问题只能采取临时应对措施，缺乏前瞻性和科学性，每年的养老金待遇调整也未能根据基金收支的实际来进行。

三、广州市城镇职工基本养老保险制度改革与基金运行情况分析

（一）广州市城镇职工基本养老保险制度的改革历程概述

改革开放以来，广州市作为改革开放的前沿阵地，为了适应社会主义市场经济体制需求，政府部门一直在进行养老保险制度的探索和实践，初步构建起一个适应社会主义市场经济体制要求、覆盖城乡全体居民的、与广州市生产力发展水平相适应的、独立于事业单位之外、资金来源多渠道、保障制度规范化、管理服务社会化的养老保险制度体系。

1. 改革的主要阶段及其特征

城镇职工基本养老保险制度，是广州市社会养老保险制度中最早、最核心的部分，其改革历程可分为三个时期，即制度初建的探索阶段（1984—1998 年）、统账制度确立的调整阶段（1998—2005 年）、全民社会养老保险框架体系初步建成的完善阶段（2005 年至今），各阶段的改革发展都涉及三个维度，即覆盖对象与范围、筹资模式和待遇计发方法（见表 1）。

表 1　广州市城镇职工基本养老保险制度的改革历程

制度阶段	覆盖对象与范围	筹资模式	待遇计发
制度初建的探索时期（1984—1998 年）	企业、事业单位、城镇个体工商户	国家、单位和个人三方共同负担，单位和个人按一定比例缴纳	每月基本养老金＝基础养老金＋附加养老金
统账制度确立的调整时期（1998—2005 年）	扩大覆盖面，纳入非本市城镇户口的劳动者、私营企业和个体工商户从业人员	社会统筹与个人账户相结合：1. 社会统筹账户＝企业缴费－划入个人账户部分；2. 个人账户＝个人缴费＋企业缴费划入	每月养老金针对不同对象采用不同计发办法：1.“新人”＝基础养老金＋个人账户养老金；2.“中人”＝基础养老金＋个人账户养老金＋过渡性养老金

制度阶段	覆盖对象与范围	筹资模式	待遇计发
制度完善时期（2005年至今）	扩大统筹范围，将四个独立统筹区域纳入	坚持“统账结合”，但企业缴费不再划入个人账户：1. 社会统筹账户＝企业缴费（企业工资总额 ×20%）；2. 个人账户＝个人缴费工资 ×8%	计发办法大幅变动：1.“新人”＝基础养老金＋个人账户养老金；2. 未退休“中人”＝基础养老金＋个人账户养老金＋过渡性养老金；3. 已退休“中人”＝基础养老金＋个人账户养老金＋过渡性养老金（指数化）

注：1. 基础养老金，以职工离退休时上年度本市职工月平均工资为基数，按缴纳基本养老保险费年限计发。

2. 附加养老金，以职工缴纳基本养老保险费期间本人指数化月平均缴费工资为基数，按缴费年限计发。

3. 制度统一时期，“新人”＝基础养老金（上年度职工月平均工资 ×20%）＋个人账户养老金（个人账户储存额 ÷120）；“中人”＝基础养老金（上年度月平均工资 ×20%）＋个人账户养老金（个人账户储存额 ÷120）＋过渡性养老金（指数化方法）

4. 制度完善时期，“新人”＝基础养老金（以上年度在岗职工月平均工资和本人指数化月平均缴费工资的平均值为基数）＋个人账户养老金（个人账户储存额 ÷ 计发月数）；已退休“中人”＝基础养老金（上年度月平均工资 ×20%）＋个人账户养老金（个人账户储存额 ÷120）＋过渡性养老金（指数化方法）。

资料来源：根据《广州市企业职工基本养老金计发办法》（穗府〔1993〕93号）和《广州市企业职工基本养老金计发办法实施细则》（穗劳险〔1994〕1号）、《广州市职工基本养老金计发办法实施细则》（穗社保〔1999〕19号）、《转发广东省人民政府关于贯彻国务院完善企业职工基本养老保险制度决定的通知》〔2007〕15号等文件整理所得。

2. 制度各阶段主要内容

（1）制度初建的探索时期（1984—1998年）。

从20世纪80年代初开始，以实行国有企业退休费用社会统筹为标志和起点，广州市积极开始了养老保险制度改革的探索与实践：在全省率先实行了固定工缴费，对社会养老保险的筹资方式进行有益的尝试；率先开展临时工养老保险，为今后建立覆盖全体劳动者的保障体系奠定了良好的基础。1983年，随着劳动用工制度的改革，广州市在部分企业试行劳动合同制，催生了广州社会保险制度的改革。1984年，广州开展实施全民合同制职工社会养老保险。1985年，广州实施全民所有制企业固定职工退休费用社会统筹。1988年8月，市政府颁布实施《广州市集体所有制企业、事业单位职工退休基金统筹暂行办法》，广州市建立了涵盖国有企业的合同制职工、固定工和集体所有制企业职工的养老保险统筹制度。1989 年，实施本市城镇户口临时工养老保险。1990 年开始实施区街集体所有制企业职工养老保险。1992 年 7 月，全民、集体企业固定工实行养老保险个人缴费。这一时期的广州推出的其他相关政策如表 2 所示。

表 2 1992—1997 年广州市城镇职工基本养老保险相关主要政策文件

序号	开始执行时间	文件名及文件号
1	1992 年	《关于实施企业固定职工个人缴纳养老保险费的通知》（穗劳险〔1992〕006 号）
2	1993 年	《广州市企业职工基本养老金计发办法》（穗府〔1993〕93 号）
3	1994 年	《广州市企业职工基本养老金计发办法实施细则》（穗劳险〔1994〕1 号）
4	1995 年	关于公布实施《广州市社会保险条例》的通知（穗常发〔1995〕31 号）

数据来源：广州市人力资源和社会保障局网站。

此阶段是广州市城镇职工基本养老保险制度的萌芽时期，从国家、单位和个人分担责任开始制度初建，要求统一筹集和缴费，“逐步建立起基本养老保险制度”。基本养老保险制度覆盖市属各类国有、集体、私营、事业单位及个体工商户等企业；实行三方负担原则，单位以上年度本单位职工缴费工资总额与离退休费总额之和的一定比例缴纳，职工个人按照上年度本人月平均缴费工资的 2% 缴纳；由基础养老金和附加养老金构成的基本养老金，按月发放（表 3）；基金存入养老保险基金专户，实行专项存储，专款专用。

表 3 1992—1997 年广州市城镇职工基本养老保险待遇计发方法

<table>
<tr><th></th><th>缴费基数</th><th>缴费年限</th><th>计发比例</th></tr>
<tr><td rowspan="3">基础养老金</td><td rowspan="3">以职工离退休时上年度本市职工月平均工资为基数</td><td>15 年以上</td><td>25%</td></tr>
<tr><td>满 10 年不满 15 年</td><td>20%</td></tr>
<tr><td>10 年以下</td><td>缴费每满一年一次性发给职工本人指数化月平均缴费工资 2 个月的金额，并终止社会养老关系</td></tr>
</table>

	缴费基数	缴费年限	计发比例
附加养老金	以职工缴纳基本养老保险费期间本人指数化月平均缴费工资为基数	15 年以上	缴费每满 1 年发给 1.3%
		满 10 年不满 15 年	
		10 年以下	缴费每满一年一次性发给职工本人指数化月平均缴费工资 2 个月的金额，并终止社会养老关系

数据来源：《广州市企业职工基本养老金计发办法实施细则》（穗劳险〔1994〕1 号）。

此阶段企业和个人缴纳保险金均存放在银行开设的养老保险基金账户中，没有实现分账管理，基金管理制度尚不健全、养老保险的支付还未实现社会化管理。但是已经初步实现了国家、企业和职工三方共同承担缴费责任的目标，“统账结合”的养老保险模式初步形成。

（2）“统账制度”确立的调整时期（1998—2005 年）。

1997 年国务院发布《关于建立统一的企业职工基本养老保险制度的决定》（国发〔1997〕26 号），确立了社会统筹与个人账户相结合的模式。1998 年 7 月，广州市实施《广州市私营企业和个体工商户从业人员基本养老保险实施办法》，把非公经济企业职工、乡镇企业的职工、个体工商户和私营企业的业主以及非广州市城镇户口的外来工，全部纳入了社会养老保险的统筹范围。同时，根据国家养老保险统一制度的要求，实行了“社会统筹与个人账户相结合”的模式，为所有参加养老保险的职工建立了养老保险个人账户。至此，广州市建立起适应社会主义市场经济体系的不分户籍、不分职工身份、不分企业所有制的开放式的养老保险体系，在全市范围内建立起了统一的城镇企业职工基本养老保险制度。表 4 概述了这一时期广州市出台的主要相关文件。

表 4　1998—2005 年广州市城镇职工基本养老保险相关主要政策文件

序号	开始执行时间	文件名及文件号
1	1998 年	《广州市私营企业和个体工商户从业人员基本养老保险实施办法》（市政府令〔1998〕第 4 号）

序号	开始执行时间	文件名及文件号
2	1998 年	关于印发《广州市职工基本养老金计发办法实施细则》的通知（穗社保〔1999〕19 号）
3	1999 年	《关于广州市建立统一的企业职工基本养老保险制度实施意见的通知》（穗府〔1999〕25 号）
4	1999 年	关于印发《广州市基本养老保险个人账户管理暂行办法》的通知（穗社保〔1999〕20 号）

数据来源：广州市人力资源和社会保障局网站。

1999 年 3 月，广州市开展了社会保险扩大覆盖面工作。从 1998 年开始，乡镇企业、非本市城镇户口的劳动者、私营企业个体工商户从业人员也纳入基本养老保险；严格控制单位和个人缴费比例，单位由缴费工资总额的 23%，逐步降至 20%；职工由本人缴费工资的 5%，逐步提高至 8%；按月计发的基本养老金与个人缴费年限及数额挂钩（表 5）；1998 年开始为职工建立个人账户，初始值为职工缴费工资的 11%，并划入个人全部缴费；基金实行收支两条线管理，纳入专款专用的财政账户。

表 5　1998—2005 年待遇计发和领取办法

对象	分类	计发办法	领取办法
“中人”	1998 年 7 月 1 日前参加工作的人员，新政策实施后达法定退休年龄，缴费年限累计满 10 年	月基本养老金 = 基础养老金 + 个人账户养老金 + 过渡性养老金	退休后按月领取基本养老金直至死亡
	1998 年 7 月 1 日以前参加工作的人员，新政策实施后达到法定退休年龄，缴费年限累计不满 10 年	老年津贴按建立个人账户前的缴费年限计算，每满 1 年发给 2 个月指数化月平均缴费工资	退休后不享受基础养老金待遇，个人账户全部储存额一次性支付，一次性发给老年津贴，终结社会养老保险关系
“新人”	1998 年 7 月 1 日以前参加工作的人员，达到法定退休年龄，缴费年限满 15 年	月基本养老金 = 基础养老金 + 个人账户养老金	退休后按月领取基本养老金直至死亡

对象	分类	计发办法	领取办法
“新人”	1998 年 7 月 1 日起参加工作的人员，达到法定退休年龄，缴费年限累计不满 15 年	一次性发给其个人账户全部储存额	退休后不享受基础养老金待遇，同时终结养老保险关系。

资料来源：《广州市职工基本养老金计发办法实施细则》（穗社保〔1999〕19 号）。

此阶段“统账制度”已建立，试点扩面、建立个人账户等方面取得了一定成效，将养老金与缴费年限及数额挂钩，充分体现了新制度下权利与义务相结合的特征；建立个人账户，企业缴费负担有望降低，提高单位参保积极性。但制度仍处于初始状态，尚未形成完善的管理机制。

（3）制度完善时期（2005 年至今）。

针对“统账结合”的部分积累制养老保险新制运行过程中普遍存在的问题，2005 年国务院出台了《关于完善企业职工基本养老保险制度的决定》（国发〔2005〕38），旨在优化计发办法、做实个人账户。这一时期，广州市围绕构建覆盖城乡全体居民的社会养老保险制度的目标，建立了多层次的养老保险体系，实现了社会养老保险的制度全覆盖。

这一时期，广州市城镇职工基本养老保险制度的缴费率和待遇计发办法都有了调整。从 2007 年起，企业缴费费率为 20%，个人缴费费率为 8%；调整缴费基数，由上年度本人月平均缴费工资改为月应税工资和薪金收入，基数上下限由市职平均工资改为广东省上年度在岗职工月均收入。在计发办法方面：首先，“新人”基础养老金和个人账户养老金计算方式变化，以广东省上年度在岗职工月平均工资和本人指数化月平均缴费工资① 的平均数为基础，缴费每满 1 年按 1% 计发。改革后的算法与其缴费年限和缴费水平关系更加紧密，旨在提高职工参保积极性。个人账户养老金改用指数化计算方法，旨在抑制提早退休等行为，提高养老金的发放效率。两阶段详细的筹资

① 本人指数化月平均缴费工资由参保人员退休时上一年度全省职工月平均工资和本人平均缴费工资指数之积构成；本人平均缴费工资指数是参保人当年月平均缴费工资与上年度当地在岗职工平均工资的比值，其比值大小能够反映该职工在所在地的社会经济生活中的相对位置。

模式和待遇计发办法对比见表6。

个人账户基金全部由个人缴费构成，由缴费工资的11%降至8%；继续收支两条线管理，建立省级以上管理系统；地方政府成立独立专门直属机构进行监管；建立和完善基本养老金正常调整机制，规定每年7月进行养老金调整，统筹基金支付每年全部调整资金。2005年以来，广州市月人均基本养老金金额逐年提高（表7）。

表6 两阶段筹资模式和待遇计发办法对比表

		"统账制度"建立时期（1997—2005）	制度完善时期（2005—至今）
筹资模式	社会统筹账户	企业缴费不超过企业工资总额的20%，减去划入个人账户的部分其余全部进入社会统筹账户	企业缴费部分不再划入个人账户，全部进入社会统筹账户
	个人账户	个人缴费工资的11%。其中，个人缴费逐步变为8%，其余部分由企业缴费划入。	统一为个人缴费工资的8%，全部由个人缴费形成。
待遇计发办法	"新人"	个人缴费满15年，月养老金=基础养老金（退休时上年度市职工月平均工资 ×20%）+个人账户养老金（个人账户储存额 ÷120）	个人缴费满15年，月养老金=基础养老金（广东省上年度在岗职工月平均工资和本人指数化月平均缴费工资的平均值为基数，缴费每满1年发给1%）+个人账户养老金（个人账户储存额除以计发月数）
	"中人"	个人缴费和视同缴费年限累计满15年，月养老金=基础养老金+个人账户养老金+过渡性养老金。基础养老金和个人账户养老金的发放标准同"新人"一样，过渡性养老金计发办法采用指数化办法	"已退休"中人"：按国家原来规定发放养老金，同时执行养老金调整办法。
	"老人"	未退休"中人"：基础养老金+个人账户养老金+过渡性养老金。基础养老金和个人账户养老金同"新人"一样，过渡性养老金设置过渡期，新旧办法按差额计发养老金	按国家原来规定发放养老金，同时执行养老金调整办法

资料来源：作者根据穗社保〔1999〕19号文整理。

表7　2005年至今广州市月人均养老金调整情况

（单位：元/人/月）

年份	月人均提高养老金标准	月人均基本养老金
2005	基础养老金由原来的470.6元/月调整为517元/月，过渡性养老金及个人账户养老金按本市上年度平均缴费工资增长率（5.85%）的50%进行调整	994
2006	定额增加100元	1152
2007	定额增加82元	1297
2008	定额增加111元	1455
2009	定额增加83元；再按调整前基本养老金的5%增加基本养老金	1712
2010	定额增加85元/月；再按调整前基本养老金的4%增加基本养老金，计算出来的调增金额低于50元的按50元发放	2229
2011	定额增加95元/月；再按照调整前基本养老金的4%增加基本养老金，计算出来的调增金额低于50元的按50元发放	2413
2012	定额增加83元/月；再按照调整前基本养老金的5%增加基本养老金	2614
2013	定额增加95元/月；再按本人调整前基本养老金月标准的5%计算调整额	2833
2014	定额增加97元/月；再按本人调整前基本养老金月标准的5%计算调整额	3019
2015	定额增加113元/月；再按本人调整前基本养老金月标准的5%定比计算调整额	3200

数据来源：历年关于调整广州市基本养老金的通知。

3. 总结：过去的成果与未来的挑战

为了适应社会主义市场经济体制的改革，广州市职工养老保险制度历经了探索、调整和完善三个阶段，在筹资方式、计发办法、待遇发放、个人账户管理等方面都得到完善。尽管如此，制度的运行也存在一些问题，如社会统筹和个人账户管理混账管理，个人账户“空账”运行；转轨成本的责任承担主体不清，转轨成本难以消化，长期基金收支平衡受到威胁。基金的收支平衡问题制约着制度的未来走向，同时影响制度适用性、操作性和可持续性。未来在人口老龄化程度加深、城镇化进程加速等情况下，广州市需对基金运行的各个环节进行科学测算、管理和监控，以实现基金的动态平衡。

（二）广州市城镇职工基本养老保险基金的运行情况分析

2014 年广州市实现地区生产总值（GDP）16706.87 亿元，同比增长 8.6%；全年城市人均可支配收入约 4.3 万元；① 年末户籍人口 842.42 万人，其中 60 岁及以上老年人口约占 16.75%。② 本节通过对参保人员、缴费与待遇、基金收支与结余情况的当前现状描述与历史趋势分析，判断基金的收支平衡情况，为分析影响基金平衡的因素，预测未来基金走势提供历史依据和数据基础。

1. 参保人员情况

（1）参保人数与覆盖率。2014 年广州市城镇职工基本养老保险参保人数 925.56 万人，③ 参保人口逐年增加，年平均增长率达 18.24%，且近年来增速明显；覆盖率逐年增长，并且在 2014 年做到了全覆盖。原因可能为：2005 年以来广州市坚持以非公有制企业、城镇个体工商户和灵活就业人员为重点，扩展统筹范围、建立与完善一次性缴费、转移接续等政策；特别是 2013 年以来广州市落实城镇企业职工基本养老保险关系省内转入与跨省转入政策，带来参保人口的大幅度增加。

（2）缴费人数及其占比。2014 年缴费人数 396.55 万人，单位平均缴费比例为 14.2%，④2015 年单位缴费比例统一为 14%，个人缴费比例为 8%。近 10 年来缴费人数一直处于稳步上升中（图 5），年平均增长率为 7.79%，缴费人数占参保人数的平均比例约为 77%，缴费人员比例偏低且逐年下降。主要原因是：参保人员的平均增长速度 18.24% 快于缴费人数的平均增长速

---

① 《广州市 2014 年国民经济和社会发展统计公报》，广州市统计局、国家统计局广州调查队。

② 《广州市 2014 年老年人口和老龄事业数据手册》，广州市老龄工作委员会、广州市民政局、广州市统计局联合发布。

③ 《广州市 2014 年度社会保险信息披露通告》，广州市人力资源和社会保障局网站，http：//www.hrssgz.gov.cn/sbgk/sbsj/201506/t20150626_231422.html。

④ 国有、集体、三资企业等单位中本市城镇户籍从业人员的单位缴费比例为 20%；私营企业、民办非公有制企业等单位参保人及原国有、集体、三资企业等单位中非本市城镇户籍从业人员的单位缴费比例为 12%。

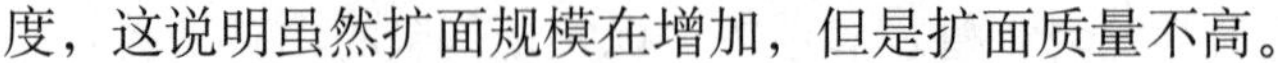

度，这说明虽然扩面规模在增加，但是扩面质量不高。

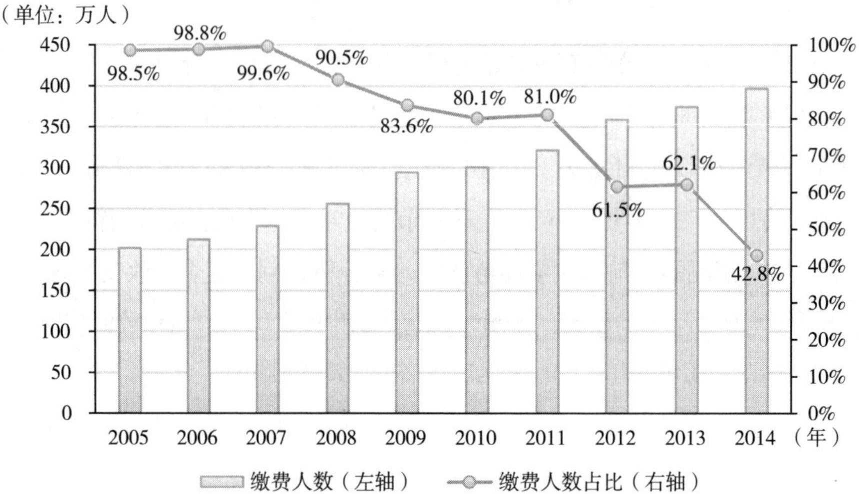

图 5　广州市城镇职工基本养老保险缴费人数增长情况

资料来源：历年《广州统计年鉴》、历年《广州市国民经济与社会发展统计公报》。

（3）受益人数及抚养比。2014 年参保人口中离退休人员为 82.94 万人，抚养比为 4.78∶1。近十年受益人数逐年增加（图 6），其年均增长率为 5.14%；年平均抚养比为 4.43∶1。

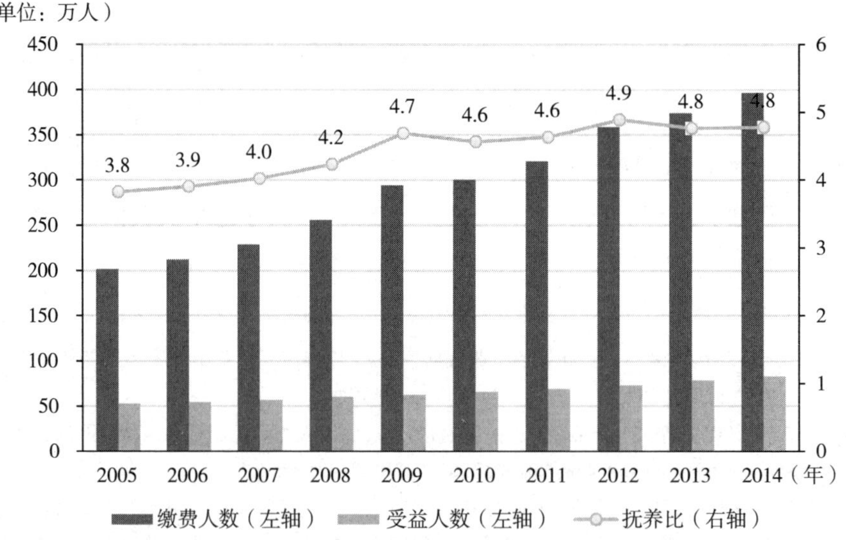

图 6　广州市城镇职工基本养老保险参保与参保退休比

资料来源：根据历年《广州统计年鉴》、历年《广州市国民经济与社会发展统计公报》。

2. 缴费与待遇水平

（1）人均缴费。2014 年广州市城镇职工基本养老保险的征缴收入达 335.50 亿元，年人均缴费 8460.4 元，十年间年平均增长率为 4.53%；征缴收入年平均增长率（12.67%）高于缴费人数年平均增长率（7.79%）；征缴率从 2005 年的 95.6% 增长至 2009 年的 100%（表 8），并保持至今。

表 8　广州市城镇职工基本养老保险缴费人数与人均缴费情况

年份	缴费人数（万人）	征缴收入（万元）	人均缴费（元 / 人）	征缴率（%）
2005	201.93	1146307	5676.73	95.6
2006	212.35	1169219	5506.14	95.6
2007	228.81	1192342	5211.05	96.3
2008	255.84	1347508	5267.03	96.6
2009	294.23	1504943	5114.90	100
2010	300.36	1777531	5917.96	100
2011	321.26	2316630	7211.01	100
2012	358.94	2765865	7705.65	100
2013	374.42	3252917	8687.88	100
2014	396.55	3354970	8460.40	100

数据来源：根据历年《广州统计年鉴》、广州市人力资源和社会保障信息中心数据计算。

（2）人均养老金水平及替代率。截至 2014 年，广州市已经连续十年提高待遇水平，调整后企业职工月人均养老金首次达 3019 元，居全国前列，平均替代率为 67.57%（省社平工资口径[①]）。从 2005 年的 994 元提高到 2014 年的 3019 元（图 7），年平均增长率为 13.14%，养老保险待遇逐年提升。以省平均工资为口径，自 2009 年开始每年替代率均高于 60%，年平均替代率为 64.2%。

3. 基金收支与结余情况

（1）基金收入及其结构。2014 年基金总收入 356.95 亿元，其中，征缴

① 省社平工资口径：全省上年度在岗职工月平均工资。

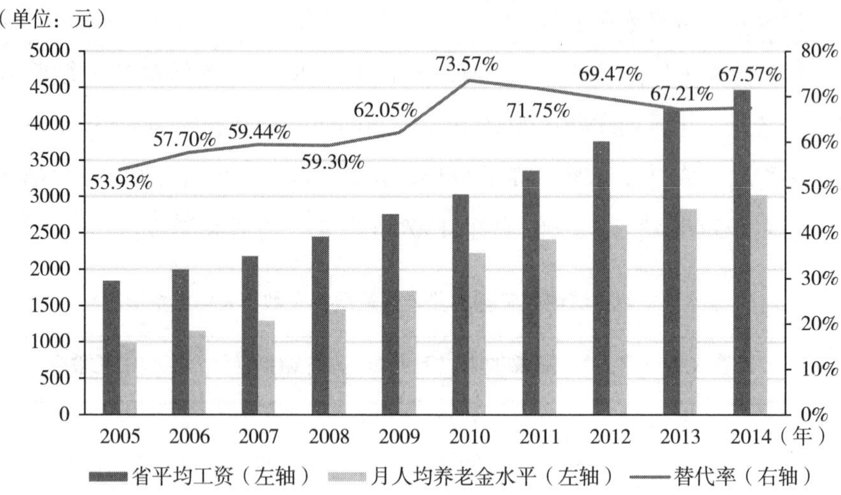

图 7　广州市城镇职工基本养老保险养老金水平及替代率变化

资料来源：根据广州市历年养老金调整政策文件、《广东省统计年鉴 2015》计算整理。

收入 335.50 亿元、财政补助收入 0.50 亿元、利息收入 8.03 亿元、关系转移收入 7.54 亿元；近五年基金的总收入保持增长态势，但收入增长率却呈“V”字形，今年才有所回升，五年的年均增长率为 10.72%（图 8）。

从收入构成来看，征集收入占比 90% 以上，是最主要的构成部分，其

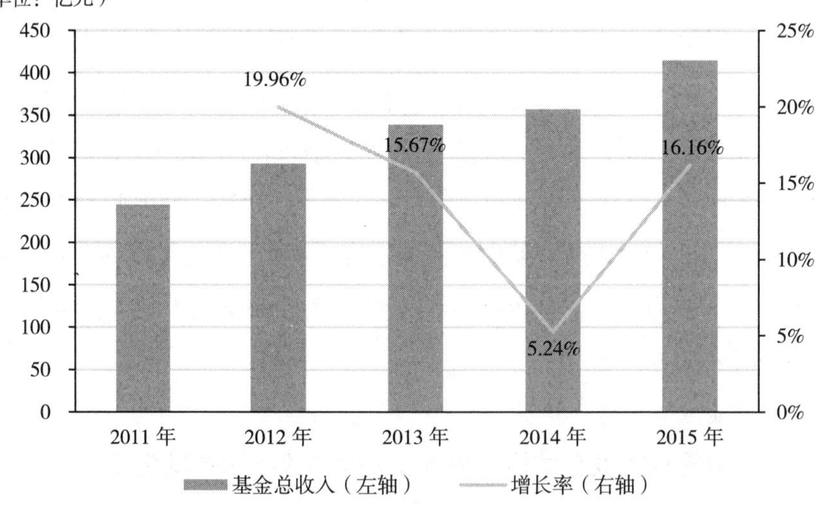

图 8　广州市城镇职工基本养老保险养老保险基金收入及其增长率

资料来源：根据广州市社会保险基金管理中心数据计算整理。

次是利息收入，另外还有每年固定 0.5 亿元的本地财政补贴，加上各年适量的上级补助收入和转移收入（图 9）。本地的财政部门每年采用定额的补贴，未能根据当年的基金平衡情况提供科学合理的补贴金额，效果十分有限。

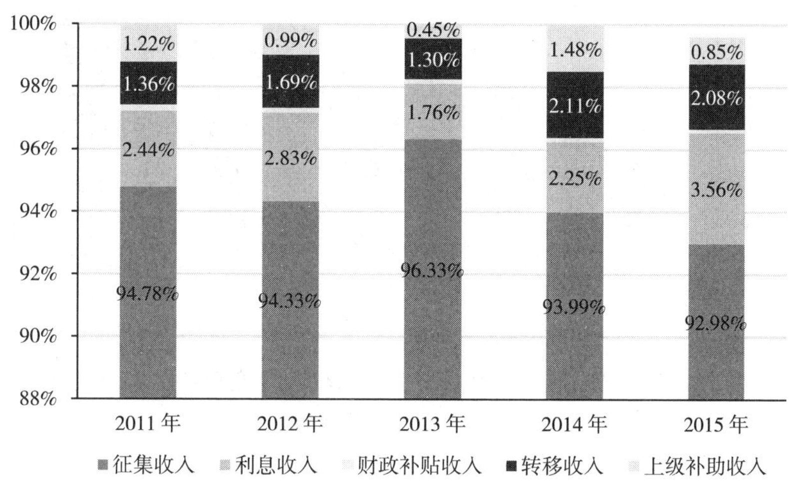

图 9　广州市基金总收入结构变化图

资料来源：根据广州市社会保险基金管理中心数据计算整理。

利息收入增加比较明显，基金的收益率在 2013 年陷入低迷，随后高速增长（图 10）。原因在于，2012 年广州市率先将城镇职工基本养老保险滚存结余中的 110 亿元委托至全国社会保障基金理事会运营，定期存款减少，2013 年利息收入相应减少；2015 年收到原 110 亿元投资运营两年期投资收益 11.4 亿元，因此利息收入大幅度增长。总体上基金的投资收入占比较小，投资渠道主要为银行存款和委托运营，无债券投资，投资效率有待提升。

（2）基金支出及其结构。2014 年基金总支出 336.16 亿元，其中有 313.07 亿元的养老金待遇支出、5.67 亿元的关系转移支出；总支出逐年增加，年平均增长率为 10.95%，略高于总收入（图 11）。从支出结构上来看，基本养老金支出一直是主体，其次是逐年增加的上解上级支出，加上占比相对稳定的转移支出和丧葬抚恤补助支出（图 12）。

（3）基金结余。2014 年当期结余 20.79 亿元，累计结余 393.85 亿元，且累计结余逐年增加，但是累计结余增长率出现波动趋势，基金呈现当期收

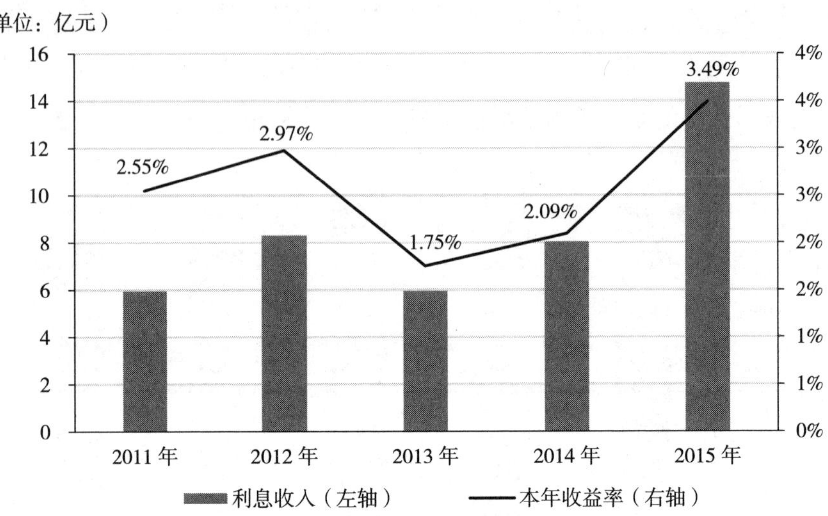

图 10　广州市城镇职工基本养老保险养老保险基金利息收入及收益率

资料来源：根据广州市社会保险基金管理中心数据计算整理。

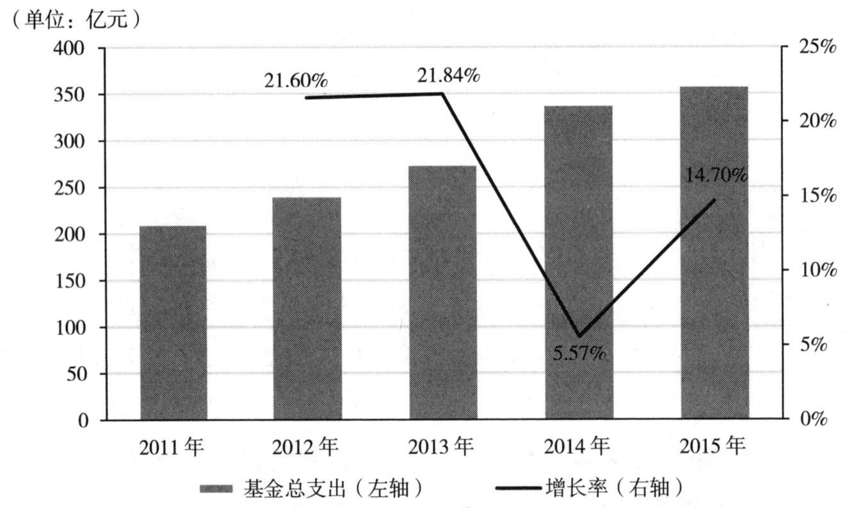

图 11　广州市城镇职工基本养老保险养老保险基金总支出及增长率

资料来源：根据广州市社会保险基金管理中心数据计算整理。

大于支，略有结余，累计结余支撑力弱化的特点（图 13）。

4. 综合判断：基金收支平衡情况及存在的问题

基于上述对参保人员、缴费与待遇以及基金收支结余的情况介绍，广

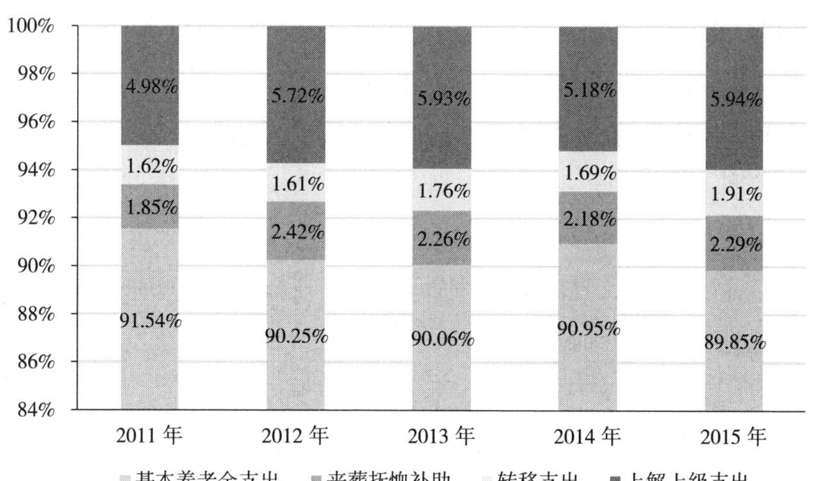

图 12　广州市城镇职工基本养老保险养老保险基金总支出及其构成

资料来源：根据广州市人力资源与社会保障信息中心数据计算整理。

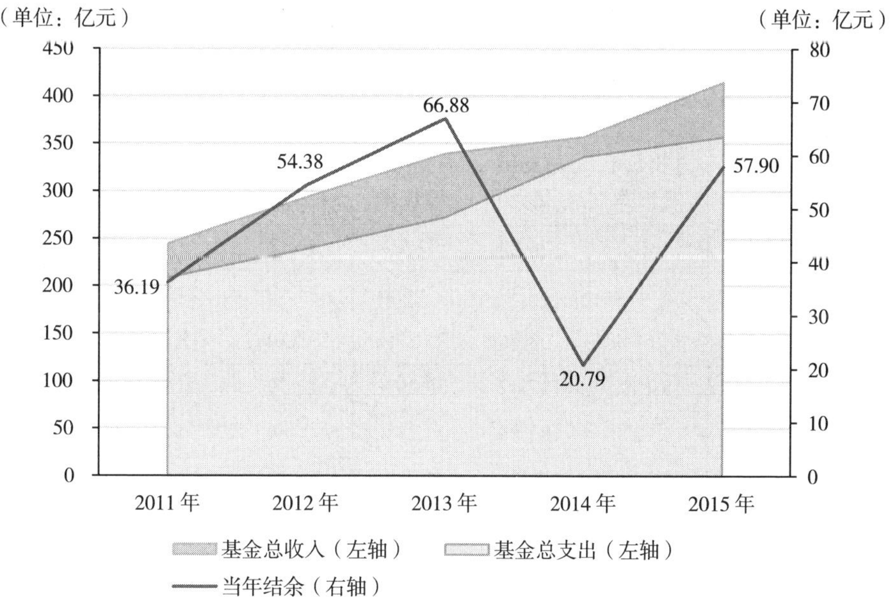

图 13　广州市城镇职工基本养老保险养老保险基金结余情况

资料来源：根据广州市社会保险基金管理中心数据计算整理。

州市城镇职工养老保险基金呈现当期平衡、略有结余、累计结余支撑力弱化，基金收益率不高的特点。基金无论在整体还是结构上都存在一定程度的失衡问题，同时存在基金管理风险、基金上解下拨金额不平衡、抚养比偏高、替代率较低、投资途径单一等问题。

（1）整体平衡情况：整体而言未来存在收不抵支隐患。2006—2015年广州市城镇职工基本养老保险基金总收入的年平均增速为14.83%，基金总支出的年平均增速为18.71%，总支出的平均增速（18.71%）远大于总收入的平均增速（14.83%），且由于转轨成本存在，基金在未来可能显现收支失衡问题，对制度可持续性造成威胁。

另外，按照劳动部《企业职工养老保险基金管理规定》（劳部发〔1993〕117号）中的规定"基金应留有部分积累，积累率为工资总额的3%"，以及《企业职工基本养老保险基金实行收支两条线管理暂行规定》（粤财社〔1998〕17号）中的"基本养老保险基金结余额预留相当于2个月的支付费用外"，基金的当期结余在近几年大多达不到以上两个要求，结余预留不足（表9）。

表9　广州市城镇职工基本养老保险基金收支整体平衡情况表

年份	总收入（亿元）	总收入年增长率	总支出（亿元）	总支出年增长率	当年结余（亿元）	两个月支付费用	工资总额的3%
2006	119.41	—	76.22	—	43.18	12.70	19.69
2007	123.18	3.16%	88.39	15.97%	34.79	14.73	21.90
2008	141.26	14.68%	108.96	23.27%	32.30	18.16	26.05
2009	159.81	13.13%	147.42	35.29%	12.39	24.57	29.91
2010	184.93	15.72%	182.84	24.03%	2.09	30.47	33.30
2011	244.43	32.18%	208.24	13.90%	36.19	34.71	39.13
2012	293.23	19.96%	238.84	14.69%	54.38	39.81	51.03
2013	339.16	15.67%	272.28	14.00%	66.88	45.38	54.19
2014	356.95	5.24%	336.16	23.46%	20.79	56.03	57.03
2015	414.65	16.16%	356.75	6.12%	57.90	59.46	69.15
平均值		14.83%		18.71%			

数据来源：根据广州市社会保险基金管理中心数据计算整理。

（2）结构平衡情况：统筹账户收不抵支，个人账户空账运行。由于当前的混合收支管理，统筹账户要承担基础养老金、过渡性养老金和退休金三种支出需求，个人账户每年的支出需求远小于基金收入金额，当统筹账户不足时，将使用个人账户填补缺口，导致个人账户出现“空账运行”。统筹账户每年收不抵支且缺口逐年增大，但当年收支却存在一定结余（表10），当年结余掩盖了基金结构上的不平衡。

表10　广州市城镇职工基本养老保险基金结构平衡情况表

（单位：亿元）

年份	保费总收入		养老金总支出		当年结余	统筹账户缺口
	统筹账户收入	个人账户收入	统筹账户支出	个人账户支出		
2011	151.76	79.91	185.66	4.98	41.03	−33.90
2012	179.30	97.29	209.43	6.13	61.03	−30.13
2013	211.56	113.73	237.88	7.32	80.09	−26.32
2014	217.61	117.88	296.78	8.97	29.74	−79.17
2015	242.90	142.64	309.95	10.60	64.99	−67.05

数据来源：根据广州市社会保险基金管理中心数据计算整理。

（3）广州市城镇职工基本养老保险基金运行面临的问题。

第一，基金上解下拨金额不平衡。

虽然我国一直强调提高统筹层次，但当前大部分地区均用省级预算管理方式，市级统筹单位每年需要上解省级调剂金。广州市按企业职工养老保险单位缴费的9%①上解到省级社会保障基金财政专户，近几年存在调剂金上解和下拨不平衡现象（表11）。另外，本地的财政部门每年采用定额的补贴，未能根据当年的基金平衡情况提供科学合理的补贴金额，效果十分有限。

① 按照《广东省省级养老保险调剂金分配管理暂行办法》文件要求。

表 11 广州市养老保险调剂金上解、下拨情况统计

（单位：百万元）

	2010 年	2011 年	2012 年	2013 年	2014 年	合计
上解金额 A	1070.82	1037.81	1365.81	1742.33	2120.23	7337.00
下拨金额 B	1000.00	631.10	784.07	592.82	1282.27	4290.26
差额 C＝B－A	－70.82	－406.71	－581.74	－1149.51	－837.96	－3046.74

数据来源：根据广州市社会保险基金管理中心数据计算整理。

第二，养老金抚养比偏高，养老金替代率较低。

目前广州市的养老金抚养比为 4.78∶1，2014 年以广东省城镇单位在岗职工平均工资为基数，广州市目前的平均替代率为 67.57%。但广州市的平均工资高于广东省的平均数，如果以广州市的职工平均工资为基数，这个比值还要下降（表 12）。

表 12 广州市不同口径下的城镇职工基本养老保险替代率情况

年份	月人均养老金水平（元）	省职月平均工资（元）	市职月平均工资（元）	省社平工资口径替代率	市社平工资口径替代率
2005	994	1843	2861	53.93%	34.75%
2006	1152	1997	3064	57.69%	37.60%
2007	1297	2182	3380	59.44%	38.37%
2008	1455	2454	3809	59.30%	38.20%
2009	1712	2759	4127	62.05%	41.48%
2010	2229	3030	4567	73.57%	48.81%
2011	2413	3363	4789	71.75%	50.39%
2012	2614	3763	5626	69.47%	46.46%
2013	2833	4215	5808	67.21%	48.78%
2014	3019	4468	6187	67.57%	48.79%

数据来源：根据广州市历年养老金调整文件、《广东省统计年鉴 2015》、《广州市统计年鉴 2015》数据计算整理。

第三，基金投资途径比较单一。

广州市近年来主要利用定期存款和委托投资，2012 年开始广州市委托社保基金理事会运营 110 亿元累计结余，两年后收益 11.4 亿元，但基金的收益率仅为 3.49%。在通货膨胀风险下，养老金的保值增值仍是需要解决的重要问题。

广州市职工养老保险基金运行呈现当期平衡、略有结余、累计结余支撑力弱化，基金收益率不高的特点。基金整体未来存在收不抵支隐患，基金结构存在统筹账户收不抵支，个人账户空账运行问题，同时面临基金上解下拨金额不平衡、抚养比偏高、替代率偏低等问题。如果维持各项政策不变，未来将会出现当期失衡的情况。因此，需要充分认识基金未来发展趋势，明确各项因素的变化对基金收支的影响，着眼于动态平衡，为实现可持续发展提供决策参考。

四、广州市城镇职工基本养老保险基金收支平衡未来趋势分析

（一）分析工具和方法

以精算原理为基础，利用国家劳动部社保中心开发的养老保险基金精算分析模型进行预测，利用 VBA 语言编程，由基金收支、参保人员、养老金、工资和政策参数五个核心模块组成（图 14），涉及综合参数、人口、就业与参保、宏观经济、制度运行等方面内容，用于预测各级统筹层次的养老保险运行情况。

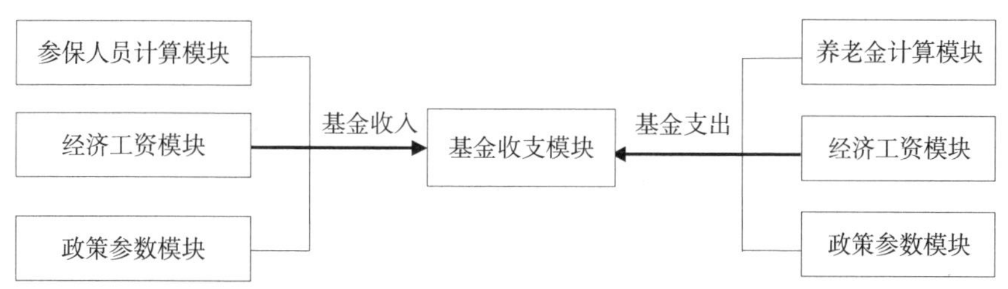

图 14　预测模型模块结构

养老保险基金精算分析模型进行基金收支预测的流程为：根据起始年城镇人口规模和结构、迁移人口规模预测城镇人口；通过城镇劳动力参与率、失业率等确定城镇就业人数；根据起始年参保职工存量和每年增量计算参保职工人数，根据退休率确定新增退休人数；征缴收入根据未来参保职工人数和缴费工资计算，征缴收入与财政补贴、投资运营收益等构成基金总收入；基本养老金支出根据未来退休人数及养老金水平计算，加上丧葬补助、上解上级支出等其他支出构成基金总支出。

设定预测的目标区间为2015—2034年。以2014年广州市城镇职工基本养老保险运行数据、经济社会发展数据、人口数据为基础，在现行政策制度下，结合“十三五”规划，预测基金未来二十年的收支平衡趋势。人口数据来源于2010年广州市第六次人口普查、2005年广州市第五次人口普查、2005—2014年《广州市统计年鉴》、广州市统计信息网；基金收支明细数据来源于广州市社会保险基金管理中心、起始年参保数据来源于广州市人力资源与社会保障局信息中心、2005—2014年《广州市统计年鉴》、《广东省统计年鉴》、广州市人力资源与社会保障局网站等。

（二）基金收支平衡未来趋势分析

在现行政策制度下，基金收入、基金支出和基金结余三个维度的收支平衡趋势情况如下：

1. 基金收支未来趋势

广州市城镇职工基本养老保险基金收支规模不断扩大，但基金收入增长率逐年降低，未来收入增长趋势放缓；基金支出增长率高于基金收入，未来支出增长快于收入增长。未来十年基金运行较为乐观，但是从2028年开始基金支出规模将慢慢超过基金收入规模，在2029年基金支出超过收入，并在以后年份此缺口逐渐增大（图15）。

2. 基金当期结余与累计结余未来趋势

基金的当期结余经历了先增长后下降这一过程，基金当期结余的未来趋势并不乐观，预测在2029年时首次出现当期结余为负，并且未来损失明

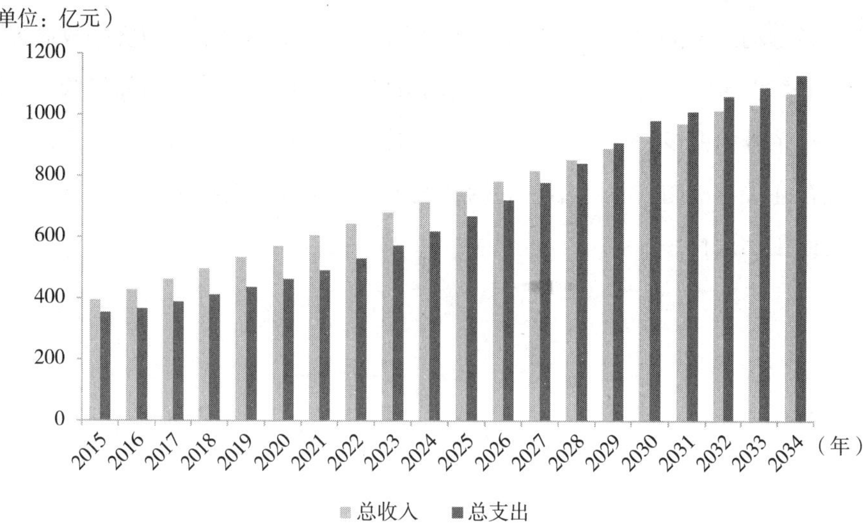

图 15　2015—2034 年基金总收支预测（单位：亿元）

资料来源：根据测算结果整理。

显，长期会对基金的健康运行、制度的可持续发展带来威胁（图 16）。

累计结余呈现前期较快增长后期加速下降趋势，累计结余增长率呈现先缓慢下降后加速下降趋势，预计至 2029 年累计结余年增长率首次出现负增长（图 17）。原因在于，基金的缴费人数在未来五年内还处于增加的阶

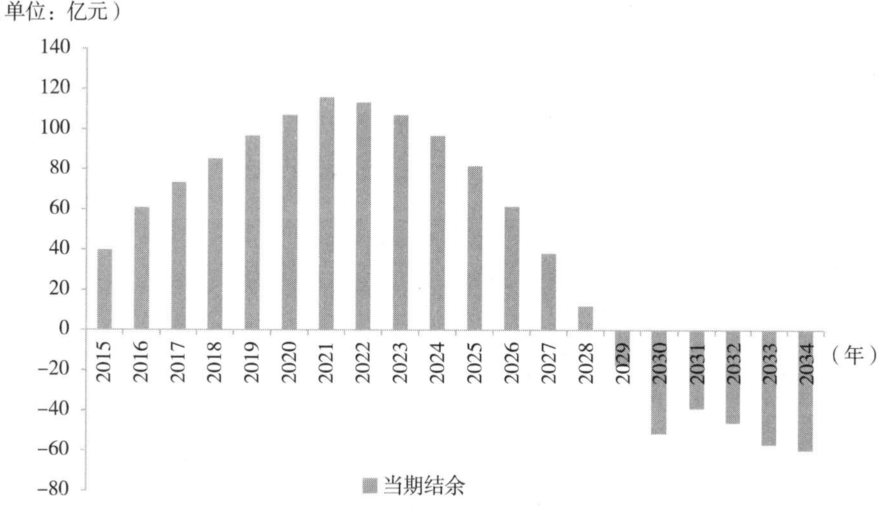

图 16　2015—2034 年基金当期结余预测（单位：亿元）

资料来源：根据测算结果整理。

段，且劳动人口的增长较快，但未来受到人口老龄化加剧、缴费率较高以及较高的养老金水平等因素的影响，基金的收入增长落后于支出的增长，使得基金结余开始减少。由此可见，广州市城镇职工基本养老保险基金未来基金收支存在失衡威胁，累计结余的持续减少将会降低制度抗风险能力并且影响制度的正常运行。

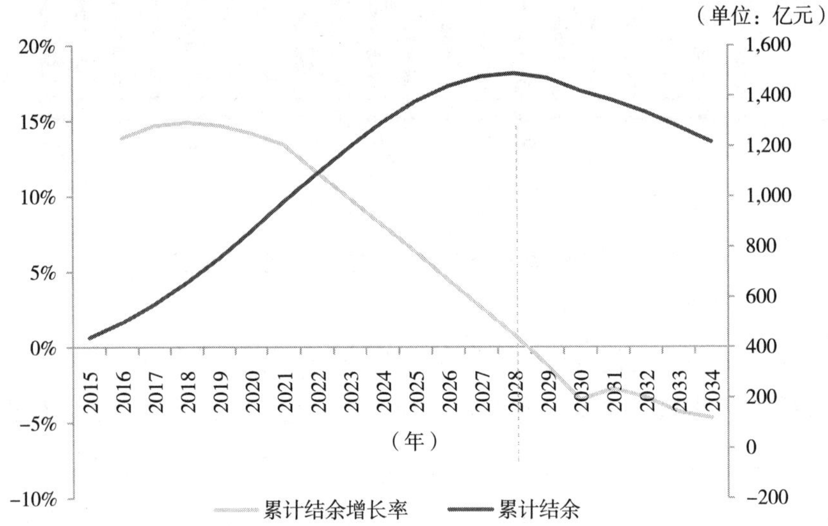

图 17　2015—2034 年基金累计结余预测（单位：亿元）

资料来源：根据上述测算结果整理。

3. 综合分析：基金收支平衡预测

如果期间政策不发生较大的变动，基金的当年结余将在大约 15 年后出现亏损，累计结余也将在之后的某段时间内发生亏损。基金运行整体面临偿付危机，后期各年度基金当期收支存在赤字且缺口逐年扩大（图 18）。因此，不论从整体平衡还是结构平衡来看，未来都将会出现基金失衡风险，需要做好准备、采取措施应对挑战。

以上基金收支平衡趋势分析结果反映了广州市未来二十年的城镇职工基本养老保险基金收入、支出及结余的动态变化，从而为政策制定者掌握未来广州市城镇职工基本养老保险基金收支动态趋势提供了现实依据、为科学规划和制定广州市未来城镇职工基本养老保险的发展蓝图提供决策依据。

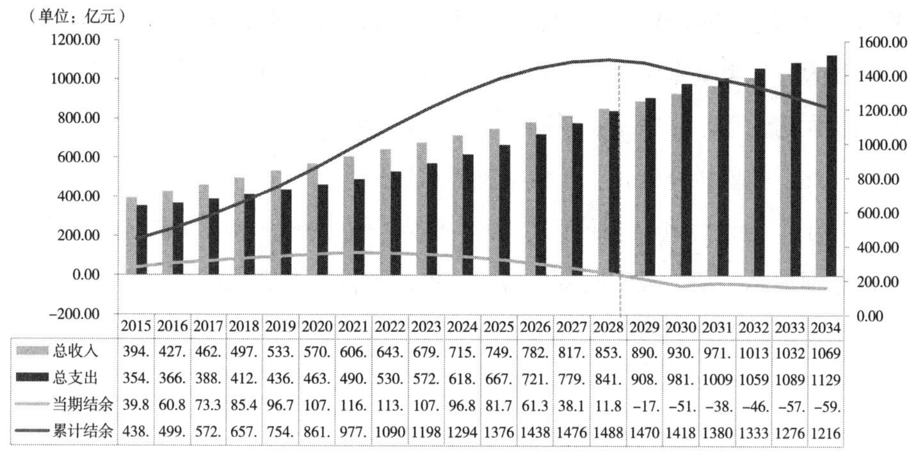

	2015	2016	2017	2018	2019	2020	2021	2022	2023	2024
总收入	394.	427.	462.	497.	533.	570.	606.	643.	679.	715.
总支出	354.	366.	388.	412.	436.	463.	490.	530.	572.	618.
当期结余	39.8	60.8	73.3	85.4	96.7	107.	116.	113.	107.	96.8
累计结余	438.	499.	572.	657.	754.	861.	977.	1090	1198	1294

	2025	2026	2027	2028	2029	2030	2031	2032	2033	2034
总收入	749.	782.	817.	853.	890.	930.	971.	1013	1032	1069
总支出	667.	721.	779.	841.	908.	981.	1009	1059	1089	1129
当期结余	81.7	61.3	38.1	11.8	−17.	−51.	−38.	−46.	−57.	−59.
累计结余	1376	1438	1476	1488	1470	1418	1380	1333	1276	1216

图 18　2015—2034 年广州市城镇职工基本养老保险基金收支平衡综合预测（单位：亿元）

资料来源：根据测算结果整理。

五、维持广州市城镇职工基本养老保险基金平衡的政策建议

广州市职工养老保险制度改革历经了探索（1984—1997 年）、调整（1998—2005 年）和完善（2005 年至今）三个阶段，在筹资方式、计发办法、待遇发放、个人账户管理等方面都得到完善，各项政策更加科学合理，制度的可操作性和适用性得到提高。广州市城镇职工养老保险基金的运行特点体现为呈现当期平衡、略有结余、累计结余支撑力弱化，基金收益率不高。基金无论在整体还是结构上都存在一定程度的失衡问题，整体未来存在收不抵支隐患；基金结构上统筹账户收不抵支，个人账户“空账”运行。同时存在基金管理风险、基金上解下拨金额不平衡、抚养比偏高、替代率较低、投资途径单一等问题。

广州市城镇职工基本养老保险基金未来收入总体上呈逐年放缓的趋势，基金支出总体上呈加速趋势，当期结余出现负值，累计结余出现下降趋势；

基金缺口将在2029年左右出现；后期各年度基金当期收支存在赤字且缺口逐年扩大；积累基金结余虽然在预测期内没有出现亏损，但如果期间政策不发生较大的变动，未来某一时间也将会出现亏损，基金运行整体面临偿付危机。因此，需要做好准备、采取措施应对挑战。

基于上述定性和定量研究，为了实现广州市城镇职工基本养老保险基金的长期动态平衡，奠定制度可持续发展的基础，本文从广州市、广东省和中央三个层面提出政策建议：

（一）积极寻求解决基金缺口的合理渠道

1. 明确市本级政府维持基金收支平衡责任，完善财政投入制度

广州市面对基金运行，历史固有问题、当期现实问题和未来基金失衡的挑战，需要加强政府财政投入。一直以来，广州市对养老保险的投入比例较低（表13），广州市2005—2014年社会保障和就业支出占地方财政支出总额的比重都不超过10%，将分母换成地区GDP则比重更少，可见用于城镇职工基本养老保险的支出比例更低。在当前本级财政投入比例较低的基础上，广州市的财政补贴还缺乏科学性，近几年均以固定的金额进行补贴，未能合理确认需求。综合来看，这样不仅难以偿还养老保险隐性债务，也无法应对随着退休人口的快速增长而带来的基本养老金的支付压力。2010年的《社会保险法》，用立法形式明确“当各级基本养老保险基金支付不足时，由政府给予补贴”，政府需通过财政投入承担起这一责任。

表13　2005—2014年广州市社会保障支出情况

年份	地方财政支出总额（亿元）	社会保障支出（亿元）	社保支出/财政支出	地方GDP（亿元）	社保支出/地方GDP
2005	476.28	7.4235	1.56%	5154.23	0.14%
2006	559.42	11.236	2.01%	6081.8614	0.18%
2007	850.0119	72.16	8.49%	7140.3223	1.01%
2008	997.94	88.27	8.85%	8287.3816	1.07%

年份	地方财政支出总额（亿元）	社会保障支出（亿元）	社保支出/财政支出	地方 GDP（亿元）	社保支出/地方 GDP
2009	1059.5	102.07	9.63%	9138.3	1.12%
2010	1487.16	114.12	7.67%	10748.3	1.06%
2011	1793.35	132.4756	7.39%	12423.44	1.07%
2012	1796.9129	126.4558	7.04%	13551.2	0.93%
2013	2283.5069	145.3256	6.36%	15420.14	0.94%
2014	2525.384	149.5174	5.92%	16706.9	0.89%

资料来源：根据历年广州市经济社会发展统计公报数据计算整理。

2. 市本级社保和财政部门联动，提供科学合理补贴资金

根据上述分析，在相当长的一段时间内本地的财政部门每年采用定额的补贴 0.5 亿元进行基金收入的补充，未能根据当年的基金平衡情况进行精算测算，得出基金缺口后提供科学合理的补贴金额，因此效果十分有限。为了保持广州市养老保险基金的长期动态平衡，需要广州市政府财政部门和社会保障部门形成联动机制，社保部门通过专业的精算测算计算出当年或者下一年的基金缺口，并形成完善的政府对养老保险基金的财政投入制度。同时还要明确财政投入的增幅与经济发展速度、人口老龄化程度等之间的动态关系。

（二）实行参量式改革，合理进行影响基金收支平衡参数的设定

保持合理的养老金平均替代率水平对基金支出和基金平衡有着较大影响，降低养老金平均替代率能极大地减少基金支出。虽然养老金平均替代率的降低有助于平衡基金收支，但是这也意味着养老保险待遇的下降，因此需要谨慎对待养老金平均替代率的作用。过高的替代率会大幅提高养老金的支出，造成基金收支失衡；过低的替代率会降低退休人员的生活水平，不能充分发挥养老保险应有的作用。根据 2014 年广州市在职职工平均工资，可以粗略计算出平均替代率约为 67.57%，从总体上看目前广州市的养老金平均替代率处于正常水平。但是，工资增长率、通货膨胀、养老保险基金缺口预期、隐性债务规模的扩大等因素在未来都影响着广州市的养老金平均替代率

水平。因此，应该始终保持合理的养老金平均替代率水平，以应对养老保险基金支出的增加和未来保持基金平衡的压力。

（三）积极建立养老保险基金平衡预警机制

未来 20 年广州市城镇职工基本养老保险基金支出快速增长，将在 2029 社保年度左右出现收不抵支现象，当期基金缺口出现。为了应对未来的基金收支失衡风险，建议广州市尽早建立养老保险基金平衡预警与风险管理体系，主动进行风险防范。建立养老保险基金平衡预警体系，监测广州市当前基金的收支平衡情况，判断是否会存在基金失衡的潜在风险。同时合理测算和预测出未来年份基金的收支结余发展趋势，了解何时可能出现亏损和因何种因素可能出现亏损等情况，并据此提醒相关部门及早采取措施避免基金亏损风险的发生，做到防患于未然。及时采取相关对策降低基金失衡风险发生的可能性，从而能够保障广州市养老保险基金动态平衡，有效防范和避免基金失衡风险的出现。确立一套科学、合理的评估指标体系，从而实现养老保险基金预警机制的可操作性。

（四）探索多元化投资渠道确保基金保值增值

近五年来广州市城镇职工基本养老保险基金的利息收入增加较为明显，自 2012 年开始，广州市率先将城镇职工基本养老保险滚存结余中的 110 亿元委托至全国社会保障基金理事会运营，两年后收入投资收益 11.4 亿元。通过委托运营保证基金的保值增值，广州市再次走在全国前列，表面看投资收益效果良好，2015 年的利息收入猛增。但是，反观进行委托投资后基金的投资渠道变化，可以发现，即使广州迈出了委托投资这一步，但基金的投资渠道仍然相对单一，大部分基金存入银行，收取银行定期存款利息，无债权投资，投资收益十分有限，难以确保基金的保值增值。

2015 年《基本养老保险基金投资管理办法》出台，指出“养老基金投资应当坚持市场化、多元化、专业化的原则，确保资产安全，实现保值增值”。确定税优政策，规定投资范围、明确投资比例。广州市作为养老金

“入市”的先行地区，应当总结特有投资经验，抓住机遇，基金可以按规定参与失业投资、地方基础设施建设债券等，实现科学多元化的投资组合，完善基金的投资监管制度，在保证安全性的首要原则上进行有效保值增值。

（五）明确省级和中央政府在保持基金收支平衡中的责任，科学增加财政投入

广州市近年面临着基金上解下拨金额不平衡的问题，根据当前的省级预算管理方式，广州市按企业职工养老保险单位缴费的9%①上解到省级社会保障基金财政专户，近几年存在调剂金上解和下拨不平衡现象。省级单位本应承担一定保持基金平衡的责任，但是现实中却可能增加了市级统筹单位的基金支出压力。第一，需要加强对《社会保险法》的修订和补充，虽然其出台之时，早已确切表明政府在养老保险基金中的责任，即在基金出现缺口时政府承担补缺口的责任，但是早前的法律中并没有明确规定，各级政府承担各自责任的比例，导致权责不清。因此，需要通过法律的方式明确规定各级政府对养老保险的责任。第二，制定财政对基金的投入机制，改变财政对养老保险基金投入的随机性和不确定性，将财政投入比例和增长幅度明确化，建立起制度化的投入机制。第三，针对制度改革过程中形成的、无法进行内部解决的基金债务问题，应当明确责任，适当减轻市级统筹单位的历史债务压力，确定未来债务的承担比例。

（六）建立养老金待遇自动调整机制

至2015年，广州市按照上级政府的政策要求连续11年提高养老金待遇，由于养老金待遇是一种刚性需求，因此养老金待遇调整标准每年均呈上涨趋势，表明因政策调整带来的养老金支出的比重逐年增大。每年以颁布政策文件的形式进行养老金待遇调整的方式虽然是为了应对通货膨胀、工资增长等经济环境的变化，但是存在着一定的问题：缺少理论支撑；对调整依据、

① 按照《广东省省级养老保险调剂金分配管理暂行办法》文件要求。

调整方式、资金来源、特殊问题处理等缺乏系统的制度安排；政策随意性较大，常常是依据国家或地方政府的临时性决策进行调整，连贯性不强；快速地增加了养老保险金支出，易导致基金失衡。

养老金的政策调整需要坚持适度和公平原则，考虑经济发展水平、工资增长率、通货膨胀等因素，并与退休人员的缴费年限、缴费水平与年龄等挂钩。因此，基于以上背景，省级和中央政府部门及社保管理部门，可以让专门技术人员设定参数指标，进而建立一套科学、合理的基本养老金待遇自动调整机制，以年度为调整单位，使退休人员的养老金待遇水平，每年可以随着当年相关参数的变化进行自动调整，避免当前每年调整政策的不稳定性，将待遇调整制度化。这一调整机制应该做到不仅能够保障退休人员的实际生活水平，还能够尽量维持基本养老保险基金的动态平衡，保证养老保险制度发展的可持续性。

参考文献：

[1] Barr，N. Reforming Pensions：Myths，Truths，and Policy Choices［J］. *Social Science Electronic Publishing*，2000，55（2）：3-36（34）.

[2] Donder，P D，Hindriks J. The politics of progressive income taxation with incentive effects. Journal of Public Economy 87：2491-2505［J］. *Journal of Public Economics*，2000，87（11）：2491-2505.

[3] Estelle，James. How Can China Solve its Old Age Security Problem? The Interaction Between Pension，SOE and Financial Market Reform. Prepared for Conference on Financial Sector Reform in China，*Harvard University*，September 2001.

[4] Feldstein，M. Social security pension reform in China-Pension Reform in China，China 2020 Series［J］. *China Economic Review*，1999，volume 10（99）：99-107（9）.

[5] Holzmann，R，Palacios R，Zviniene A. Implicit Pension Debt：Issues，Measurement and Scope in International Perspective［J］. *Social Protection Discussion Papers*，2004.

[6] James，E. New systems for old age security-theory，practice，and empirical

evidence [J] . *Policy Research Working Paper*, 1997.

[7] 边恕、穆怀中：《对我国养老金名义个人账户制及其财务可持续性的分析》，《经济与管理研究》2005 年第 5 期。

[8] 陈向明：《质的研究方法与社会科学研究》，教育科学出版社 2000 年版。

[9] 封进：《中国养老保险体系改革的福利经济学分析》，《经济研究》2004 年第 2 期。

[10] 高建伟：《中国隐性养老金债务精算模型及其应用研究》，《经济数学》2004 年。

[11] 郭永芳：《城镇职工基本养老保险制度财务平衡与可持续性研究》，《经济问题》2011 年第 7 期。

[12] 国务院发展研究中心社会保障课题组、丁宁宁、葛延风、董克用、杨燕绥：《分离体制转轨成本，建立可持续发展制度——世纪之交的中国养老保障制度改革研究报告》，《管理世界》2000 年第 6 期。

[13] 何丰：《养老保险筹资方式的比较研究》，《当代经济研究》2003 年第 11 期。

[14] 何平：《养老保险基金平衡及对策研究》，《经济研究参考》1998 年第 9 期。

[15] 胡继晔：《社保基金投资资本市场：理论探讨、金融创新与投资运营》，中国社会科学院研究生院 2003 年。

[16] 黄晓：《我国养老保险隐性债务的精算模型》，《统计与决策》2006 年。

[17] 贾康、杨良初：《可持续养老保险体制的财政条件》，《管理世界》2001 年第 3 期。

[18] 劳动和社会保障部社会保险事业管理中心：《养老保险精算理论与实务》，中国劳动社会保障出版社 2008 年版。

[19] 李莉、梁明星、李超：《我国 2010 年隐性公共养老金债务的测算》，《统计与决策》2009 年。

[20] 李扬、张晓晶、常欣：《中国国家资产负债表 2013》，中国社会科学出版社 2013 年版。

[21] 李珍：《养老社会保险的平衡问题分析》，《中国软科学》1999 年第 12 期。

[22] 刘世锦、罗纲、李绍光：《中国养老保险模式选择与养老保险金进入资本市场问题探讨》，《管理世界》1997 年第 3 期。

[23] 路和平、杜志农：《基本养老保险基金收支平衡预测》，《经济理论与经济管理》

2000 年第 2 期。

[24] 骆正清、陆安：《利率、工资增长率对养老保险基金收支平衡的影响》，第五届软科学国际研讨会 2008 年。

[25] 骆正清、陈周燕、陆安：《人口因素对我国基本养老保险基金收支平衡的影响研究》，《预测》2010 年第 2 期。

[26] 彭浩然、申曙光、宋世斌：《中国养老保险隐性债务问题研究——基于封闭与开放系统的测算》，《统计研究》2009 年第 26 期。

[27] 彭浩然、岳经纶：《中国公共养老基金的债务风险与运作治理》，《中山大学学报》（社会科学版）2013 年第 53 期。

[28] 申曙光：《中国养老保险隐性债务问题研究》，中山大学出版社 2009 年版。

[29] 沈君霞：《中国基本养老保险基金收支平衡研究》，天津财经大学硕士论文，2009 年。

[30] 宋晓梧：《中国城镇职工养老保险制度改革的目标和方向》，《管理世界》1997 年第 1 期。

[31] 孙祁祥：《“空账”与转轨成本——中国养老保险体制改革的效应分析》，《经济研究》2001 年。

[32] 王鉴：《养老保险收支平衡及其影响因素分析》，《人口学刊》2000 年第 2 期。

[33] 王鉴岗：《利率变动与养老保险基金收支平衡》，《中国青年政治学院学报》2005 年第 4 期。

[34] 王晓军、任文东：《中国人口老龄化与社会养老保险的财务可持续发展》，2012 中国保险与风险管理国际年会 2012 年。

[35] 王晓军：《对我国养老金制度债务水平的估计与预测》，《预测》2002 年第 1 期。

[36] 熊俊顺：《企业职工养老保险基金支付能力预警模型及应用分析》，《数量经济技术经济研究》2001 年第 3 期。

[37] 袁志刚、葛劲峰：《由现收现付制向基金制转轨的经济学分析》，《复旦学报》（社会科学版）2003 年第 4 期。

[38] 袁志刚：《中国养老保险体系选择的经济学分析》，《经济研究》2001 年第 5 期。

[39] 张思锋、周华、张文学：《城镇职工基本养老保险金需求预测模型及应用——

以西安市为例》，《数量经济技术经济研究》2006 年第 5 期。

[40] 张运刚：《人口老龄化背景下我国养老保险的基金平衡与隐性债务问题研究》，西南财经大学出版社 2005 年版。

[41] 赵应文：《城镇职工基本养老保险基金“收不抵支”原因分析与对策选择》，《北京社会科学》2013 年第 3 期。

[42] 郑秉文：《建立社会保障“长效机制”的 12 点思考——国际比较的角度》，《管理世界》2005 年第 10 期。

[43] 郑秉文：《中国社会保障制度 60 年：成就与教训》，《中国人口科学》2009 年。

[44] 郑秉文：《中国养老金发展报告》，经济管理出版社 2011 年版。

[45] 郑功成：《中国养老保险制度：跨世纪的改革思考》，《中国软科学》2000 年第 3 期。

四、调查报告

广州居民福利态度调查报告（2016年）

广州社会保障研究中心课题组*

一、研究意义和研究方法

（一）研究意义

福利是当代社会的重点问题，对缩小贫富差距、维护社会稳定、促进经济发展具有积极作用。作为国家收入再分配的一种形式，它对经济的发展能起到“稳定器”和“调节器”的作用，通过福利支出适当调节社会需求，刺激或抑制消费，推动经济发展；同时，与社会福利制度相伴而来的第三产业的发展，一方面提高了社会文化生活水平，另一方面增加就业机会，缓解了失业对社会的压力。此外，普适性的福利制度增加了社会中下层阶层对失业、疾病等风险的抵御能力，有助于将个人从僵化的制度中解放出来，从而扩大了公民个人自我设计、自我选择的自由。

而福利态度，即公民对福利的看法和观点。一直以来，被认为是福利

---

* 课题组总负责人岳经纶教授，执行总监庄文嘉副教授，主要成员包括：彭宅文博士（中山大学政务学院）、朱琳博士（中山大学政务学院）、邓智平（广东省社科院副研究员）、范昕博士（中山大学政务学院）、陈永杰副教授（中山大学政务学院）、彭浩然副教授（中山大学岭南学院）、钟晓慧博士（中山大学政务学院），以及中山大学政务学院博士生胡项连，硕士生骆欧忆、刘璐、陈习龄、刘晚亭、吴姿其。

国家存续的重要原因之一：公众的支持态度能使某项社会政策更具合法性，从而进一步影响到政策制定的过程和社会开支的水平。了解公民的福利态度、特别是对政府承担福利责任的期望和看法，有助于制定更公平、能够获得更广泛地支持的福利政策，有助于促进社会政策的发展。

近来英国脱欧事件将欧洲的社会福利推向风口浪尖，关于英国的福利问题，学界存在两种声音：有学者认为该事件体现了欧洲的大社会政治气候的转变，当英国内部觉得欧盟代表社会福利主义，使其在政策上的自主性削弱，形成对外来移民工人的福利待遇方面诸多的不满，因此该部分群体倾向于投票给非主流政党的代表；亦有部分学者认为英国脱欧背后体现的福利国家问题才是事情的根源，福利国家使得政府税收、赤字及国债增加，使得企业和个人纳税人的负担更加沉重，造成经济萧条，创业艰难，社会底层更难找到工作，制造普遍贫困，使得英国和其他欧洲国家癌症缠身，在可预见的未来几乎不可能改变。

社会福利关乎国家民生经济发展，具有重要的理论和现实意义，因此如何正确处理福利问题，成为维系社会稳定的关键因素。

（二）研究方法

本课题的问卷调查以手机加固话的电话访问方式执行。本研究所采用的题项设置参考了香港民生福利态度调查问卷，并结合世界价值观调查福利态度模块，充分考虑目前我国的民生福利供给现状，将之本土化。在对初稿问卷进行试调查并删改完善后，最终定稿。此份问卷分为 15 个模块，共 66 道题，涵盖个人资料、对不平等的态度、政府对贫困人士的责任、劳动力市场管制与劳动关系、社会支出、社会团结与社会风险、税收、贫困的原因及认知、工作精神、公平原则、后物质主义、流动性、社会融合与信任等方方面面。

本次调研全部在 2016 年 5 月 9 日—2016 年 7 月 8 日实施完毕。具体信息如下：

(1) 调查目标：18 周岁或以上的广州居民。

（2）调查范围：广州市 11 个区域（荔湾，越秀，海珠，天河，白云，黄埔萝岗，番禺，花都，南沙，增城，从化）。

（3）调查方案：

1）调查配额：11 个区域，每区 200 位，合计 2200 份。

2）执行方式：手机电话为主、固话辅助。

3）样本量：发放问卷 2359 份，回收有效问卷 2204 份，有效回收率为 93.4%。

在统计中，由于民意调查问题的选项多为离散型变量，因此课题组使用以下公式计算样本量：

$n=\pi(1-\pi)z^2/e^2$

其中，n 为样本量，π 为离散型变量中取值为 1 的类别的比例，当 π 取 0.5 时 $\pi(1-\pi)=0.25$，达到最大值。在其他参数既定的情况下，此时的样本量为最大。z 为置信水平（一般取 95%），e 为我们可接受的边际误差。表 1 说明了在 π 取 0.5，以及 95% 的置信水平下，可接受的边际误差以及所需要的有效样本量。

表 1　边际误差 e 及对应的有效样本量

e	样本量（个）
0.03	1067
0.04	600
0.05	384
0.06	267
0.07	196

一般而言，民意调查的样本量都在 1100 个左右（考虑了抽样设计效应之后）。考虑我们需要推论的最低层次总体（区县）的数量过多，因此我们提高在区县一级行政单位推论可接受的边际误差到正负 0.07，样本量是 200 个。各区普通群众调查样本分布具体见表 2。

表 2　普通群众调查样本分布

区划	户籍人口（万人）	常住人口（万人）	样本量（个）
全市	842.42	1308.05	2200
荔湾区	71.96	89.14	200
越秀区	117.55	114.65	200
海珠区	99.81	159.98	200
天河区	82.43	150.61	200
白云区	89.83	228.89	200
番禺区	83.57	146.75	200
花都区	69.56	97.51	200
南沙区	37.74	63.53	200
增城市	86.46	106.97	200
从化市	61.00	62.01	200
原黄埔＋原萝岗	42.51	88.10	200

具体有效样本与合格问卷验收标准及质量要求如下：

合格样本定义：被访者甄别问卷没有选择任何终止访问选项，符合样本配额要求为合格被访者，合格被访者完成问卷甄别部分和主体部分，问卷填写无错误、选项无遗漏，为访问成功问卷。

如发现以下任一情况，视为不合格样本：

（1）被访者的电话号码非抽样电话号码；

（2）被访者本人表示没有接受相关调研访问；

（3）访问员诱导或代替被访者选择答案，问卷非被访者本人回答；

（4）多人回答，即由 2 个及以上被访者共同回答一份问卷；

（5）没有全卷访问，大面积跳问、漏问；

（6）不按题目要求进行标准化询问，包括访问员按照自己的语言随意访问，篡改问题或选项；没有完整的读出问题或者选项；

（7）样本缺少录音；

（8）访问员问卷记录错误，选项有漏填。

以上 1—6 条属于访问员作弊，视为无效样本；访问员只要有 1 份问卷作弊，该作弊访问员的全部问卷均作废卷处理；第 7 条，无录音或录音不齐全，视为无效样本；第 8 条，乙方需安排访问员进行补问，改正错误的答案后，仍可视为合格样本。

本文以民生福利态度为研究重点，旨在对目前广州市居民对待各项民生福利和社会公平问题的看法做出描述性统计，在此基础上比较广州各区居民福利态度的差异性，为进一步研究打下坚实基础。因此，本文的写作框架大致为：

第一部分：研究设计，包括研究意义、研究方法；

第二部分：广州民生福利态度分析，包括样本分布情况、各指标的具体情况描述；

第三部分：广州各区民生福利态度的比较分析，主要从社会支出、税收、社会融合等三方面展开。

第四部分，结论与建议，对本次问卷调查的研究成果做出初步小结，并给出相关建议。

二、广州居民福利态度分析

（一）样本分布情况

1. 性别与年龄结构

在受访者中，未加权的男女性别比为 65.7∶34.3。根据广州最新的性别比 105∶100 进行加权调整后，性别比为 51.3∶48.7。受访者的年龄结构基本符合广州市的居民人口特征。

2. 教育程度

从教育程度来看，受访者的文化程度主要为大专和大学本科，占比分别为 22% 和 24%，其次是初中，占 17%。

3. 政治面貌

受访者的政治面貌以群众为主（70.6%），其次是团员（15.6%）和党员（13%）。

4. 宗教信仰

从宗教信仰的分布来看，大多数受访者无宗教信仰，占总受访者的83%。而有宗教信仰的人当中，佛教是其主要信仰（10.8%），其次是民间宗教（3.1%）。

5. 婚姻状况

关于婚姻状况，67% 的受访者是初婚，未婚者占 23.4%，再婚者占 3.1%，离异者占 4.3%。

6. 职业分布

从职业分布来看，大多数受访者是全职工作者（73%），从事兼职工作的占 6.1%，失业和退休的受访者分别占 6.4% 和 7.3%。

从行业分布来看，受访者主要在民营和私营企业工作（42.2%）。其次是个体工商户（14.1%），外资、合资企业（10.7%），国有／集体事业单位（10.7%），国营企业（7.8%）。

当问到受访者对自身所处收入阶层的认知时，大多数受访者认为自己处于中低收入阶层（35%）和中等收入阶层（34%）。25% 的人认为自己处于低收入阶层。3% 的受访者认为自己处于中高收入阶层及高收入阶层。

7. 受访者的户口性质与户籍所在地

据调查结果，37.5% 的受访者为农业户口，14.9% 的受访者为非农业户口。在拥有居民户口的受访者中，之前是农业户口的占 15.3%，之前是非农业户口的占 27.9%。

而从受访者的户籍所在地来看，广州户籍的受访者占 65.4%，非广州户籍的受访者占 32.9%，可见外来人口占广州市常住人口的比重相对较高。

（二）各指标项具体情况

1. 对收入不平等的态度

超过 70% 的受访者表示同意或非常同意“广州的收入差距太大”。

52.5% 的受访者反对或非常反对“广州经济繁荣，不会出现收入差距过大”。由此可见，受访者对收入不平等问题的认识较为理性。一方面认为经济增长催生出收入不平等，另一方面认为缩小收入差距不应当完全依赖于经济政策。

进一步调查造成收入不平等的原因，77.6% 的受访者对“造成收入不平等的原因是权贵当道”持同意或非常同意态度。可见大部分公众认同权贵阶层占用过多经济社会资源造成了收入不平等，也从侧面反映了受访者对优化

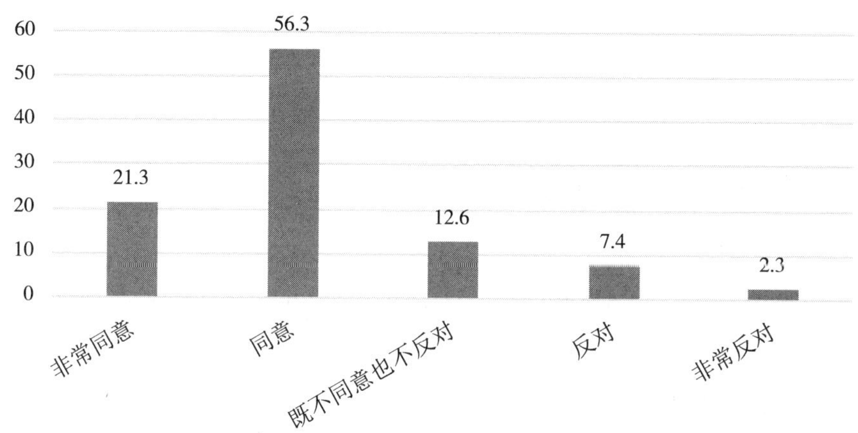

图 1　受访者对“广州的收入差距太大”的态度（%）

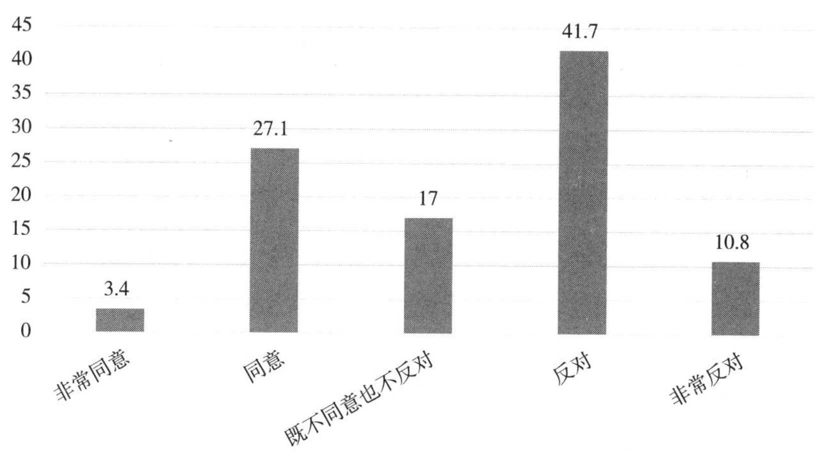

图 2　受访者对“广州经济繁荣，不会出现收入差距过大”的态度（%）

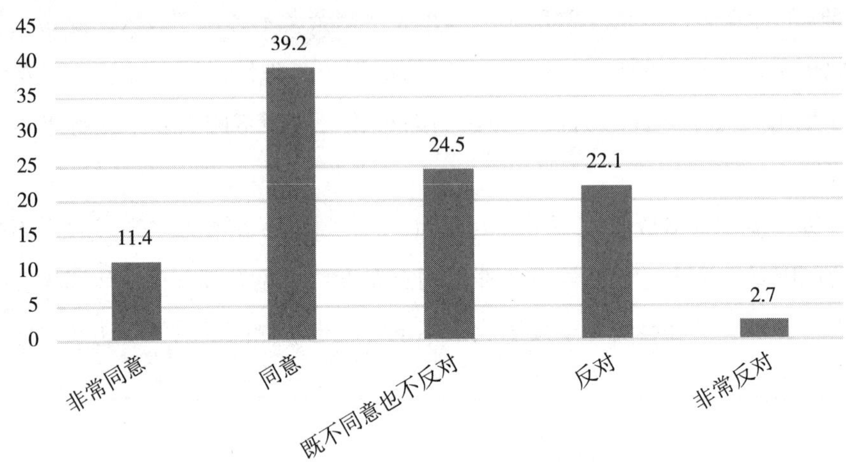

图 3　受访者对“造成不平等的原因是权贵当道”的态度（%）

权力运行、保障公民社会权利的诉求强烈。

2. 政府对贫困人士的责任

据调查结果，约 74% 的受访者认为改善穷人的生活水平是双方的责任。可见受访者在改善贫困人士生活水平的认知方面比较理性，强调政府对贫困人士承担必要的责任，也认为贫困人士应当发挥自身的主观能动性。受访者在认为改善贫困人士境况是政府和贫困人士双方的责任的同时，也强调政府应加大对贫困人士的救助，并增加民生福利的支出。分别有 79.8% 和 81.7%

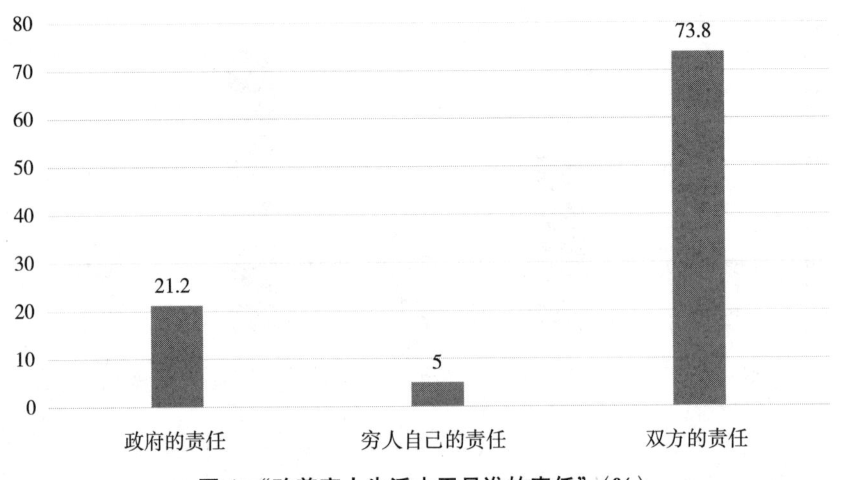

图 4　“改善穷人生活水平是谁的责任”（%）

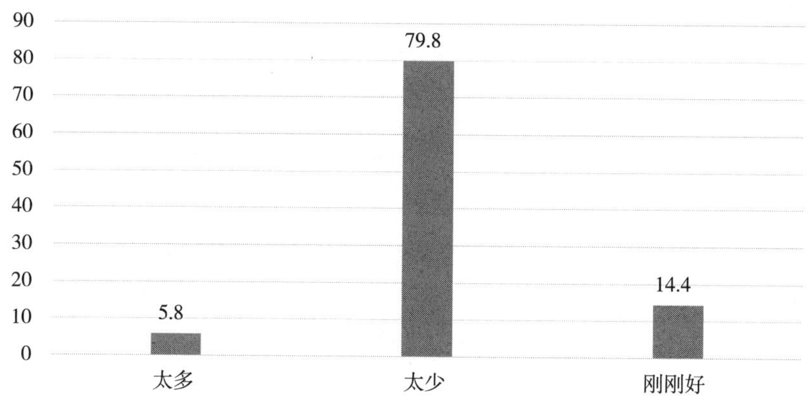

图 5 “您觉得政府在民生福利上花的钱合适吗？”（%）

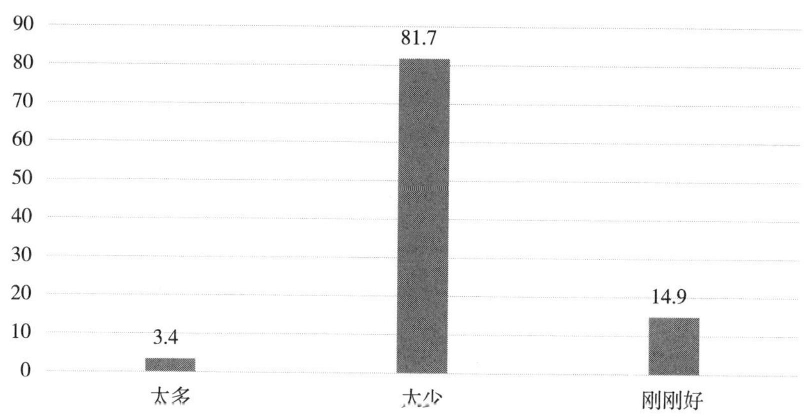

图 6 “您觉得政府在救助穷人上花的钱合适吗？”（%）

的受访者认为政府应当加大民生福利投入和扶贫的投入。

3. 劳动力市场管制与劳动关系

在劳动力市场管制与劳动关系方面，73.7% 的受访者认为政府提高最低工资方面做得太少，23% 的受访者认为政府做得刚刚好。在推动工资集体谈判方面，76% 的受访者认为政府做得太少，20% 的受访者认为刚刚好。这反映出市民普遍认为，政府没有承担起保障劳动力市场公平的责任，在保障最低工资和推动工资集体谈判方面需要政府更多介入。

4. 社会支出

整体来看，大多数受访者期望政府加大城乡居民低保、基本医疗保障、

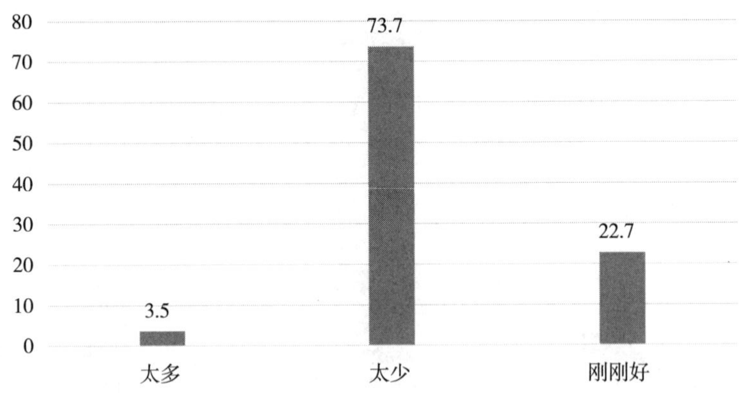

图 7 “在提高最低工资标准方面，政府做的太多，还是太少，还是刚刚好？”（%）

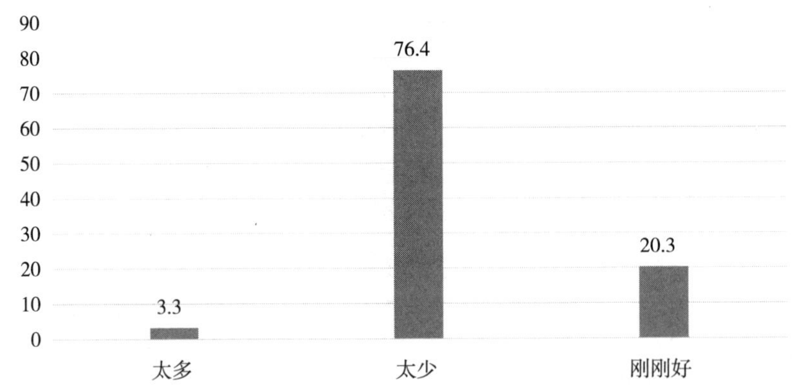

图 8 “在推动工资集体谈判方面，政府做的太多，还是太少，还是刚刚好？”（%）

基本公共教育、基本住房保障、社会养老服务等五个领域的社会支出。具体来看，受访者对各个领域的社会支出偏好具有一定差异。医疗保障和公共教育是民众呼声最高的两个领域（分别有 92.2% 和 90.3% 的居民希望加大投入）。主要原因在于基本公共教育和基本医疗保障与公众的切身利益密切相关，由于医疗和教育资源的紧缺和分配不公，公众需要在这两个领域投入大量的支出，因而尤其希望政府承担更多的公共责任。同时，受访者认为政府应当加大对低保的投入，以减轻社会贫困问题。而随着广州人口老龄化不断加重，市民对社会养老领域的政府投入也抱有较大的期待。此外，由于住房保障的覆盖面有限，居民对基本住房保障领域的呼声相对较小。

整体而言，近年来广州民生领域的投入不断加大，居民的总体福利水平不断提高。例如，从 2014 年到 2015 年，基本医疗保险和城乡居民低保增长迅速。政府在这两个方面较好地回应了民众的需求。不过另一方面，广受关注的基本公共教育的支出却呈现下降的趋势，2014 年的教育支出比上一年度减少了近 9.5%，而呼声最小的住房保障的支出也在快速消减。

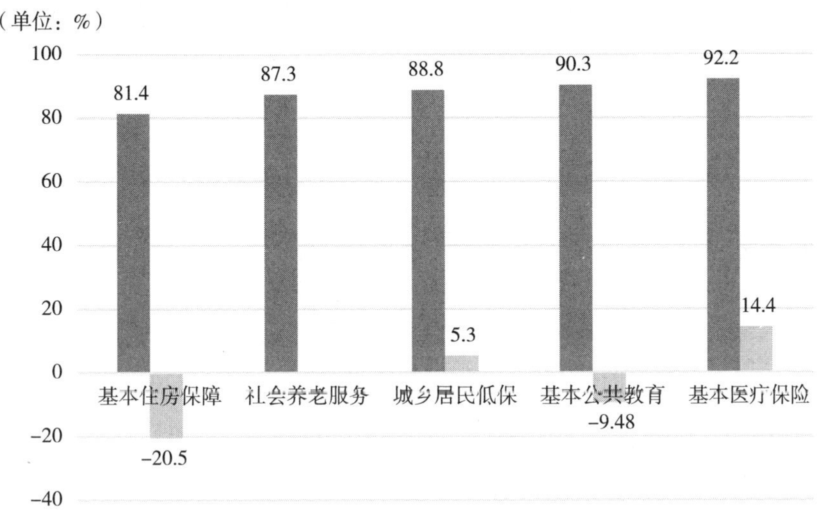

图 9　居民对社会政策支出的呼声和近年来社会支出的增长率（%）

5. 社会团结与社会风险

根据调查结果，社会保险人群覆盖面有待扩大，非户籍人口与户籍人口的社会保险参保率悬殊。整体而言，76.6% 的受访者参加了社会保险。其中，广州本地人社保参与率为 81.5%，外地人的参保率为 67.3%。对比广州市人社局 2015 年发布的最新数据，广州市户籍人口的社保覆盖率为 96.6%，与调查数据有一定的偏差。

另外，可以看到，与户籍人口较高的参保率相比，广州市外来人口的参保率相对偏低。持有不同户籍的人口将享受不同的社会保障待遇，社会福利方面的不平等将划分出不同的福利阶层，社会福利的不平等进一步影响着外来人口融入广州。这对于外来人口占比较大的广州来说是一个潜在的社会问题。

表 3 社会保险参保比例

	全体受访者	广州本地人	外地人
参保率	76.6%	81.5%	67.3%

此外，在受访者中，参加职工社保的占 75.2%，参加广州城乡居民社会保险的占 15.1%；在老家参加城镇职工社会保险的受访者占 1.7%，参加城乡居民社会保险项目的受访者占 6.0%。

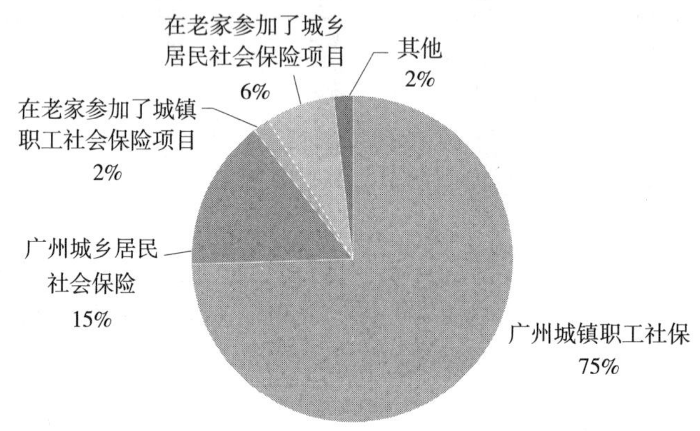

图 10 参保类型分布图（%）

当问到“整体而言，您认为目前广州的社会保险缴费水平，是太高，有点高，刚刚好，有点低，还是太低?”时，24% 和 31.2% 的受访者认为太高和有点高，31.9% 的受访者认为刚刚好，12.8% 的受访者认为偏低。

在企业和市民社会保险缴费负担方面，大多数受访者认为广州市民的社会缴费负担偏高（60.7%），42.9% 的居民认为用人单位承担的缴费负担过高；约 30% 的受访者认为广州用人单位和市民的社会保险缴费负担刚刚好；23.5% 的受访者认为用人单位应该承担更多的社保缴费，但只有 8% 的受访者认为个人应该缴费更多。实际上，在全国省会城市和副省级城市中，目前广州市养老保险单位缴费比例为 14% 是排名最低的城市。同时，居民养老保险、居民医疗保险个人缴费比例在全国省会城市和副省级城市中排名也是最低的。由此可见，广州在改善民生福利方面迈出了重要步伐，但为了确保

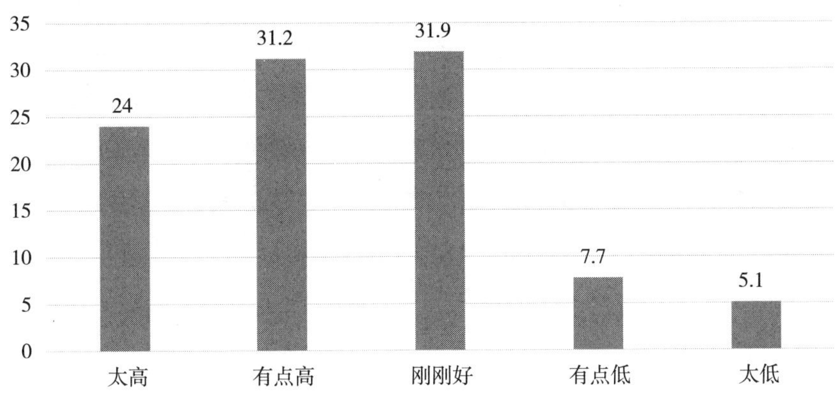

图 11　对广州社保整体缴费水平的态度（%）

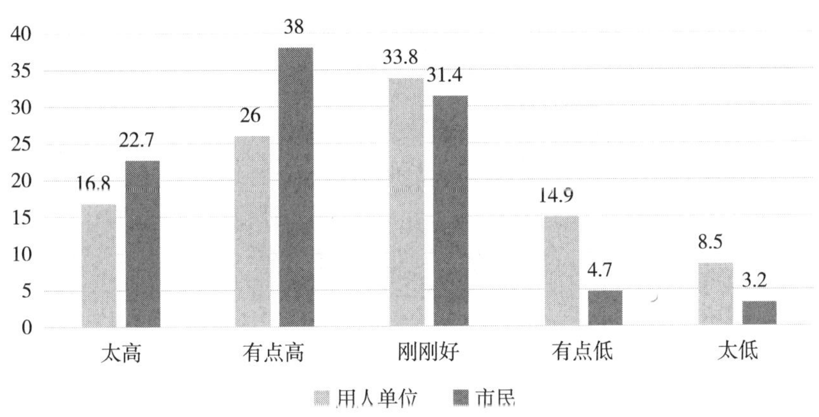

图 12　对用人单位和市民的缴费负担的态度（%）

广州社会保险制度的比较优势，在需明晰政府、企业、个人等主体间的责任边界后，加强社会保障行政管理工作力度，注重政策营销，避免公众的认知被较高的法定费率误导。

按照顶层设计，我国解决养老保险基金收不抵支问题的主要方法是延长退休年龄。但调查结果显示，受访者更偏向于延长最低缴费年限以解决养老保险收不抵支问题。并且其支持比例比延迟退休多 17%。实际上，与延迟退休相比较，延长最低缴费年限对于大多数有稳定工作的受访者来说不会带来直接的影响。因为按照劳动法规定和用人单位的社保缴纳制度，都是在一年缴一年，直至退休，而非缴了 15 年就不缴。也就是说，延长最低缴费

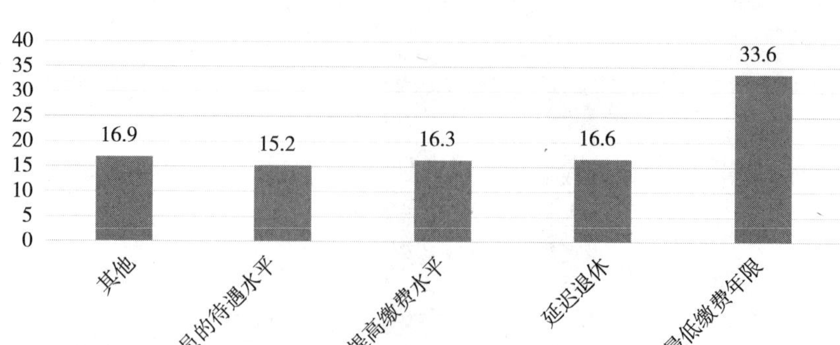

图 13　如何解决养老保险基金收不抵支的风险（%）

年限并不会普遍延长人们的缴费时长。在此背景之下，无论是何种解决方案都需要科学、充分地予以评估。

6. 税收

当被问到"整体而言，您认为当前广州的税收，包括个人所得税和企业所得税，是太高，有点高，刚刚好、有点低，还是太低?"时，60% 的受访者认为税收偏高，30% 的受访者认为刚刚好，3% 的受访者认为偏低。

从对高中低收入人群税负的态度来看，受访者认为中低收入人群税负偏高，高收入人群税负不重。调查数据显示，约 45% 的受访者认为高收入

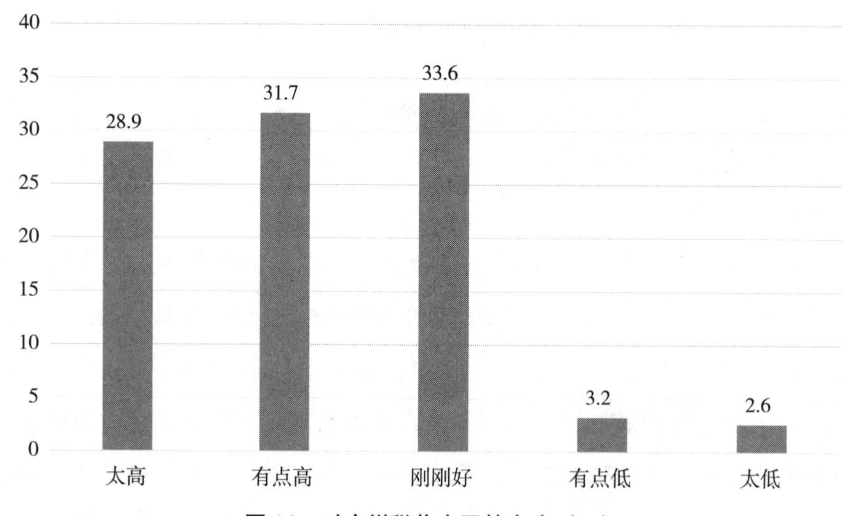

图 14　对广州税收水平的态度（%）

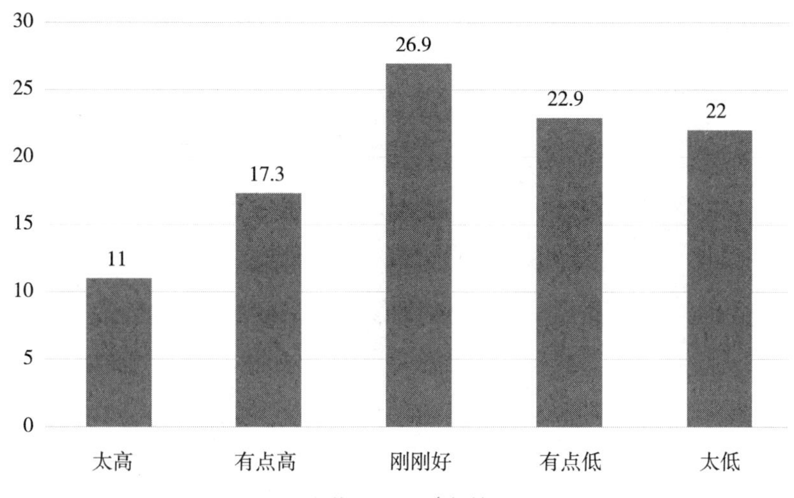

图 15　对高收入人群税负的看法（%）

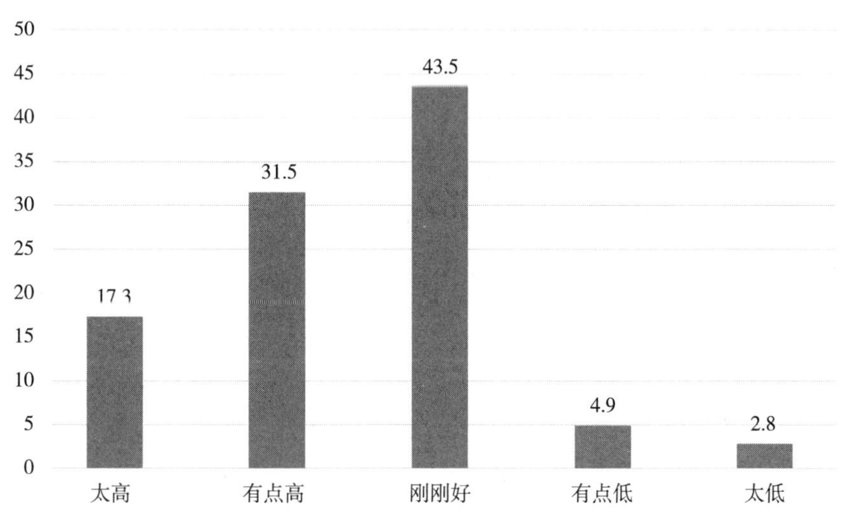

图 16　对中等收入人群税负的看法（%）

人群税负有点低或太低，仅 29% 的受访者认为高收入人群税负偏高或过高。而受访者对中低等收入人群税负态度与之相反。受访者认为中等收入人群税负有点高或太高的比例为 49%，有点低或太低的比例仅占 8%；受访者认为低等收入人群税负有点高或太高的比例为 55%，有点低或太低的比例仅占 6.6%。受访者希望充分利用税收的再分配作用，以减少收入不公平的问题。

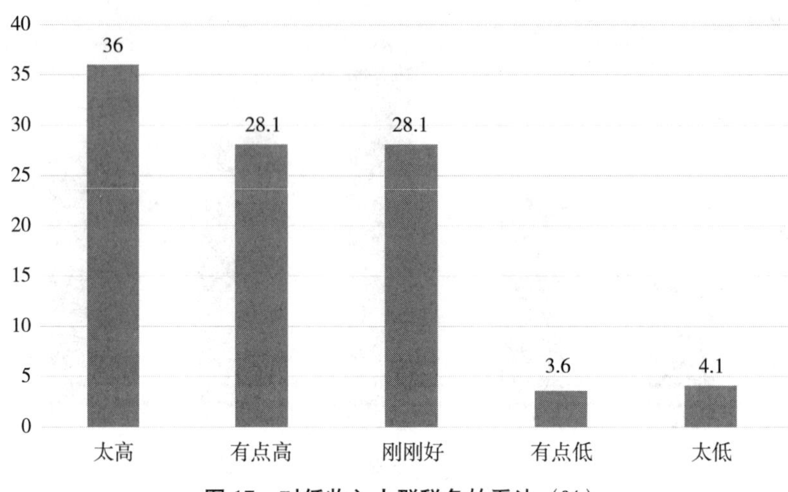

图 17　对低收入人群税负的看法（%）

7. 对贫困的认知

在被问到“您认为目前广州人有多少人生活在贫困之中?”时，受访者平均认为有 23% 的人生活在贫困之中。

我国以绝对贫困为标准划定贫困线，并主要测量农村地区贫困人口。根据 2015 年的统计数据，以 2300 元 / 年（2010 年不变价）作为贫困线，我国农村贫困人口为 5575 万，占全国人口的 4.1%。2015 年，按居民年人均可支配收入低于 4000 元（2014 年不变价）的标准，广东省有 70.8 万户、176.5 万人为相对贫困人口，占广东省户籍人口的 2%，常住人口的 1.6%。

广州市民政局提供的数据显示，截至 2015 年 7 月底，低保（含城乡）人员 36447 户，75497 人，低收入人员（含城乡）7170 户，19915 人，加上政府供养人员（900 人）及城镇三无人员，约为 9.3 万人，占广州市户籍人口的 1.1%。

受访者对贫困的认知与官方统计数据出现了较大的差异，这是因为，无论是贫困线还是低保线都是绝对贫困测量取向，而贫困的主观评估带有很强的相对贫困的取向。这也意味着，国家和地方不仅需要消除绝对贫困，还需要不断改善弱势群体的生活水平，减少贫富差距，缓解民众对于相对贫困的主观感受。

在被问到“广州市贫困问题的严重程度”时，大多数受访者认为严重程度一般（54%），认为严重和非常严重的受访者各占19%和9%，认为不严重的受访者占14%。这表明大多数受访者认为目前的贫困状态是比较正常的。

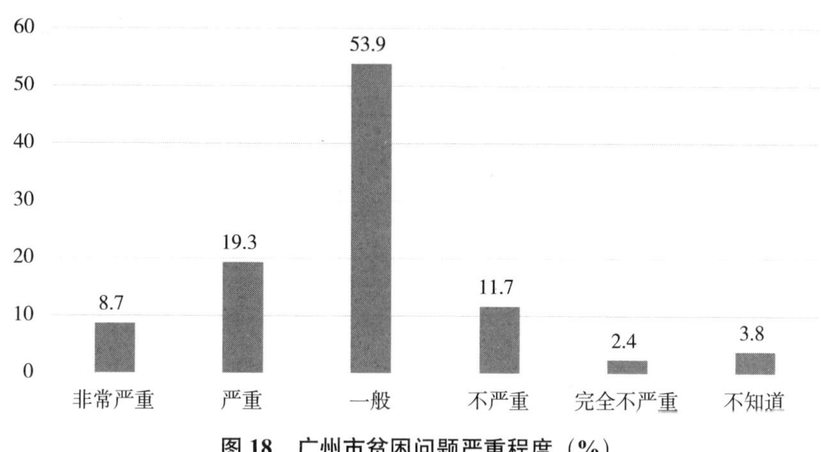

图18　广州市贫困问题严重程度（%）

8. 贫困的原因

对于穷人出现的原因，大多数人认为“缺乏必要的技能和教育”是最主要的原因。在大多数人看来，个人受教育程度的不足是导致贫困最主要的原因，为此，政府应当加大教育的投入，以增强贫困人群的职业技能，从而从根本上解决贫困问题。也有相当多的人认为穷人的懒惰是造成贫困的主要原因。这也对应了受访者对与脱贫责任的认知，在政府承担必要的公共责任之外，个人也应当承担相应的责任。

也有人认为，这是经济社会发展的必然结果，社会不公平也是造成贫困的主要原因，极少一部分人认为“运气不好”是造成贫困的主要原因。由此可以看到，公众认为社会的发展与不平等也是造成贫困的重要原因，需要政府在发展经济之外加强社会保障力度，保障所有公民拥有公平的发展机会。

表 4 受访者对贫困原因的认知

	最重要的原因		第二重要的原因	
	频数	百分比	频数	百分比
缺乏必要的教育和技能	775	34.3	703	31.1
懒惰或缺乏勤俭美德	547	24.2	478	21.2
经济社会发展的结果	489	21.7	499	22.1
社会不公平	353	15.6	310	13.7
运气不好	35	1.6	84	3.7
合计	2258	100%	2258	100%

9. 工作精神

根据访谈结果，受访者都表现出了比较积极的工作态度。对于“要施展才能，首先得有一份工作”，80% 的受访者表示同意，仅 8% 的受访者表示反对。对于“不劳而获是可耻的”，70% 的受访者表示同意，但 10% 的受

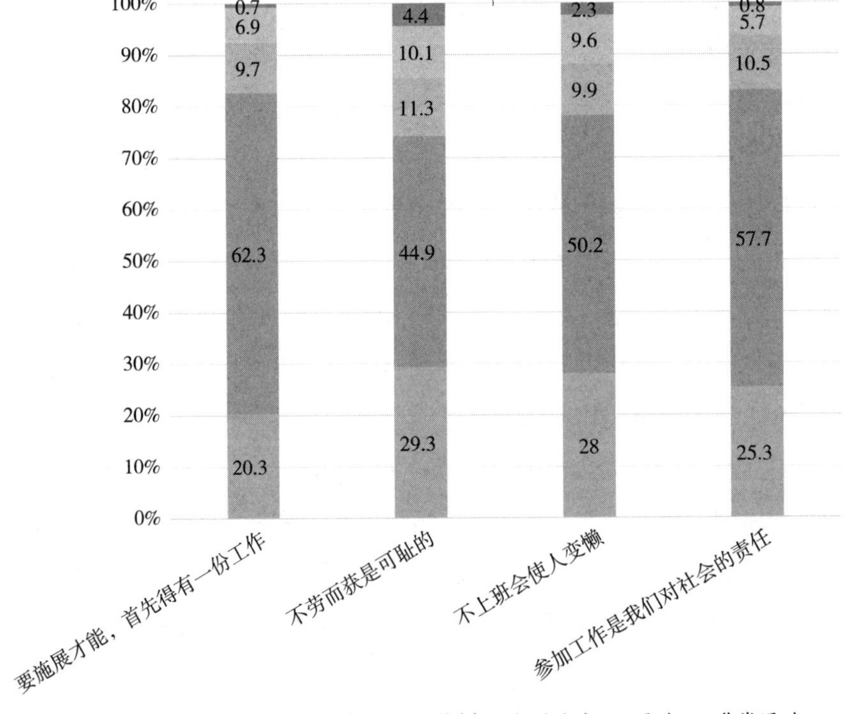

图 19 对工作精神的态度（%）

访者表示反对，非常反对的受访者占 5%。关于“不上班会使人变懒”，76% 的受访者表示同意，表示中立和反对的受访者各占 10% 左右。关于“参加工作是我们对社会的责任”，支持者占 80% 左右，表示反对和中立的分别占 7% 和 10%。这显示了大多数民众表现出积极的工作观念，与世界价值观调查（World Value Survey）在中国的调查相一致。由此可以看出，公众一方面强调政府对于社会福利的责任，另一方面也支持积极的工作生活，而非完全依赖政府的福利政策。在这种强调个人努力的价值观下，更有可能形成积极的社会结果，而非消极的“养懒人”结果。

10. 公平原则

在评价“消除老百姓之间的较大不平等”对社会的重要性时，得分的均值为 4.1 (1 分代表完全不重要，5 分代表非常重要)。在评价“保证所有人在衣食住、教育和健康等方面的基本需要得到满足”对社会的重要性时，平均得分为 4.4 (1 分代表完全不重要，5 分代表非常重要)。可以看到，公众非常希望在衣食住、教育和健康方面的基本需要得到满足，同时，也迫切地希望政策能够消除居民之间的不平等问题。这也就是说，政策制定者不仅要解决居民的基本生活需求，也要加强收入再分配政策，防范因贫富差距而产生的相对剥夺感。

表 5　受访者对公平原则的态度（%）

	消除老百姓之间的较大不平等	保证所有人在衣食住、教育和健康方面的基本需要得到满足
1 分	2.0%	1.6%
2 分	4.3%	3.7%
3 分	24.5%	12.9%
4 分	18.3%	15.3%
5 分	47.43%	66.4%
均值	4.1 分	4.4 分

11. 后物质主义

当问到最想要实现的愿望时，“维持社会稳定”和“控制物价上升”得到了59.4%的受访者支持，“让老百姓在重大决策上有更多发言权”得到了受访者27%的支持，12%的受访者选择了“保障大家发表意见看法的权利”。这表明老百姓最希望实现的愿望是安稳和富足的生活，其次是积极的政治参与。相比较政治权利，老百姓更关注自身的社会权利。从公共政策的角度来说，发展社会政策能给公众带来较强的幸福感。

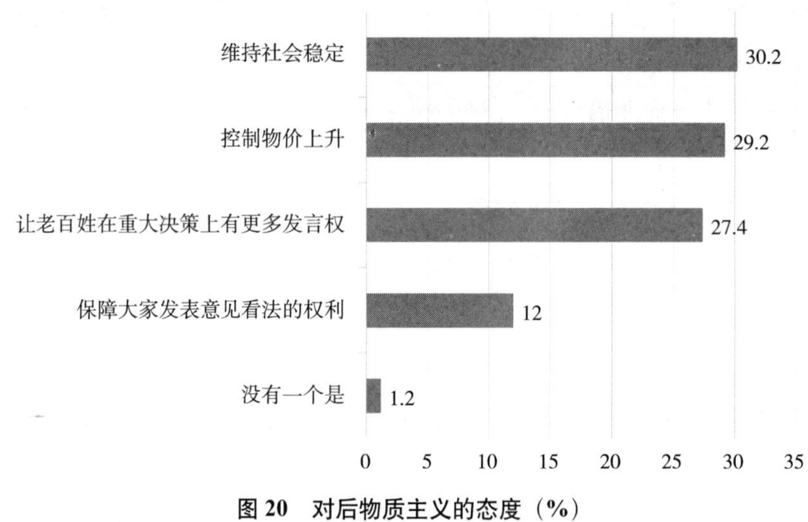

图20　对后物质主义的态度（%）

12. 对未来流动性的期望或弱势主观指标

在被问到对未来一年的期待时，43%的受访者认为会变得更好，另外46%的受访者认为不会有差别，9%的人认为会变得更差。这表明相当一部分的公众对未来持有乐观的预计。

13. 过往有关流动性经验

在接受访问的人群中，69%的受访者表示家庭曾经生活在贫困之中，31%的受访者表示没有贫困的体验。

14. 社会融合

在被问到是否感觉“相比较本地人，外来打工者的收入很低”时，39.7%的受访者表示从来没有，33.7%的受访者表示偶尔有感觉，18.1%的受访者表示经常有这样的感觉，8.5%的受访者表示总是这样想，平均得分1.95（1是从来没有，2是偶尔有，3是经常有，4是总是有，下同）。

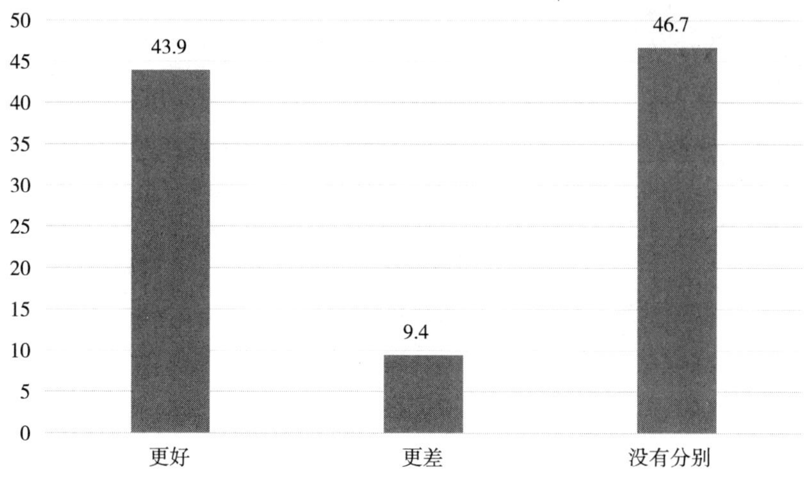

图 21　对未来流动性的期望（%）

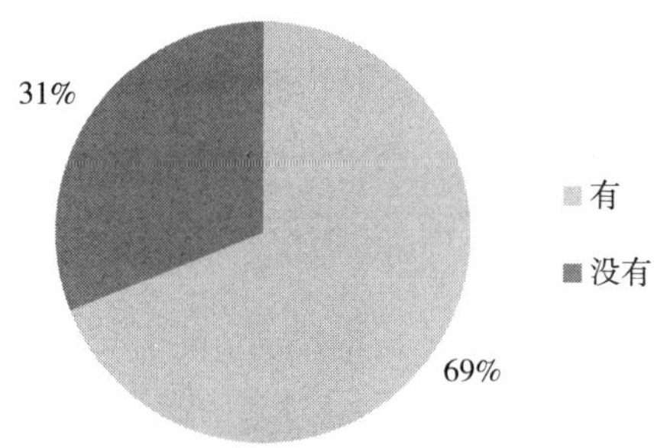

图 22　过往贫困的经验（%）

在被问到是否感觉“和本地人相比，外来打工者的社会保障待遇很差”时，31.1% 的受访者表示从来没有这种感觉，34.3% 的受访者表示偶尔觉得，34.6% 的受访者表示常常会有这种感觉，平均得分 2.15。

在被问到是否“外来打工者在城市里低人一等”时，仅有一半的受访者有这种感觉，其中 28% 的受访者偶尔感觉，11% 的受访者经常有这种感觉，平均得分 1.66。

从均值的比较来看，外来打工者感觉与本地人最大的隔阂是社会保障方面的差别，其次是收入差距和社会地位的低下。因而，为了促进外来人员融入本地社会，当务之急是解决社会保障系统的碎片化问题，使得外来人口享有与本地人同样的社会保障权利。

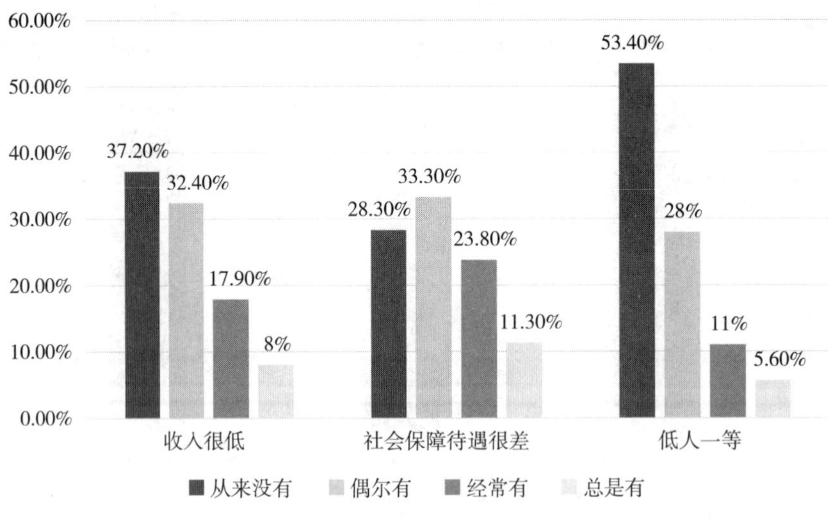

图 23　对本地人和外来人差异的感觉（%）

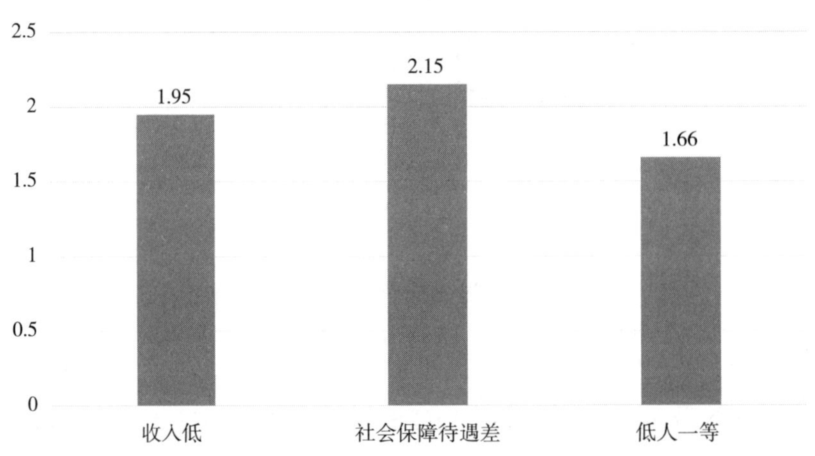

图 24　对本地人和外来人差异的感觉均值比较

在被问到本地人对外来打工者的态度时，53% 的受访者感到本地人对外地人的排斥，其中 35% 的受访者偶尔感觉到，12% 的受访者经常有这种感觉，6% 的受访者总是有这种感觉，均值 1.77。在被问到是否“本地人看不起外来打工者”时，49% 的受访者从没感觉过，34% 的受访者偶尔感觉到，分别有 11% 和 6% 的受访者经常和总是有这种感觉，均值 1.73。在被问到是否“本地人不愿意和外来打工者打交道”时，超过一半的受访者

（55%）没有这种感觉，32% 的受访者偶尔感觉，12% 的受访者总是这样觉得，均值 1.60。由此可见，外来打工者认为，虽然在行动上本地人会与外来人群打交道，但是从心理感知上还是排斥和看不起外来打工者。

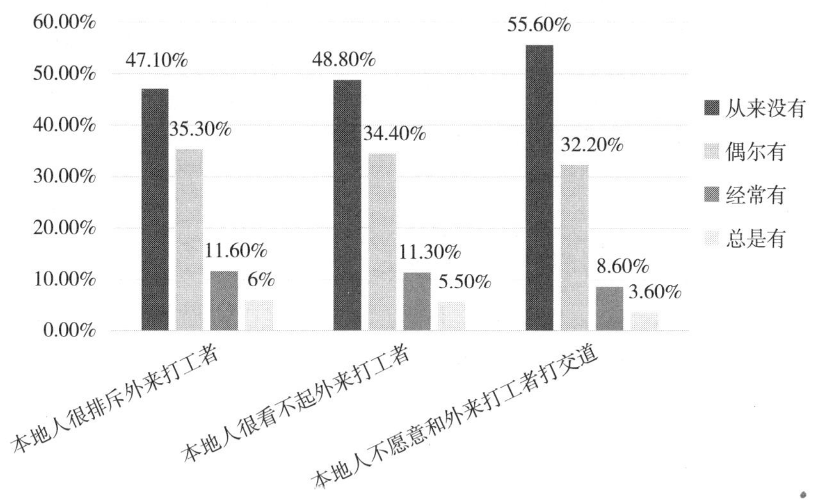

图 25　本地人对外地人态度的感觉

在被问到是否有了城市户口，外来打工者的生活会变好，36.6% 的人从来没有这种感觉，仅有一半的受访者有这种感觉，其中 28% 的受访者偶尔

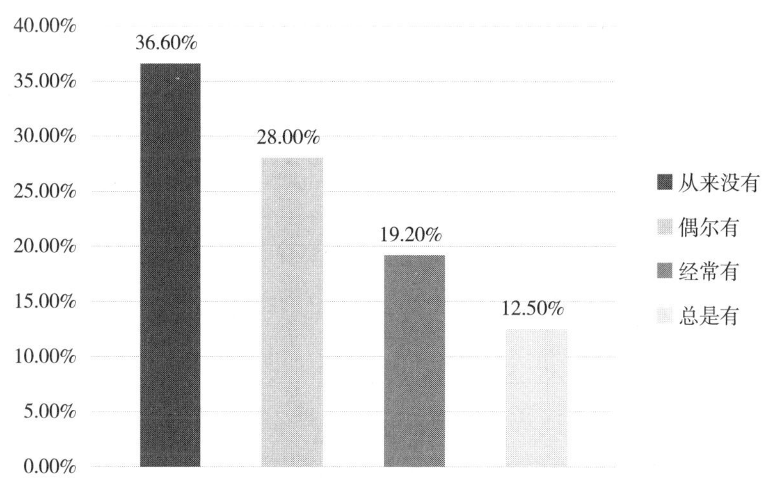

图 26　对城市户口作用的态度

感觉，19.2%的受访者经常有这种感觉，12.5%的受访者总是有这种感觉，均值2.07。由此可以见，大量的外来务工人员认为拥有城市居民身份能够解决他们生活中的许多问题，这也反映了户籍制度仍然影响着农村居民和城市居民、本地人和外来人的生活幸福感。

三、结论与建议

构建一种相对完善的社会福利制度，不仅要考虑到社会福利制度构建的“可能”，即地区经济社会发展水平，还要了解社会福利制度作用对象的“需要”。只有将制度构建的“可能”与公众实际的“需要”结合，才可能设计出相对较为完备和符合地区实际的社会福利制度。但在以往的研究中，学界和实务界大多注重社会福利供给的“可能”而忽视了公众在社会福利“需要”层面的主观期待。即使有一些关于公众民生福利责任态度的研究文献，这些研究大多在社会福利态度变量的选取上较为单一，缺乏多维度的视角，不能较好地反映某一地区公众民生福利态度的整体状况。

有鉴于此，本报告选取“对收入不平等的态度”、“政府对贫困人士的责任”、“劳动力市场管制与劳动关系”、“社会支出”、“社会团结与社会风险”、“税收”、“贫困的原因”、“对贫困的认知”、“工作精神”、“公平原则”、“后物质主义”、“对未来流动性的期望或弱势主观指标”、“过往有关流动性的经验”、“社会融合”等14个指标项调查广州市公众的民生福利态度。基于上述调查结果与分析，本报告得出如下结论：

缩小不同人群之间与户籍关联的福利差异，促进常住人口基本福利供给均等化。广州市有大量的外来人口，人口倒挂现象比较突出。随着广州市贯彻国家户籍制度改革和居住证制度，无疑有助于落实外来人口权益。但也要认识到制度本身带有一定的局限性。一方面，政府出于财政压力，不可能在短时间内将数量庞大的外来人口全部纳入制度覆盖范围；另一方面，也有相当一部分公众由于社保缴纳年限、社保缴纳意愿不强等问题，并不能和不愿意办理居住证。加之目前居住证制度还处于施行初期，只有持证者才可以享有六项基本的公共服务和七项便利，大部分外来人口还未切实享受到与之相关的权益，与户籍关联的福利差异仍然客观存在，需要政府在福利供给均等化方面进一步跟进。

精准识别和及时回应公众的福利需求，创新福利供给方式，实现福利供给的精准化。虽然广州经济社会运行态势又好又快，居民生活水平不断提升，但是公众的福利诉求依然较为强烈。公众普遍对城乡居民低保、基本医疗保障、基本公共教育、基本住房保障、社会养老服务等具有强烈的福利诉求，希望政府加大民生领域的社会支出，特别是要提高基本公共教育和基本医疗保障供给水平。与此同时，不同市辖区受地理空间分布、人群聚集特征、经济社会发展程度等影响，在社会支出、税收、社会融合等方面的态度出现分化，需要政府精准识别和及时回应，实现福利供给的精准化。

强化开放理念，加强政府与公众、市场、社会力量的合作。调查结果显示，公众普遍希望政府更多地介入到改善民生福利之中，但同时也理性地认识到政府在改善民生福利过程中只应该承担有限责任。如公众认为政府在救助穷人方面支出不够，期望政府加大对穷人的社会救助。不过公众也认同改善穷人的生活水平是政府和穷人双方的责任。与为了确保劳动力市场的灵活性政府应更少介入的观点相反，公众期望政府更多的介入到提高最低工资标准、推动工资集体谈判中。由上可知，在改善民生福利过程中，公众一方面希望政府发挥兜底功能，另一方面也希望政府能够扮演好监督者、协调者的角色，加强对市场和社会力量的监督，引导二者有序参与民生工程建设。

重视公众福利价值观对公众福利需求的影响，强化“需求导向”思维，及时调整和制定与之相应的福利政策。随着广州经济社会发展，公众对自身权益的认知逐步深化，对非直接利益的关注也逐渐增加，“地域公民身份”和“地域公民社会”在广州出现，公众福利价值观出现了新变化，社会政策也应发生与之相应的变革。

增进福利供给的公平性。不论是在分配领域，还是在整个经济社会发展层面，公平原则都是社会政策制定与执行不可或缺的重要原则。这也正是衡量社会政策是否有效发挥托底功能的重要标准。从这一点来看，广州市仍然需要进一步发挥社会政策作用，解决好公众普遍认为的广州收入差距过大问题，满足公众对“消除老百姓之间的较大不平等”的诉求。同时，通过保证所有人在衣食住、教育和健康等方面的基本需要得到满足，凸显社会福利供给的公平原则。

关注公众福利需求结构分化。以对后物质主义调查为例，“维持社会稳定”和“控制物价上升”得到了59.4%的受访者的支持，同时也有39.4%的受访者支持“让老百姓在重大决策上有更多发言权”和“保障大家发表意见看法的权利”，二者比例约为1.5∶1。按照著名政治文化研究学者罗纳德·英格尔哈特（Ronald Inglehart）的观点：物质主义价值观强调经济增长和社会秩序，后物质主义价值观则偏向于自我表现和生活质量。从这一理论视角和上述调查结果来看，广州相当一部分公众不再单纯追求传统的物质价值，已从热衷于较低的通货膨胀和稳定的社会秩序转向生活质量、公民权、自我表现等后物质主义价值，广州进入了物质主义价值观和后物质主义价值观共存时期。在这一特殊时期，不仅要关注公众的安全需要和生存需要层面，也要注重公众更高层次的福利需求，促使社会福利政策适应公众多层次的福利需求。

关注公众福利需求增长。公众福利不仅体现为对普惠性福利供给的要求，更重要的是要解决好福利供给过程中公众的相对剥夺感问题。如在关于对贫困的认知过程中，受访者认为有23%的人生活在贫困之中，占28%的受访者认为广州市贫困问题达到了严重和非常严重状态。如果从政府确定的贫困线和社会救助人数比例等来看，显然这一数据“不合理”。但这恰恰说明了公众对贫困的认知与政府确立的贫困标准出现了分歧。在公众的价值观视角下，贫困不是政府所定义的绝对贫困，而是与同类群体、不同人群比较下的相对贫困。政府要清醒地认识到公众相对贫困观下的福利需要与政府绝对贫困观下的福利供给之间的断裂，将其纳入公共政策议题。

综合调查分析和研究结论，本报告提出以下建议：

第一，社会福利政策建设应充分重视公众的民生福利需要。实际上，只有全面了解公众实际的福利需要，政府、市场和社会等福利供给主体才可能实现精准化和高效化的福利供给。但是长期以来，我国社会福利的供给往往注重加大福利资源的输送，而忽视了公众实际的福利诉求，以及公众个体和群体之间福利诉求的差异性。因此，未来政府的社会福利治理，应强化基于需要的社会福利治理，在考虑和了解公众民生福利态度基础上实现更加合理的社会福利制度建设，达到更加高效和精准地输送社会福利资源。

第二，公众在城乡居民低保、基本医疗保障、基本公共教育、基本住房保障、社会养老服务五个领域的期待水平高，预示着未来政府应注重加快社会福利建设由“低水平、广覆盖”向“共享型”和“发展型”转变，真正做到让老百姓难有所助、病有所医、学有所教、住有所居、老有所养。同时，在这一过程中，政府部门应充分重视社会发展和发展社会力量，注重政府、市场和社会三元主体共同增进社会福利供给。

第三，重视社会公平正义问题，提升外来人口的社会福利水平。众所周知，广州是岭南文化的核心地，而岭南文化的一个显著特点就是包容性强，因而广州外来人口在获得认可方面具有比较优势。由此可见，在政策环境和政策执行层面，广州市社会融入基础较好，本地人和外来打工者之间社会排斥程度低，广州市在进一步推进居住证制度和《广州市来穗人员融合行动计划（2016—2020 年）》等政策方面具有较好的民意基础。因此，建议在促进本地人与外来打工者社会融合方面更加注重社会公平正义，确保二者进入社会福利资源体系能够根据其需要进行公平的分配，特别是保证二者在享受基本公共服务和使用公共产品方面具有同等的权利。

五、大事记

广州社会保障大事记
（2015 年 1 月—2016 年 6 月）*

一、广州社会保障大事记（2015 年 1 月—2015 年 12 月）

月份	日期	内容
1 月	1 日	正式实施《广州市城乡居民社会医疗保险试行办法》，将广州市城镇居民医疗保险与新型农村合作医疗合并，实施统一的城乡居民医疗保险制度。 正式实施《广州市城乡居民大病医疗保险试行办法》，广州市原参加新型农村合作医疗的 240 万人是日起纳入大病医疗保险范围。 正式实施《广州市社会医疗保险统筹基金支付门诊特定项目费用新范围及新标准》。新政策新增乙肝、小儿脑瘫、肺结核、艾滋病、心脏、肺脏、骨髓移植术后抗排异治疗等 7 个新项目。 正式实施《广州市职工社会医疗保险统筹基金支付普通门诊医疗费用范围及标准》。 是日起，根据《广东省职工生育保险规定》（粤府令〔2014〕第 203 号）和省人社厅有关文件规定，原参加省直统筹生育保险的单位职工，移转到参加城镇职工基本医疗保险的属地参加生育保险，其中移交广州市的参保人员约为 41 万人。 是日起，根据《关于调整广州市城镇企业职工基本养老保险单位缴费比例的通知》（穗人社发［2015］5 号），广州市城镇企业职工基本养老保险单位缴费比例统一为 14%。

* 本大事记由中山大学政务学院博士生胡项连根据相关部门提供的资料整理。

月份	日期	内容
1月	7日	市民政局、市教育局、市财局、市人社局、市总工会、共青团广州市委联合印发《广州市福利彩票公益金助学实施办法》，对广州市考入高等院校、普通高中和中等职业学校的贫困家庭和重点优抚对象子女开展资助工作。
	8日	全国首座“箭牌乐学计划”公益项目——健康与安全体验中心落户广州市儿童活动中心并正式启用。该体验中心由中国儿童少年基金会和箭牌基金会共同发起，由广州市妇联主管，旨在通过寓教于乐的方式让孩子掌握应急、逃生技能，帮助他们远离疾病与伤害。
	9日	是日，推出穗和家园二期655套经济适用住房，公开接受意向登记。1月15日，举行评分排序仪式，共有4147户意向登记家庭参加。至3月18日，该655套房源售罄。
	13日	是日至14日，由广州市妇联主办，广州市妇联附属机构市巾帼社工中心承办的“关爱女童　快乐成长”女童防护宣讲团在深圳开启首次广州市外宣讲活动。女童防护宣讲团分别在深圳市景秀小学，蓝天幼儿园、大风车幼儿园等小学及幼儿园开展系列巡讲，首批巡讲活动共计5场，现场活动人数近1000人。
	15日	广州市妇联附属机构市巾帼社工中心与海珠区志愿者协会合作开展的“防护手册　美丽人生”——女童性安全自我防护教育公益项目，赴海珠区华怡小学为五年级的120位学生们，进行儿童性安全自我防护教育公益宣讲活动，至此，六场女童性安全自我防护教育系列讲座圆满结束。活动分赴海珠区六家中小学，服务覆盖学生达1000人次。
	19日	广东省与广州市签订《2015年住房保障工作目标责任书》，2015年广州市需开工建设保障性住房（棚户区改造住房）13729套（户），基本建成21213套（户），新增发放住房租赁补贴1800户。截至12月31日，广州市新开工筹集保障性住房、棚户区改造住房15144套（户），完成目标任务110.31%；基本建成保障性住房、棚户区改造住房共21372套，完成目标任务100.75%；新增发放住房租赁补贴1880户，完成目标任务104.44%。
	21日	市民政局召开全市困难群众代表迎春座谈会，参加座谈会的困难群众代表和市有关部门的领导约70人，广州市政府赵南先副秘书长出席并讲话。 春节期间开展了形式多样的慰问困难群众活动，广州市政府向全市低保、五保对象、重点优抚对象、低收入困难家庭成员、福利机构政府供养人员发放春节慰问金6183万元，惠及困难群众16万人次。
	26日	时任广州市政府陈建华市长主持召开本届政府第151次常务会议，审议通过《关于解决农村敬老院历史遗留问题工作指引（送审稿）》。

月份	日期	内容
2 月	3 日	市人大十四届第五次会议审议广州市社保基金预算和部门预算，杨秦局长就市人社局 2015 年部门预算情况作报告。
	4 日	广州市政府赵南先副秘书长主持召开第三次市社会保障工作联席会议，陈敏副局长报告联席会议办公室工作开展情况和局推进落实社会保障“1＋4”工作方案情况。 是日至 4 月中旬，广州市妇联启动对全市“妇女儿童之家”建设情况的专题调研。
	5 日	由广州市妇联主管，市巾帼社工中心开展的“防护手册美丽人生”——女童性安全自我防护教育公益项目荣获创投十大优秀项目奖。
	9 日	时任广州市政府陈如桂常务副市长在市民政局主持召开会议，研究协调广州市养老服务机构设施建设有关问题。广州市政府赵南先副秘书长，市发展改革委、民政局、财政局、国土规划委、住建委、重点办及各区（县级市）政府有关负责同志参加会议。
	14 日	广州市政府办公厅印发《关于进一步完善住房保障体系的指导意见》（穗府办函〔2015〕22 号），明确将户籍家庭住房保障对象从低收入家庭扩大至中等偏下收入家庭，逐步解决夹心阶层特定群体、来穗务工人员住房困难。
3 月	3 日	是日起，广州市保障性安居工程综合督查监管平台正式启用，并于 4 月 28 日通过国家住建部组织的专家验收，11 月 27 日正式运行。
	6 日	印发实施《广州市民政局等六部门关于印发〈解决农村敬老院历史遗留问题工作指引〉的通知》，进一步推动农村敬老院消防、土地和建筑物确权、法人登记等历史遗留问题的解决。
	9 日	印发《关于调整本市失业保险金标准的通知》（穗人社函［2015］421 号），从 2015 年 5 月 1 日起，将广州市（含花都区、番禺区、从化市、增城市）失业保险金标准调整为 1516 元 / 月。
	16 日	广州市 2014 年住房保障工作目标任务经广东省考核被评为优秀（连续 6 年获评优秀）。
	20 日	在广州空军第一招待所召开广州市 2015 年社会保险工作会议。会议研究贯彻机关事业单位养老保险制度改革要求。
	26 日	在广联礼堂召开市级公费医疗政策操作培训会，市公医享受单位相关人员参加。
	27 日	人社部和住建部联合组成调研组，到广东就《关于进一步做好建筑业工伤保险工作的意见》的贯彻实施进行调研，广州市人社局工伤处派员参加。

月份	日期	内容
3月	28日	是日至6月1日，由广州市妇联主办，广州市儿童活动中心承办的第十届“羊城小市长”系列活动举行。本次活动进行了“五个一”系列回顾总结（即一首羊城小市长之歌、一本十年回顾画册、一部微电影《梦想日记》、一次历届“小市长”活动回顾画展、一部专题宣传片）。时任广州市市长陈建华亲临决赛现场并为每一位小市长颁发证书。活动自启动以来，共吸引了全市1145所中小学，57.7万名少年儿童踊跃参与，较上一届增加了1.4%，参与人数再创历史新高。
4月	1日	是日起，正式实施广州市职工社会医疗保险普通门诊统筹有关定点、社区首诊和双向转诊新规定；广州市市级公费医疗大病医疗待遇新政策正式施行。
	2日	广州市民政局、市卫计委、教育局联合转发《关于进一步落实艾滋病影响儿童医疗教育和生活保障等政策措施的通知》，落实受艾滋病影响儿童的基本生活保障。
	13日	广东省委组织部副部长、人社厅厅长林应武带队到广州市专题调研基层社会保险工作。调研组深入南沙区东涌镇太石村社保窗口，了解一线经办情况；对被征地预存款分配难、使用难的问题，进行了分析，并提出解决思路。 市府常务会议（穗府14届160次［2015］13号）明确了新儿童活动中心建设模式。
	16日	在省政府1号楼3楼会议室召开医疗保险支付制度改革专题研讨会议。林少春副省长主持，陈敏副局长参加并汇报广州市相关情况。 广州市社会保险监督委员会第十次全体会议在广州市政府召开。
	17日	广州市劳动能力鉴定委员会办公室印发《广州市劳动能力鉴定实施细则》，进一步规范了广州市劳动能力鉴定工作。
	28日	《广州市人民政府关于同意BA0206等11个规划管理单元控制性详细规划修改的批复》（穗府函〔2015〕54号）印发，同意我市11个养老机构地块控制性详细规划修改。
	29日	经广州市政府同意，从2014年7月1日起，广州市城乡居民基本养老保险基础养老金将每人增加15元/月，即从165元/月调整为180元/月。据统计，广州市将有40万城乡老年居民受惠，城乡居保平均养老金将达到589元/月。 广州市民政局、市卫计委、市残联、市财局联合印发《关于进一步落实艾滋病影响儿童医疗教育和生活保障等政策措施的通知》。 是日至6月底，广州市妇联对全市12个区（县级市）妇联开展“妇女儿童之家”建设专项督导。

月份	日期	内容
4 月	30 日	广州市儿童活动中心正式成立“童心舞蹈学校”。该学校旨在帮助少年儿童塑造外在的体态之美和树立内在的自信之美，让孩子们在舞蹈中发现自我，实现自我突破。同时增强社会对少儿舞蹈成为素质教育专门学科的认知和认同，为推动少儿舞蹈教育事业发展做出积极贡献。
5 月	1 日	是日起，广州市失业保险金标准从 1240 元 / 月调整至 1516 元 / 月，增幅为 22%。本次失业保险金调整共涉及领取失业金人员 30776 人。 广州市 12385 全国残疾人服务热线开通，并同步并入广州市 12345 政府服务热线，为残疾人提供政策咨询、意见建议、生活帮助等服务。目前广州市 12345 政府服务热线已安排 30 名残疾人从事话务员工作，服务场地也按无障碍环境建设标准进行了改造。
	7 日	由人社部农保司副司长董英申带队，人社部、中央政法委、司法部等组成联合调研组到市人社局就相关特殊人员参加城乡居民基本养老保险问题开展专题调研工作。
	13 日	人社部医疗保险司王向机副司长等一行 5 人到市医疗保险局越秀分局实地考察及生育保险工作调研。 在第二十五个“全国助残日”来临之际，“集善广州、情系残疾人”助残募捐活动正式启动，广州市残疾人福利基金会为“追梦大使”项目、“天使心”助残项目、扶助农村贫困残疾人家庭项目、资助广州市残疾人专门协会项目、残疾人杂志《广州 D 视角》、残疾人应急救助项目等六大项目筹得约 100 万元捐款。
	17 日	17 日上午，由广东省残疾人联合会、广州市残疾人联合会联合主办的第二十五个“全国助残日”活动在广州市第二少年宫举行。第二十五个“全国助残日”的主题是“关注孤独症儿童，走向美好未来”。 广东省委常委、常务副省长徐少华，时任广州市市长陈建华出席了活动。
	20 日	广州市妇联、广州市家教会在广州珠江宾馆会议中心联合举办了题为“解开起跑线上的纠结”广州家庭教育高峰论坛。
	25 日	根据《2015 年广州市未成年人保护宣传周系列活动方案》（穗未保办[2015] 1 号文）的通知精神，广州市妇联联合天河区妇联在天河区前进街举办未成年人权益保护法规宣传活动。
	26 日	是日至 6 月 5 日期间，完成两期全市劳动能力鉴定专家工伤与职业病鉴定新标准培训。至此，完成全员轮训。
	27 日	广州市民政局、市卫计委、市财局、市人社局、市住建委联合印发《推进落实计划生育特殊困难家庭扶助工作实施方案》。
	30 日	根据《2015 年广州市未成年人保护宣传周系列活动方案》（穗未保办[2015] 1 号文）的通知精神，广州市妇联联合荔湾区妇联在荔湾区芳村花园小区举办未成年人权益保护法规宣传活动。

月份	日期	内容
5月	31日	广州市政府办公厅印发《广州市社会医疗保险办法》（穗府令123号）。 经过两年的建设，广州13个儿童公园全面开放，时任广州市市长陈建华出席开园仪式。广州“1+12”儿童公园模式不仅是全国规模最大，也是全国首创的儿童专类公园体系。全市13个新儿童公园全部建成开放后，全市儿童公园在数量上从1个增加到13个；在面积上从1.1公顷增加到180公顷；在布局上将从市中心城区均衡扩展到各区、县级市；在项目类型设计上更加丰富，有少儿科普、趣味运动、职业体验、山地森林、动漫娱乐等内容。“1+12”个儿童公园建成后将构成凸显“安全性、趣味性、科普性、通达性和差异性”儿童专类公园体系，为我市少年儿童提供了近距离的高效服务和多主题的选择，为少年儿童的健康成长提供充分的室外活动空间。
6月	5日	在广州市新闻中心召开《广州市社会医疗保险办法》新闻发布会。
	9日	完成广州市劳动能力现场鉴定点招标工作。 《广州市退休人员社会化服务管理规定（送审稿）》经14届167次市政府常务会议审议通过。 广州市民政局与广东省保监局联合印发《关于开展广州市社会救助申请人商业保险信息核对工作的通知》，对社会救助申请人商业保险信息核对工作中的有关问题作出规定。
	10日	经规划技术审查、批前公示等程序，并经市城市规划委员会审议通过后获广州市人民政府批准，市国土资源和规划委员会公布实施《广州市近期实施养老服务机构地块规划管理单元控制性详细规划修改》1项规划成果，自批准之日（2015年4月28日）起生效。
	11日	广州市残疾人福利基金会“追梦天使”项目在近千个参赛项目中脱颖而出，荣膺广州市福彩公益慈善项目大赛金奖。
	16日	人社部农保司副巡视员卢海元带队一行到广州市医疗保险局越秀分局开展窗口单位作风建设明察暗访工作。 广州市民政局与住保办联合印发《广州市2015年第一批公共租赁住房分配工作方案》。
	18日	印发《广州市人力资源和社会保障局　广州市财政局　广州市卫生和计划生育委员会关于废止〈广州市城镇基本医疗保险普通门诊医疗费用统筹办法〉的通知》（穗人社发〔2015〕31号）。 为进一步深化广州市“平安家庭”创建活动，维护未成年人合法权益，优化少年儿童成长环境，推动幸福社区建设，广州市妇联联合白云区妇联在钟落潭镇五龙岗村举办未成年人权益保护法规知识讲座。

月份	日期	内容
6 月	25 日	省内异地就医结算系统（一期）上线。次日，赴定点医疗机构现场巡检，整个医疗保险系统运行正常。 由广州市妇联主管，市巾帼社工中心开展的“防护手册　美丽人生”女童性安全自我防护教育公益项目成功入选广州市第三届社会组织公益创投项目资助的公益项目。 是日至 12 月 30 日，由广州市妇联主管，市巾帼社工中心第二期女童防护宣讲团到有农村的区开展普及宣讲，共举办 33 场，直接受益 5012 人，间接受益 25060 人。 广州市妇联邀请广州市律师协会李素敏律师在番禺区小谷围街道办事处为社区家长举办未成年人权益保护专题讲座，约 100 人参加了讲座。
	29 日	召开《广州市职工生育保险实施办法》专题座谈会。
	30 日	是日，推出我市 2015 年第一批公共租赁住房共 9831 套。8 月 20 日，公开对该批公共租赁住房房源举行摇号预分配仪式，经过系统摇号，共有 2682 套房源实现预配租。
7 月	1 日	是日起，《广州市社会医疗保险办法》（穗府令第 123 号）正式实施。 是日起，《广州市人力资源和社会保障局　广州市财政局关于调整广州市城乡居民社会医疗保险筹资标准计算方法的通知》（穗人社发〔2015〕40 号）正式实施。 广州医疗保险微信公众号正式上线运行，开设医疗保险政策、办事指南、定点医院查询、定点药店查询、窗口服务信息等栏目。 是日起至 8 月 14 日，按照人社部、省人社厅统一部署要求，在全市范围内开展用人单位高温期间防暑降温情况和遵守劳动用工、社会保险法律法规专项检查。 正式实施《广州市残联、人社局、财政局、民政局关于印发〈广州市资助残疾人参加基本养老保险有关问题通知〉的通知》（穗残联〔2015〕151 号），资助残疾人参加城乡居民基本社会养老保险，资助达到国家规定退休年龄但不足社保规定缴费年限的残疾人职工缴纳城镇职工养老保险。
	3 日	在 12 个辖区统一开展以“推进建筑企业参加工伤保险”为主题的工伤保险现场咨询宣传日活动。
	6 日	《广州市人力资源和社会保障局　广州市财政局关于调整广州市城乡居民社会医疗保险筹资标准计算方法的通知》（穗人社发〔2015〕40 号）正式实施，2016 年全市个人缴费标准（不含从化区）为 167 元，从化区个人缴费标准（全市标准的 80%）为 134 元。

月份	日期	内容
7月	15日	是日起，《关于2015年度广州市调整企业退休人员养老保险待遇的通知》（穗人社发〔2015〕37号）正式实施，调整后，广州市企业退休人员月人均养老金达到3200元。 是日起，《关于2015年度广州市调整企业退休人员养老保险待遇的通知》（穗人社发〔2015〕37号）正式颁布。 是日起，广州市参保人持有中国农业银行、广州银行等6家银行制发的新版社会保障（市民）卡，可使用社会保障（市民）卡医疗保险个账资金支付在指定试点互联网定点零售药店发生的符合广州医疗保险管理规定的药品以及医疗用品费用。广州市成为全国第一个实现互联网购药医疗保险个人账户线上支付的城市。 广州市民政局与中国人寿保险股份有限公司在我市第一批301个幸福社区设立“民政服务点”，定点开展社区困难群众商业保险医疗救助、广州市城乡居民大病保险及“银龄安康行动”等民政保障政策宣传与服务工作。
	17日	从2014年10月起，开展夹心阶层特定群体住房保障需求调查，统计中小学及幼儿园教师、医护人员、公交司机、地铁职工、环卫工人、养老机构护工、政法干警、科研技术人员、高校教职工、新入职无房公务员等十类群体的住房保障需求量，分析需求情况，提出分类解决策略，形成《广州市夹心阶层特定群体住房保障需求调查报告》。
	22日	广州市民政局与财政局联合印发《关于提高我市农村五保供养标准的通知》，农村五保供养标准按不低于当地农村上年度人均可支配收入确定，平均水平1608元，从2015年1月1日起执行新标准。
	24日	广州市民政局与市人社局联合印发《关于资助困难群众参加医疗保险工作的议定事项》。
	27日	广州市政府赵南先副秘书长在广州市政府1号楼216会议室主持召开会议，研究协调低保低收入困难家庭财产审核限额标准。
	29日	广州市民政局与财政局联合印发《关于提高我市低保及相关社会救助标准》的通知，经市政府同意，从2015年1月1日起，全市城乡低保标准统一提高到650元，完成了全市城乡低保标准一体化进程，全市城乡低收入困难家庭认定标准按低保标准1.5倍同步统一提高到每人每月975元。其他供养人员供养标准均有所提高。
	30日	《广州市人力资源和社会保障局　广州市食品药品监督管理局关于核准经营民族药品零售药店广州市医疗保险定点资格有关问题的通知》（穗人社发〔2015〕44号）正式印发，凡经药监部门许可的经营药品范围只有民族药（中药材、中药饮片、中成药）且经营药品品种不少于100种的零售药店，如经营场所使用面积未达到《定点药店管理办法》要求（其他资格条件按《定点药店管理办法》相关规定执行），可申请广州市医疗保险定点零售药店资格。

月份	日期	内容
8 月	1 日	《广州市退休人员社会服务管理规定》（穗府令第 127 号）正式实施。
	3 日	广州市民政局、残联、人社局、财政局联合印发《关于资助残疾人残疾基本养老保险有关问题的通知》，为解决广州市户籍残疾人基本养老保险的缴费问题，经市政府同意，决定对广州市残疾人参加基本养老保险给予资助。
	24 日	第 14 届 177 次市政府常务会议审议通过了《关于增加广州市小额（创业）担保贷款基金有关问题的请示》，决定由失业保险基金对创业贷款担保基金补充增加本金 1.5 亿元，加上先前用于业务的 5000 万元，担保基金总规模达到 2 亿元。 市民政局与市档案局联合印发《广州市居民家庭经济状况核对档案管理办法》。
	25 日	正式实施《关于 2015 年度调整广州市农转居人员基本养老金的通知》（穗人社发〔2015〕49 号），调整后，广州市农转居人员月人均养老金达到 869 元。 市府办公厅印发实施《关于加强户籍家庭住房保障工作的实施意见》（穗府办〔2015〕46 号），明确将户籍家庭公共租赁住房保障收入线准入标准调整至 2013 年度城镇居民年人均可支配收入的 70%（即 29434 元 / 年），补贴标准从每平方米建筑面积 20 元提高至 25 元，同时对租金收取方式和租金支付比例作出具体规定。
9 月	1 日	印发《广州市财政局　广州市人力资源和社会保障局关于划拨广州市城乡居民基本医疗保险 2015 年社保年度扩面工作经费的通知》（穗财社〔2015〕96 号），下达了 2015 年广州市城乡居民医疗保险扩面工作经费。
	8 日	时任广州市市长陈建华主持召开市养老服务业综合改革试点工作第一次联席会议，审议通过《广州市人民政府关于加快养老服务业综合改革的实施意见（送审稿）》。
	9 日	广州市劳动能力鉴定中心在病退鉴定现场首次设立小儿麻痹鉴定专室，严格执行被鉴定人身份查对制度，杜绝小儿麻痹患者冒名顶替鉴定行为，加强小儿麻痹病退鉴定管理。
	11 日	广州市保障性住房土地储备 GIS 系统顺利通过专家组竣工验收。该系统有利于提升保障性住房土地征收储备工作的规范化、精细化和信息化水平，实现土地储备信息的数据库管理与网络化管理，提高红线储备到实物储备的转化率。
	14 日	为体现党委、政府对困难群众的关怀，让困难群众欢度中秋、国庆佳节，广州市民政局及各级民政部门积极开展各种形式的慰问活动，并向广州市特殊困难群众发放中秋慰问金，合计支出 83.65 万元。

月份	日期	内容
9月	15日	印发了《广州市人力资源和社会保障局关于落实广州市城乡居民社会医疗保险2015年扩面工作经费的通知》（穗财社〔2015〕96号），向各区人力资源和社会保障局下达了2015年城乡居民医疗保险扩面工作经费明细，便于各区落实经费。
	18日	市妇联联合市社工委、市妇女志愿者协会启动巾帼志愿服务之‘萤火虫’结对帮扶单亲困难家庭活动，发动全市近200支巾帼志愿服务队，为全市500户单亲困难母亲家庭提供为期两年的结对帮扶，开展入户探访、慰问等服务。
	21日	广州市民政局印发《广州市民政局关于公布申请低保低收困难家庭财产限额标准的通知》。根据《广州市最低生活保障办法》相关规定，经市政府同意，对广州市居民申请低保、低收入困难家庭认定审核时家庭财产总额予以确定标准，规范低保审核工作。
	23日	在广州市医疗保险局天河分局举行人社系统“青年文明号”创号经验交流会。 广州市机构编制委员会正式批复广州市人社局设立广州市社会保障卡服务中心，工作职能由市电子政务中心调整到市人社局，核定编制21名。
	26日	由广州市儿童活动中心举办的“小主人论坛”走进华美番禺区乡村儿童活动中心，这是该活动首次走进乡村。通过活动，让广大乡村儿童在活动中增长见识、丰富阅历、强化素质。
	30日	广东省人社厅党组成员、省社保局阙广长局长带队一行到从化区调研城乡居保工作和被征地农民征地社保资金分配使用情况。 完成广东省内异地就医直接结算平台的联调测试及与指定异地定点医疗机构签订医疗服务协议。
10月	1日	《广州市人民政府办公厅关于印发广州市职工生育保险实施办法的通知》（穗府办〔2015〕41号）正式实施。
	8日	印发《广州市2015年第二批公共租赁住房分配工作方案的通知》。 是日至2015年年底广州市妇联与萝岗区优势力社会工作发展中心合作研发《广州市妇联“妇儿之家”建设指导手册》。
	13日	广州市编办印发《关于设立广州市社会保障卡服务中心的批复》（穗编字〔2015〕163号），同意设立广州市社会保障卡服务中心。
	15日	召开退管业务专题会议，研究社会化管理退休人员节日慰问金和社会化管理死亡退休人员丧葬抚恤金发放流程等相关事项。
	18日	由广州市儿童活动中心举办的“爱孩子课堂”首次走进乡镇，让广大乡村儿童家长有机会接触更多科学、先进的教育理念，共享科学育儿知识，进而更好地关爱孩子、教育孩子、引导孩子健康成才。

月份	日期	内容
10 月	19 日	广州市民政局、市发改委、市财政局、国家统计局广州调查队联合印发《广州市调整最低生活保障标准实施办法的通知》，最低生活保障标准调整与本市经济社会发展水平、低收入居民食品消费价格指数变动指数、城镇居民人均收入和最低工资标准变动情况相适应，保障城乡低保居民基本生活。
	21 日	由广东广播电视台音乐之声、广州广播电视台金曲音乐广播、广州市残疾人福利基金会、广州市追梦天使艺术团等单位主办的《大爱有声·温暖广州——亲爱的小孩——追梦天使艺术团感恩慈善音乐会》捐款抢票活动正式启动，多家爱心企业、热心市民助力“追梦天使”项目。捐款赠票活动共收到约 10 万元的善款。
	23 日	第二届广州市城市规划委员会第三十六次会议（穗规委会［2015］7 号）议定：广州市新儿童活动中心建筑面积 24000 平方米，儿童活动中心范围内建设 10000 平方米地下停车库（含自行车停车库 500 平方米）。
	27 日	是日至 30 日，市妇联举办 2015 年广州市“妇女儿童之家”暨妇联枢纽型组织建设专题培训班。各区妇联主席或分管副主席、各区街（镇）妇联主席代表、省第二期“妇女之家”示范点负责人、各区“妇女儿童之家”项目建设负责人代表、市妇联干部共 120 人参加培训。
	28 日	广州市作为广东省异地就医联网结算项目就医地功能第一批正式上线，广州市首批 11 家医疗机构（含分院）为省内异地就医参保人提供医疗服务。
	30 日	是日，推出 2015 年第二批公共租赁住房共 6080 套。12 月 30 日，公开对该批公共租赁住房房源举行摇号预分配仪式，经过系统摇号，共有 3678 套房源实现预配租。
11 月	2 日	印发《关于广州市职工社会医疗保险统筹基金支付门诊指定慢性病专科药费范围及标准的通知》（穗人社发〔2015〕58 号），将于 2016 年 1 月 1 日施行。门诊指定慢性病病种从原来 16 种扩大到 20 种，职工医疗保险从原来的每病种每人每月 150 元提高到 200 元，进一步加强了门诊指定慢性病准入管理。
	17 日	广州智慧社保财会管控信息系统在国内社保经办管理领域最先荣获国家版权局版权登记，获得《计算机软件著作权登记证书》，同时进入专利权申请公示。
	24 日	召开广铁职工工伤保险纳入广州市属地管理专题工作会议。 广州省内异地就医直接结算参保地系统发布上线，广州参保人可依托该系统在全省办理异地就医直接结算。

月份	日期	内容
11月	27日	广州市住房和城乡建设委员会和来穗人员服务管理局联合印发《来穗务工人员申请承租市本级公共租赁住房实施细则（试行）》（穗建住保〔2015〕1312号），将住房保障公共服务向在广州长期居住并有稳定就业的来穗务工人员延伸。
	29日	广州市民政局印发《关于建立广州市社会救助工作联席会议》的通知，会议成员由各有关单位分管社会救助相关工作的局领导组成。
12月	3日	是日至4日，在白云湖畔酒店召开广州市工伤保险案例分析会议，研讨工伤认定、劳动能力鉴定、待遇核发以及服务管理等方面的疑难、特殊案例并拟定相关案例处理原则和规范。
	4日	由广州市妇联主管，市巾帼社工中心开展的“防护手册　美丽人生”女童性安全自我防护教育公益项目，接受来自广州市第二届社会组织公益创投项目的末期评估，评估项目的结项工作和实现公益创投活动的任务目标。
	10日	印发《广州市人力资源和社会保障局　广州市住房和城乡建设委员会　广州市地方税务局　广州市安全生产监督管理局　广州市总工会关于印发广州市建筑业职工参加工伤保险实施办法的通知》（穗人社发〔2015〕73号），并将于2016年1月1日起正式实施。成为进一步完善广州市工伤保险制度体系，加强建筑行业职工因工受伤及职业病保障的重要举措。
	11日	《广州市人民政府关于加快养老服务业综合改革的实施意见》（穗府〔2015〕27号）印发实施。
	12日	12日上午，2015年广州市“爱心满花城”助残服务周启动仪式在越秀区残联隆重举行。启动仪式上进行了全民助残健身工程示范点授牌仪式和爱心企业助残捐赠仪式，省残联领导为广州市12个全民助残健身工程示范点授牌，越秀区爱心广场被评为全省“全民助残健身工程”示范点。2015年助残服务周活动还包括：残疾人书画作品展、残健共融趣味运动会等。 广州市残疾人服务协会成立大会在广州残疾人康复中心18楼会议室召开。大会通过了《广州市残疾人服务协会章程》、《广州市残疾人服务协会选举办法》和《广州市残疾人服务协会会费标准》；选举出了协会首届会长、副会长、秘书长以及理事会与监事会成员。至2015年年底，发展会员总数123家，其中爱心会员单位75家，残疾人服务机构会员48家。服务协会先后开展了“残健共融联欢会”、“健康听力·幸福人生”爱耳日义诊活动、“爱心满军营、军民合家欢联谊活动”、残障人士社区灵活就业需求调查等活动。

月份	日期	内容
12 月	16 日	召开广州市社保卡服务中心第一次全体会议，部署卡中心筹建和下一步重点工作。
	18 日	在天河公园举办“新常态　晚霞美”广州市社会化管理退休人员迎新年游园会，来自全市社会化管理退休人员代表 2000 多人欢聚一堂。陈玉元副巡视员出席。
	20 日	完成新建 50 个日间托老机构民生实事。全市共建成日间托老机构 170 个，实现每个街镇建有一个日间托老机构。 广州妇联主办、广州市儿童中心承办的“心手相牵、快乐成长”关爱留守儿童生命素养教育活动成功举行。
	23 日	是日至 24 日，召开广州铁路（集团）公司驻粤职工医疗、工伤、生育保险纳入广州市属地管理工作协调暨业务培训会议，
	25 日	全年新增养老床位达 1 万张以上，这是广州市首次年度新增床位超过 1 万张，全市养老机构床位数达到 5.3 万张，每千名老年人拥有养老床位数增加到 38 张，居于全国前列。 是日至 27 日，由广州市妇联、市儿童活动中心、梅州丰顺县妇联联合举办的“乐童成长行动之手拉手关爱流动留守儿童”活动在丰顺县汤坑镇后安小学举行。 住建部、工信部、民政部等 5 部委办联合发文《住房城乡建设部等部门关于表彰全国无障碍建设市县的决定》（建标〔2015〕241 号），广州市受表彰为“全国无障碍建设示范市县”。
	26 日	广州市残联与广州市台资企业协会、广州市越秀区天使心家庭关爱中心共同主办“心启程—2015 年广州市天使心岁末音乐分享会”，100 个广州市残障孩子家庭及 80 名爱心志愿者共同参加音乐分享会。2015 年，广州“天使心”助残项目共举办了 13 次服务活动，其中 11 场父母知能讲座，1 场新春联欢会，1 场次成长营，每月 1 次服务。期间共服务 434 个家庭，服务家长 956 人次，服务孩子 739 人次，累计志愿者参与服务 915 人次
	30 日	广州市、佛山市、肇庆市、清远市四市社会保险基金管理机构共同签订了《社会保险经办服务合作协议》，深入拓宽区域公共服务合作。
	31 日	“社保心　民生情”社保文化宣传活动顺利举行。 “十二五”期末广州市社会保障（市民）卡总体申领 1227.32 万人，实现了人力资源、社会保障、卫生、交通、民政、住房公积金等业务领域共 109 项应用。建立各类现场服务网点（市卡中心、区级服务分中心、街镇服务窗口、合作银行服务网点）共 1032 个，开设了服务热线、服务网站、微信公众号、手机短信等信息化服务渠道，为市民提供 7×24 小时服务。

月份	日期	内容
12月	31日	市本级全年新增供应保障性住房10486套。新增分配入住保障性住房18996套。 广州市妇联联合有镇乡的区妇联建成7家广州市乡村儿童活动中心，实现广州市有镇乡的区乡村儿童活动中心全覆盖。7家分别设在从化区鳌头镇龙聚村、花都区花东镇九湖村、白云区钟落潭镇五龙岗村、番禺区沙湾镇、黄埔区九龙镇均和村、南沙区东涌镇大简村、增城区小楼镇东境村。乡村儿童活动中心每逢休息日和寒暑假期向所在地的乡村孩子免费开放。配有图书、电化教育设施并具备美术、书法、舞蹈等综合教学功能，面积为200—500平方不等。

二、广州社会保障大事记（2016年1月—2016年6月）

月份	日期	内容
1月	1日	是日起，根据《关于广州市职工社会医疗保险统筹基金支付门诊指定慢性病专科药费范围及标准的通知》（穗人社发〔2015〕58号），广州市职工医保门诊慢性病报销范围从17个病种扩大到20个病种。每病种每人每月报销标准由150元提高到200元。完成一件2016年度广州市民生实事。
	13日	在市政府会议室召开全省机关事业单位养老保险制度改革启动实施动员会议，
	14日	印发了《广州市人力资源和社会保障局　广州市财政局　广州市发展和改革委员会　广州市工业和信息化委员会关于印发〈广州市失业保险支持企业稳定岗位实施办法〉的通知》（穗人社发〔2016〕6号），为符合条件的企业发放稳定岗位补贴。
	16日	由中国儿童少年基金会、广东省妇女儿童基金会、广州市妇女联合会、南京中脉科技发展有限公司美体事业部和中脉道和公益基金会共同主办的“中脉青少年安全守护行动”安全自护嘉年华广州站活动正式启动。中国儿童少年基金会秘书长朱锡生，广东省妇联主席阎静萍，广州市妇女联合会副主席李艳林，中脉道和公益基金会主席周希俭，中脉科技美体事业部业务总裁邱伟杰等领导和嘉宾出席活动。
	18日	印发了《广州市人力资源和社会保障局　广州市财政局　广州市地方税务局关于阶段性调整广州市工伤保险缴费标准的通知》（穗人社发〔2016〕3号），自2015年10月1日起，阶段性降低广州市工伤保险缴费标准20%。

月份	日期	内容
1 月	20 日	广州市妇联、海尔集团广东分公司在德政中路龙虎墙妇联综合大楼 7 楼举办“点亮妇儿之家，众创智美生活”——“I 微客”妇女创业公益项目启动仪式和对接活动。
	22 日	印发了《广州市人力资源和社会保障局　广州市财政局　广州市地方税务局　广州市国资委关于广州铁路（集团）公司驻粤职工医疗、工伤、生育保险纳入广州市管理有关问题的意见》（穗人社发〔2016〕7 号），自 2016 年 1 月起，将广铁集团职工的工伤保险纳入广州市管理。
	25 日	印发了《广州市人力资源和社会保障局　广州市财政局　广州市地方税务局转发关于调整失业保险费率的通知》（穗人社发〔2016〕9 号），调低失业保险费率，减轻企业负担。
2 月	2 日	广州市人大十四届第六次会议审议 2016 年部门预算和 2016 年社保基金预算。
	29 日	广州市住房和城乡建设委员会广州市来穗人员服务管理局印发《来穗务工人员申请承租市本级公共租赁住房实施细则（试行）》。
3 月	7 日	广州市市医保局南沙分局获评广州市三八红旗集体、综合处获评广州市巾帼文明岗。同期，市医保局越秀分局获评广东省巾帼文明岗。
	8 日	广州市法规政策性别平等咨询评估机制正式建立，明确了评估指导思想、组织架构、机构职责、评估范围等内容，对我市各部门今后制定涉及妇女权益的法规、规章和行政规范性文件进行性别平等研判和评估提供了依据。
	11 日	印发了《广州市人力资源和社会保障局关于公布 2015 年广州市社会医疗保险定点医疗机构分级管理等级评定结果的通知》。
	22 日	广州市机关单位养老保险参保信息登记系统正式上线。
	24 日	国务院法制办胡可明副主任带队国务院法制办、人社部等一行同志到我市调研《失业保险条例》修订工作。
	25 日	印发了《广州市人力资源和社会保障局　广州市地方税务局关于处理离开机关事业单位人员一次性缴纳职工社会医疗保险费核定程序有关问题的通知》（穗人社函〔2016〕665 号）。
	29 日	广州市妇儿工委在市政府礼堂召开“收视收听广东省 2016 年妇儿工委工作电视电话会议暨 2016 年广州市妇儿工委委员（扩大）会议”。
4 月	1 日	按照《广州市人力资源和社会保障局　广州市财政局　广州市发展和改革委员会广州市工业和信息化委员会关于印发〈广州市失业保险支持企业稳定岗位实施办法〉的通知》（穗人社发〔2016〕6 号）规定，我市企业申领失业保险稳定岗位补贴实行网上申报。 是日起，顺利完成广铁集团及其所属驻粤企业单位的职工劳动能力鉴定纳入广州市属地管理的衔接工作。

月份	日期	内容
4月	11日	广州市卫计委、财政局、妇联联合下发《广州市农村妇女‘两癌’检查项目实施方案（2016—2018年）》，计划3年内为16万名35—64岁农村妇女免费开展宫颈癌、乳腺癌检查。
	15日	广东省推进省内异地就医直接结算工作，着力解决参保人异地就医“垫付”和“跑腿”问题。截至4月6日，省内异地就医直接结算系统接入医疗机构71家（全省21个地级市均有医疗机构接入），累计入院6.14万人次，累计出院5.56万人次，结算金额14.10亿元。下一步将开展跨省异地就医直接结算工作。
5月	1日	广州市正式开展灵活就业人员参加企业职工基本养老保险一次性缴费业务经办工作，惠及大量灵活就业人员，原未参保缴费时段能一次性缴纳，部分已逾法定退休年龄人员一次性缴费后达到领取基本养老金条件，可享受养老保障。
	7日	印发了《关于印发〈广州市社会保障卡推广应用存量问题解决工作方案〉的通知》（穗人社办函〔2016〕49号）。到2017年，基本解决2015年底前已通过集中申领、社会保险新增参保、网点日常申领等渠道申办社保卡的人员的“制、发、用”卡问题，为符合条件的申领人制卡并发放到个人，确保其社保卡可启用医保和金融功能，正常享受社会保障待遇和其他公共服务。
	9日	广州市劳动保障监察机构，将从5月份开始在全市开展禁止使用童工违法行为专项执法检查，以“零容忍”的态度从严从速打击非法使用童工，在全市形成用人单位依法用工良好氛围，为构建和谐广州做出积极贡献。 广州史上首次对来穗务工人员分配的公租房正式开放房源点，供潜在申请人参观。 在中山大学举办广州社会保障专题培训班，广州市社会保障工作联席会议办公室成员单位约50名同志参加培训，
	14日	广州市残疾人体育运动中心首次进大学校园推广残疾人群众体育活动。
	18日	广州市残疾人福利基金会充分认识到互联网＋的工作方式带来无可比拟的便利和优越性，与时俱进、勇于创新，于2015年8月重建了官方网站（www.gzffdp.org），开发在线捐助系统；并设立了微信公众号（广州市残疾人福利基金会，gzffdp），开发和运营了官方微信平台。
	26日	广州市人力资源市场妇联分市场服务中心与广州市高技能人才公共实训鉴定基地南沙分基地进行了培训合作签约。
	31日	在广州医科大学召开长期护理保险制度课题项目启动会。

月份	日期	内容
6 月	2 日	广州市妇联与法制办联合召开广州市性别平等评估委员会第一次全体成员会议。
	8 日	黎明副市长在市府 1 号楼 216 会议室主持召开广州市社保监督委员会全体会议。
	15 日	是日起，神经内外科病退鉴定专场首次试行增设劳动能力鉴定总检专家，进一步加强鉴定资料和专家组鉴定意见的审核，严格病退鉴定质量管理。
	16 日	组织全市 12 个区、统一开展了以“深入实施同舟计划，推进建筑业参加工伤保险”为主题的工伤保险集中宣传日活动。
	27 日	印发了《广州市人力资源和社会保障局办公室转发〈关于做好省本级统筹工伤认定和劳动能力鉴定业务下放属地管理工作指引的通知 > 的通知》（穗人社办发〔2016〕4 号）。
	30 日	经市广州人民政府批准，广州市人力资源社会保障局、广州市财政局、广州市地方税务局联合印发了《关于调整我市工伤保险费率及有关问题的通知》（穗人社发〔2016〕36 号），自 2016 年 7 月 1 日起，实施工伤保险八档差别基准费率新政策，同时，大幅度调整了工伤保险浮动费率和奖励率。

责任编辑：夏　青

图书在版编目（CIP）数据

广州社会保障改革发展报告.2016/岳经纶，黄远飞 主编. —北京：人民出版社，2016.11

ISBN 978－7－01－016884－5

Ⅰ.①广…　Ⅱ.①岳…②黄…　Ⅲ.①社会保障-体制改革-研究报告-广州-2016　Ⅳ.①D632.1

中国版本图书馆 CIP 数据核字（2016）第 252456 号

广州社会保障改革发展报告

GUANGZHOU SHEHUI BAOZHANG GAIGE FAZHAN BAOGAO

（2016）

岳经纶　黄远飞　主编

人民出版社 出版发行

（100706　北京市东城区隆福寺街 99 号）

北京汇林印务有限公司印刷　　新华书店经销

2016 年 11 月第 1 版　2016 年 11 月北京第 1 次印刷

开本：710 毫米×1000 毫米 1/16　印张：21.75

字数：332 千字

ISBN 978－7－01－016884－5　定价：53.00 元

邮购地址 100706　北京市东城区隆福寺街 99 号

人民东方图书销售中心　电话（010）65250042　65289539

版权所有・侵权必究

凡购买本社图书，如有印制质量问题，我社负责调换。

服务电话：（010）65250042